인생벌레이야기

인생 벌레 이야기

2009년 3월 24일 초판 1쇄 인쇄
2009년 3월 31일 초판 1쇄 발행

지은이 | 로널드 J. 맨하이머
옮긴이 | 허지은

펴낸이 | 황성혜
교정·편집 | 이선영
본문디자인 | 안가현·박정은

출력 | 나모에디트
인쇄 | 미래프린팅

펴낸곳 | 상상의숲
등록 | 2007년 9월 5일 제313-2007-000179호
주소 | (우) 121-842 서울시 마포구 서교동 469-5 정서빌딩 403호
전화 | (02) 332-3515 전송 | (02) 332-3763
e-mail | ss_wood@hanmail.net

ISBN | 978-89-961604-2-7 03840

※ 잘못 만들어진 책은 바꾸어 드립니다.
※ 값은 뒤표지에 있습니다.
※ 출판시도서목록(CIP)은 288쪽에 있습니다.

인생 벌레이 이야기

친구와 철학자의 유쾌하고 심오한 인생 여행

로널드 J. 맨하이머 지음 · 허지은 옮김

얽히고설킨 인생길을 헤쳐 나가길 바라며

Contents

차례

일러두기

1. 본문의 인용문과 각주는 역자와 편집자가 정리하였다.
2. T.S. 엘리엇의 《네 개의 사중주》 중 〈번트 노턴〉의 각주는 《T.S. 엘리엇의 詩》(한국 T.S. 엘리엇학회 편, 2006. 동인)와 《T.S. 엘리엇의 시와 시극에 대한 종교적 접근》(이준학, 2004, 전남대학교 출판부)을 참고하였다.
3. 부록에 A.L. 테니슨의 〈율리시즈〉 전문과 T.S. 엘리엇의 〈번트 노턴〉 일부를 실었다.

1 경험이 전해 준 이야기

Chapter 1

경험이 전해 준 이야기

누구에게나 인생의 모험이 끝났다고 느끼는 순간이 있다

"나는 내가 마주친 모든 경험의 일부이려니……."

노년에 접어든 율리시즈가 늙은 아내와 함께 화롯가에 앉아 한숨을 내쉰다. 고향으로 돌아온 백전노장은 모험에 찬 항해, 영웅적인 승리, 함께한 동료들의 전우애, 이국적인 땅, 진기한 풍토, 고결한 지도자와 포악한 전제군주들을 떠올리며 생각에 잠겨 있다.

지금까지 '상상할 수조차 없는' 고통으로 몸부림쳤고, '비할 바 없는' 희열도 맛보았다. 인생이란 술잔을 '그 찌꺼기까지' 남김없이 들이켰으니 이제 만족할 법도 하다. 하지만 한 사람의 인생으로 더할 나위 없는 풍족한 경험을 했음에도 이 불굴의 영웅은 만족을 모른다. 호방한 행동파인 그에게 재고 따진다는 것은 있을 수 없는 일이고, 전장에서 은퇴란 '광을 내지 않아 녹슬어 버리는 것, 사용하지 않아 빛을 잃어버리는 것'과 같아 그의 생리에도 맞지 않는다.

지나온 시간을 들추며 생각에 잠긴 그의 심장이 한순간 뛰기 시작한다. '무수하게 마침표가 찍힌 과거로 돌아가 거기서부터 미래로 향하는 새로운 모험을 시작할 수 있다면?' 만일 진정으로 '모든 경험'이 언제고 새로운 여행을 떠날 수 있는 '하나의 문門'이라면, 여행을 통해 경험들 하나하나에서 지금까지 깨닫지 못한 새로운 지식을 얻을 수 있다면, 율리시즈는 다시 한 번 머나먼 미지의 땅을 향해 돛을 올릴 것이다.

영국 시인 알프레드 테니슨*이 절망과 불확실성, 실망이 넘실대는 험난한 인생의 바다를 헤쳐 나가도록 자신을 이끌 안내자로 전설 속의 그리스 방랑자 율리시즈의 영혼을 불러냈을 때, 그는 스물네 살이었다. 그 무렵 테니슨은 집안 내력인 정신병이 발병할까 봐 노심초사했고, 콜레라로 절친했던 친구를 잃었으며, 자신의 시들은 아직 세상으로부터 인정을 받지 못했다. 충격과 두려움, 무력감에 휩싸인 채 길을 잃고 헤매던 시인은 지칠 줄 모르는 영혼의 소유자, 노년의 율리시즈를 부르며

★ **A.L. 테니슨**(Alfred Lord Tennyson, 1809~1892)

빅토리아 시대를 대표하는 영국 시인. 《인메모리엄In Memoriam》의 "사랑하지 않는 것보다 사랑하고 잃은 것이 더 나으리."는 자주 인용되는 유명한 구절이다. 테니슨은 호머의 대서사시 《오디세이아Odysseia》에서 모티브를 얻어 〈율리시즈Ulysses〉를 써 내려갔다. 《오디세이아》는 20여 년 동안의 율리시즈의 모험과 귀국 과정을 열거하고 있으며, 자신의 왕국 이타카Ithaca로 돌아온 율리시즈가 안락한 생활을 하며 왕 노릇을 하는 것으로 끝을 맺는다. 율리시즈는 모험 중에 예언자 테이레시아스Teiresias에게서 고향에 돌아가면 새로운 여행을 떠날 거라는 말을 들었다.

■ 〈율리시즈Ulysses〉 전문은 282쪽에 있습니다.

'열망에 찬 백발의 영혼'이란 호칭을 부여했다.

테니슨은 신화나 성서에 나오는 전설적인 인물들을 불러내 인생에 대한 그들의 열정을 되살리고, 의욕을 새롭게 북돋고, 인생을 이끌 영혼의 안내자로 삼는 오랜 문학적 전통을 따르는 작가였다. 그는 율리시즈 신화의 끝 장면에서 자신의 신화를 새롭게 만들어 간다. 고향으로 돌아온 율리시즈. 몸은 노쇠했지만 생에 대한 열정만큼은 젊은 날과 다를 바 없다. '하릴없는 왕'이 된 자신을 돌아보며 끊임없이 한숨을 내쉬며 탄식하는 백발의 영혼은 지금도 여전히 화롯가와 고향을 뒤로 하고 떠날 준비가 되어 있다. 수평선 '저 너머로 사라지는 별처럼 인간 지식의 최극단을 또다시 뛰어넘는 지식을 추구하는 것…… 파도를 가르며 나아가자…… 나의 목표는 죽을 때까지 해 지는 곳 너머로…… 항해해 가는 것이다.'

그 어떤 자극도 느낄 수 없는 메마른 '불모의 험한 바위산' 이타카 왕국에 대한 책임을 벗어던지는 것을 정당화하듯 이번 여행의 목적은 단지 '삶 위에 삶을 포개듯' 더 많은 경험을 쌓으려는 것이 아니라 다가갔나 싶으면 또다시 나타나는 드넓은 대양의 수평선을 쫓듯 인간 지식의 경계를 끝없이 넘어서고자 하는 것이라고 강조한다.

테니슨은 친구에게 '인생길을 용감하게 헤쳐 나가고' 싶어서 이 시를 썼다고 고백했다. '세월과 운명으로 쇠약해진' 그의 율리시즈가 지난날의 기억 속에서 '노력하고, 시도하고, 찾아내고, 포기하지 않는' 강인한 의지를 불러낸다면, 분명 테니슨 또한 그렇게 할 것이다. 우리도 그렇게 할 수 있다.

모든 경험은 하나의 문

테니슨의 시 〈율리시즈〉는 고등학교 시절이나 아니면 대학교에서라도 접하게 되는 영문학의 고전이다. 그러나 나는 삼십 대 초반이 되어서야 '모든 경험'이 어떻게 '하나의 문門'이 되는지 그 의미를 분명히 듣게 되었다. 워싱턴 주州의 주도 올림피아의 어느 도서관에서 열린 시 낭송회에서 있었던 일이다. 시인들 중에 윌리엄 스태포드*도 있었다. 그는 수상작인 시집《어둠 속의 여행》과《안개 길》에 수록된 작품들을 낭송했다. 다른 세 명의 시인은 일흔이 넘어 보이는 지역 주민들이었는데, 친구들 사이에서 유명한 듯했다.

낭송회장은 스태포드의 팬들과 노시인의 친구들로 가득했다. 단순한 시어로 명상에 잠기도록 할 만큼 스태포드의 시 낭송은 훌륭했고 청중을 매료시켰다. 그가 낭송한 〈우리의 생Our Life〉의 한 구절이다.

> 이 생명을, 우리는 놓아 버릴 줄도 알아야 한다
> 처음 주어졌을 때처럼 아주 쉽게

★ **윌리엄 스태포드**(William Stafford, 1914~1993)

미국 시인. 그는 자신의 시들을 인생의 후반기에 발표하기 시작했다. 48세에 주요 시를 모은 첫 시집《어둠 속의 여행Travelling through the Dark》(1962)을 발표해 전미도서상을 수상했으며,《안개 길Smoke's Way》,《삶이란 것은The Way It Is》등 수많은 시집을 출간했다. 인생의 참모습을 조용한 일상에서 찾아 친숙한 언어로 노래했으며, 오늘날까지 많은 사랑을 받고 있다.

우리는 자리에 앉는 스태포드를 숨죽이고 지켜보았다. 이제 노시인들이 낭송할 차례가 되었다. 나는 그분들이 전통적인 압운시를 낭송하리라 생각했다. 하지만 예상은 보기 좋게 빗나갔다. 지역 노인복지관에서 젊은 시인의 지도를 받은 것 같았고, 현대시 형식을 아주 성공적으로 따르고 있었다. 운율의 구애를 받지 않는 노시인들의 자유시는 놀랄 정도로 대담했으며, 열정적이고, 감동적이며 유머가 넘쳤다. 소재도 다양했다. 고집 센 말이 집을 뛰쳐나가는 장면이라든가 괴상한 삼촌에 대한 일화라든가 철길 옆의 물탱크에서 멱을 감다가 구사일생으로 빠져나온 에피소드 등. 노시인들은 우리를 웃게도 했지만 눈물을 훔치게도 만들었다.

낭송이 끝나자 질문 시간이 이어졌다. 스태포드를 직접 보기는 이번이 처음이었다. 그는 생각했던 것보다 나이가 더 들어 보였다. 얼굴에는 세월의 흔적이 역력했고 관자놀이가 희끗희끗했다. 제2차 세계대전 때 양심적 참전 거부를 하고 산림청에서 일했던 그의 이력으로 보아 노시인들보다 십 년 정도 아래일 것 같았다.

뒷자리에 앉아 있던 나는 충동적으로 손을 번쩍 들었다. 시인은 앞서 손을 든 두 사람의 질문에 답한 후 나를 바라보았다.

"선생님 연배가 되면 작품의 소재를 어떻게 찾는지 궁금합니다."

옆자리에 앉은 나이 지긋한 신사가 나를 쳐다보더니 눈살을 찌푸렸다. 내가 말을 잘못한 걸까? 무례한 질문이었나?

시인은 빙긋이 미소를 지었고 고개를 숙이며 생각에 잠겼다. 답변을 신중히 고르고 있는 것이리라. 마침내 그가 고개를 들면서 나를 똑바로 쳐다보았다.

"지금까지 마주친 경험들은 그 어떤 것도 의미가 변하지 않고 그대로 있는 것은 없습니다. 그래서 세월이 지나면 지난날의 경험들에서 새로운 의미를 발견하게 되지요. 우리는 책에서 읽었든지, 직접 겪었든지, 누구한테 들었든지 경험으로 얻은 지식이 어떤 모습으로 바뀌었는지, 또 어떤 모습으로 바뀌고 있는지 기꺼이 몸을 던져 알아보려고 해야 합니다. 그러면 '이것이다' 혹은 '이렇다' 하고 생각했던 지식들이 빛을 바랠 것입니다. 경험이 흔들리면서 옷을 갈아입는 것이지요. 당신은 지식의 의미가 혹은 경험의 의미가 고정되어 있기를 바라나요? 하지만 세상에 그런 지식이나 경험은 없습니다."

스태포드는 잠시 생각에 잠기더니 그날 밤 함께한 동료들을 둘러보았다.

"학창시절에 암기했던 시들 가운데 '하릴없는 왕' 노년의 율리시즈를 노래한 시를 알고 있지요? 이 시는 우리들의 경험 속에서 무엇을 발견할 수 있는지 알려 주고 있지요."

스태포드가 눈짓을 하자 노시인들이 고개를 끄덕였다. 시인들은 말없이 자리에서 일어났다. 그러곤 예의 바른 어린 학생들처럼 앉아 있는 청중을 향해 차렷 자세를 하고 시를 낭송하기 시작했다.

나는 내가 마주친 모든 경험의 일부이려니
하지만 모든 경험은 하나의 문門일진대, 이 문을 통해
아직 가 보지 않은 세계의 빛이 새어 나오고, 그 세계의 경계는
내가 다가가면 영원히, 영원히 사라지는구나!

네 시인의 낭송은 찬송가처럼 들렸다. 침묵이 흘렀다. 나는 등줄기를 타고 내려오는 한기에 온몸을 부르르 떨었다. 그때 난 처음으로 그 문을 상상해 보았다. 경험의 문은 어떤 것일까? 눈으로 볼 수 있을까? 아님 무형의 빛일까? 순수한 개념일까? 단지 경험을 떠올리는 것만으로 새로운 의미를 발견할 수 있지는 않을 것이다. 경험의 문을 제대로 통과하는 법이 궁금해졌다. 이곳의 시인들도, 테니슨도 모두 경험의 문을 통과하는 법을 알고 있을 것이다. 낭송회가 끝난 후 도서관에서 테니슨의 시를 찾아 읽으면서 놀랍게도 불쑥 나 또한 테니슨의 율리시즈처럼 '열망에 찬 백발의 영혼'일지 모른다는 생각에 빠져 들었다.

당시 내가 처했던 상황 때문이었을까? 합창과도 같은 시인들의 목소리가 가슴 속 깊이 파고들었다. 나는 서른셋이었다. 1842년 테니슨의 《율리시즈》가 세상에 모습을 드러냈을 때 그의 나이도 서른셋이었다. 고향으로 돌아온 '백발의 영혼' 율리시즈가 한숨을 내쉬며 탄식했듯이 내 인생의 모험은 모두 끝났다고 느끼고 있었다. 젊은 날의 방랑벽, 대학과 대학원 시절의 도전은 이미 오래전의 일이다. 내가 가르치는 대학생들과 더 이상 일체감을 느낄 수 없었고, 결혼생활과 가족부양의 의무, 경력을 쌓기 위해 철학 강사에서부터 다른 잡다한 일들을 하였고, 오랫동안 파킨슨병을 앓다가 돌아가신 아버지…… 수많은 일들을 겪다 보니 갑자기 난 늙어 버린 것 같았다. 그렇다. 내 앞에 펼쳐진 미래는 의무와 불확실성으로 채워져 있었다. 어디서부턴가 나는 무력감에 빠져 길을 잃고 헤매기 시작했다.

정말로 과거의 경험과 기억이 새로운 모험으로 바뀔 수 있다면 나는 그 방법을 찾고 싶었다. '가 보지 않은 세계'가 아직 남아 있고 '인간 지식의 경계를 끝없이 넘어서는' 지식이 존재한다면, 나는 한 사람의 철학도로서 반드시 그 세계를 여행해야 한다고 생각했다. 신화 속의 율리시즈가 마치 부적符籍처럼 테니슨에게 용기를 주었다면, 현실 속에 살아 있는 백발의 영혼들 또한 우리에게 힘을 실어 줄 수 있지 않을까? 용감한 노년의 자아가 우리 안에 숨어서 잠자고 있다면, 현실 속에 살아 있는 인생의 선배들이 무력해진 자아에 생기를 불어넣고 새롭게 변모시킬 수 있는 비밀을 폭로할지도 모른다. 이 비밀을 찾아내는 모험은 도전할 가치가 충분했다.

도처에서 발견되는 경험의 문

시 낭송회가 있은 지 몇 주 후 백발의 영혼들을 만나기 위해 노인복지관에서 철학을 강의하겠다고 자원했다. 젊은 대학생들만 가르쳐 온 나는 처음에는 그들의 세계를 어떻게 이해해야 할지 몰라 난감했다. 젊은 청년들은 자신의 삶을 개척하려는 의지로 가득 차 있고, 세상을 삼켜 버릴 듯한 지식욕에 불타 있다. 나 또한 젊은 시절을 보냈기에 그들을 충분히 이해할 수 있었고, 함께 호흡할 수 있었다. 하지만 지금은 이제껏 관심을 가져 본 적이 없는 노년의 세계로 나를 던져 넣은 것이다. 그들과 진정으로 호흡하기까지 내겐 시간이 필요했다.

늙음은 내게 이렇게 다가왔다. 처음 그들을 만났을 때다. 나는 강의를 하는 내내, 그들과 얘기를 주고받는 내내 그들의 외모에 관심이 집중되었다. 물론 의도한 것은 아니었지만 나도 모르게 젊은이에게서 찾아볼 수 없는 두드러진 외모의 특징으로 늙음을 이해하려고 했다. 귓구멍에서 흰 털이 숭숭 빠져나오고, 목살이 늘어져 쭈글쭈글하고, 성성한 머리카락은 제 빛을 잃어버렸고, 탄력을 찾아볼 수 없는 잡티가 무성한 피부…….

하지만 몇 달 동안 그들의 이야기를 경청하면서 늙음을 외모와 동일시하는 경향은 사라져 갔다. 1930년대 대공황 시기에 밀가루죽으로 끼니를 때웠고, 제2차 세계대전 당시 첫 공격이 있던 날 해변에서 구사일생으로 살아남았고, 제대군인 원호법 덕분에 대학을 무사히 졸업했던 일들…… 어느 사이 나는 늙음을 특정 세대의 경험과 결부시키기 시작했다. 내가 직접 경험하지 못한 시대를 살아온, 역사적으로 나보다 앞선 세대라는 인식이 구체적이고 분명하게 자리 잡았다. 늙음을 이해하는 데 있어 이런 변화는 매우 큰 의미를 갖는다. 노인들이나 내 또래, 젊은이들이나 어린 자식들은 모두 서로 다른 경험을 가지고 살아가는 세대들이다. 이들 세대가 한 시기에 한 공간에서 함께 살아가고 있다는 것은 세대들의 뒤섞인 경험들이 역사와 사회를 이끄는 원동력이라는 것을 말해 준다. 그리고 늙음에 대한 이해는 여기서 그치지 않았다.

어느 순간 나는 관찰자라는 편안한 내 역할을 완전히 집어던졌다. 시간이 흐르면 나 또한 그들과 마찬가지로 귓구멍에서 털이 숭숭 빠져나오고, 피부는 늘어져 아래로 처질 것이고, 머리카락 또한 제 빛을 잃을 것이다. 나 또한 노년에 이른다는 것을, 늙어 갈 것이란 사실을 분명히 인지하고 완전히 받아들였다. 다시 말해 지금까지 나는 노년을 내 인생의 주요 화두로 삼아 본 적이 없었다. 더 솔직히 말하면 나 또한 늙게 된다는 사실을 이처럼 뼛속 깊이 실감한 적이 없었다. 일상 속에서 무수히 많은 노인들을 만났지만 노인이 된다는 것을 '나의 인생'으로 구체적으로 받아들이지 못했던 것이다. 노년을 경험하지 못한 나에게 그들은 단지, 단지 존재할 뿐이었다.

이런 생각을 하자마자 백발의 영혼들은 나의 친구가 되었고, 그들의 인생 거울 속에서 나를 발견할 수 있었다. 게다가 늙음이란, 말년이란 기억, 변화, 역사, 인간의 피할 수 없는 운명인 죽음, 인생의 각 단계들, 각 세대들이 해 온 작업들…… 우리가 경험하는 모든 것을 이해하는 데 있어서 상상력과 창의력이 가장 풍성하게 발휘되는 시기라는 것을 백발의 친구들을 통해 직접적으로 알게 되었다. 이런 주제들이야말로 그 유명한 철학자들이 인생을 걸고 줄곧 매달려 온 문제들이 아니던가!

인간의 공통된 운명과 맞닥뜨리자 이런 주제들을 한데 엮는 끈이 바로 철학자들이 일컬었던 내적 시간 의식, 즉 '동시성temporality'이란 사실을 깨달았다. 고대나 현대의 철학자들은 젊었을 때는 시간이 길다고 느껴지지만 나이가 들수록 시간이 너무 빨리 지나간다고 느껴지는 현상에 주목했고, 나이가 들면 오래전에 일어난 일들이 바로 어제 일어난 것처럼 느껴지듯 역사의 연대기적 시간 또한 압축되어진다는 것을 알아챘다. 모든 것이 한순간에 일어난 일처럼 느껴지는 것, 이것이 바로 동시성이다. 지난날의 경험에서 새로운 의미를 깨닫게 하는 힘이 바로 여기에 있다. 모든 경험이 마치 영화관에 들어간 것처럼 바로 눈앞에서 생생하게 펼쳐진다고 상상해 보라! 노인들에게서 찾아볼 수 있는 세상과 인생에 대한 탁월한 통찰력은 명백한 이유가 있는 것이다.

동시성은 백발의 친구들이 공유하고 있는 설명 방식에서도 찾아볼 수 있다. 자식이 태어났다, 아이가 대학을 졸업했다, 손녀와 손자가 할머니라고 부른다, 예전에는 이랬는데 요즘은 이렇다……. 그들이 말하는 방식은 사춘기의 청소년들이나 청년들에게서 쉽게 볼 수 있는 '나', '자신'에게 집중된 시선을 잡아끌어 '자기 성장', '자기 인생'을 넘어서도록 함으로써 여러 세대를 동시에 의식할 수 있도록 확장시켜 준다. 또한 동시성은 겉모습은 바뀌어도 내면을 늙게 하지 않는다. 허옇게 센 성긴 머리나 입고 있는 낡고 오래된 스웨터 등 외모에서 나이가 드러나지만 내면은 스물다섯 젊은이와 똑같다고 느낀다. 외모와 달리 마음은 늙지 않는 것이다. 이뿐만이 아니다. 동시성은 부모를 돌보고 있을 때, 예전에 살았던 집을 지나칠 때, 배우자의 죽음을 떠올릴 때, 과거나 현재나 개개인의 인생사에서 반복되고 있는 동일한 인생 패턴을 문득 감지하게도 만든다.

지난 20여 년 동안 나는 테니슨이 옳았다는 것을 확인하며 살아온 셈이다. '아직 가 보지 않은 세계'는 분명히 있다. 지리적인 장소만이 아니라 인생, 기억, 역사, 시간이 그렇다. 그리고 나는 노인복지관이나 공립도서관, 요양소, 대학, 박물관, 가족 모임, 그밖에 장소에서 경험의 문을 통과하며 가 보지 않은 세계를 여행하는 친구들을 만날 수 있었다. 테니슨이 말한 경험의 문은 도처에 있다. 열정적인 대학 신입생들로 가득 찬 강의실로 들어가는 문턱이 문이 될 수 있고, 커다란 원을 그리며 춤을 추는 무용수들이 서로 손을 잡고 높이 들어 만든 구멍이 문이 될 수도 있다. 때로는 피아니스트의 둥글게 오므린 손이 문이 되기도 하고, 철학자들의 대담한 사상적 도약이 문이 되기도 한다. 그 어떤 경우에서건 상상력은 순간을 포착해 극적으로 변화시킨다. 다시 말해 상상력은 독창적으로 생각하는 힘이며, 진부한 개념을 뛰어넘어 진실을 직시하는 힘이며, 곤경이나 장애물을 뚫고 나가는 힘이다.

내가 깨달은 모든 것은 백발의 친구들을 가르치고, 함께 생각하고, 그들로부터 배우면서 철학을 '했기' 때문에 가능했다. 늙음, 변화, 인생, 시간에 대한 나의 생각은 질적인 변화를 이루었고, 이것은 내 인생의 전환점이 되었다. 마치 테니슨의 율리시즈가 절망에 빠진 시인에게 삶에 대한 의욕을 새롭게 북돋았던 것처럼. 나는 밀쳐 두었던 지난날의 경험들을 하나하나 떠올리며 되찾으려고 노력했다. 생각의 깊이와 크기가 경이롭기도 하고, 가늠하기 힘들 정도로 복잡하기도 하고, 종종 예측이 불가능한 백발의 친구들, 그리고 나의 친구들과 지인들, 나와 같은 연배거나 어린 사람들과 관계하면서 쌓인 경험들은 나이듦, 변화, 인생, 시간이란 틀에 끼워지자마자 돌연 다르게 보였다. 그저 막연히 쌓여 있기만 했던 경험들이었다. 사람들에게서 들었던 이야기들, 책에서 읽었던 내용들, 토론했던 철학자들의 사상들…… 그저 어렴풋한 인상으로만 남아 있던 경험들 말이다.

20년 동안의 흥미로운 모험

나는 이 책에 지난 20여 년 동안 직접 경험했던 것들을 순서대로 옮겨 놓았고, 인생과 시간에 대한 여러 주제들을 형식에 구애를 받지 않고 자유롭게 탐구해 나갔다.

인생의 단계들의 특징, 과거와 현재, 미래의 시간을 이해하는 방법, 관계를 맺는다는 것의 의미, 사려 깊은 삶, 인생의 끝에서 발견할 수 있는 것…… 등 다양한 주제들을 탐구해 가면서 나는 테니슨의 '모든 경험은 하나의 문'이라는 시구의 의미를 더욱 새롭게 이해할 수 있었다. 이 책을 쓰는 동안 지나온 세월을 고스란히 껴안은 얼굴들, 차갑고 작은 손의 감촉, 고생했던 이야기에 녹아 있던 슬픔과 서러움, 인생의 고통에 굴하지 않고 이겨 낸 웃음소리…… 나의 백발의 친구들, 그들을 잊을 수가 없다.

나의 스승이자 친구인 오스카 셰플러 교수가 내게 해 준 말은 훌륭한 길잡이가 되어 주었다. 그는 철학을 벌레라고 불렀고, 내게 벌레 잡는 법을 가르쳐 주었다. 그는 우리의 인생에는 특정 개인이나 특정 장소에 구애를 받지 않는 공통된 패턴이 있다고 했다. 개개인의 인생 경험들은 시대를 초월하는 패턴을 따르기 때문에 어떤 특정한 순간에, 그것이 한 순간일지라도 우리는 그 패턴을 감지할 수 있다고 했다. 그는 또 이렇게 조언했다.

"개념과 이야기, 이 둘을 하나로 만들어야 하네."

2 인생을 새롭게 사는 비결

Chapter 2

인생을 새롭게 사는 비결

우리 안에는 희망의 달, 이해의 달, 기억의 달이 빛나고 있다

아리스토텔레스는 《수사학》에서 한 사람의 일생의 궤적은 세월에 적응해 온 변화들로 채워져 있다고 했다. 젊은 날 우리의 시선은 바깥세상으로 향해 있고, 미래에 대한 희망과 낙관으로 가득 차 있지만 나이가 들면 실망과 상실감에 지쳐 지난날의 경험들, 혹은 지금보다 좋았던 시절을 회상하며 시선을 내면으로, 과거로 돌린다고 했다. 또한 그는 나이 서른다섯에서 마흔아홉, 이른바 인생의 전성기에 이른 사람들은 과하지도 모자라지도 않은 균형의 덕, 즉 '중용'을 지켜야 한다고 했다. 이 나이대의 사람들은 미래나 과거가 아닌, 현실 속에서 살아야 하며, 행동이나 생각이 지나치게 낙관적이거나 지나치게 비관적이어도, 너무 성급하거나 너무 소심해서도 안 된다고 했다.

청년은 살아온 시간보다 살아갈 시간이 많기 때문에 과거보다 미래를 지향한다. 흥분하기 쉽고 격정적이어서 욕망을 잘 제어하지 못하고, 모든 것을 안다고 생각하여 주장이 강하다. 인생 경험이 적어 세상 사람들이 그들처럼 순진하고 정직하다고 믿는다. 중년은 살아온 시간과 살아갈 시간이 얼추 비슷해서 과거, 미래보다 현재에 이끌린다. 무엇에든 절대적인 신뢰도 절대적인 의심도 하지 않으며, 행동할 때도 상황을 파악하여 적당한 선을 유지한다. 중용을 지키려는 것이 중년의 특징이다. 노년은 살아갈 시간보다 살아온 시간이 많기 때문에 미래보다 과거를 지향하고, 인생의 쓴맛을 알기에 특별한 것보다 삶에 필요한 것들에 관심을 둔다. 또한 확언하는 대신 '그럴 수도 있다', '가능할 수도 있다'라고 말한다.

- 아리스토텔레스, 《수사학》에서

두려움과 태연함의 중용은 용기다. 태연함이 과하면 무모함이고, 두려움이 과하고 태연함이 부족하면 비겁함, 겁쟁이다. 쾌락의 중용은 절제고 과하면 방종이다. 씀씀이의 중용은 호탕함, 관대함이다. 과하면 방탕, 사치고 부족하면 인색함이다. 명예와 불명예의 중용은 긍지다. 과하면 거만함이고 부족하면 비굴함이다. 노여움의 중용은 온화함이다. 과하면 짜증이고 부족하면 주장이 없는 것이다. 유머나 해학의 중용은 재치다. 과하면 익살이고 부족하면 무뚝뚝함이다. 수치심의 중용은 염치다. 부족하면 파렴치하게 된다.

- 아리스토텔레스, 《니코마코스 윤리학》에서

아리스토텔레스가 살았던 고대 그리스와 비교해 지금의 환경은 극적으로 바뀌었지만 인생의 의미가 나이가 들면서 변한다는 그의 통찰은 여전히 신선하다. 적어도 오스카 셰플러 교수는 그렇게 생각했다. 나의 친구이자 스승인 셰플러는 내가 백발의 영혼들에게 철학을 강의하려는 새로운 모험을 생각하고 있을 때 조언을 해 주며 준비를 시켰고, 나는 기쁜 마음으로 받아들였다.

그는 아리스토텔레스에 대단히 심취해 있었지만 나이 드는 것을 비관적으로 보지 않았다. 스승은 우리의 삶은 직선으로 뻗어 있는 궤적이 아니라 과거, 현재, 미래가 서로 뒤엉켜 돌아가는 소용돌이라고 했다. 삶의 진행 과정을 이런 각도에서 보게 되면 우리는 경험을 재해석하여 새롭게 다시 시작할 수 있는 능력을 우리 안에서 발견할 수 있게 된다. 인생에 대한 그의 통찰은 삶이 일신되어지는 과정을 보여 주는 것이다.

오스카 셰플러 교수는 지적으로나 육체적으로나 아주 강렬한 기운을 내뿜는 인물이다. 우람한 어깨, 유난히 큰 머리는 체구가 당당한 로댕의 〈생각하는 사람〉을 떠올리게 한다. 곱실곱실한 붉은 머리가 회색과 갈색으로 변하고 있는 탓에 입고 있는 트위드 스포츠코트의 섬유 조직이 수염과 텁수룩한 눈썹 위로 스멀스멀 기어가는 것 같았고, 이 빠진 틈새로 물고 있는 파이프는 그의 철학자적 이미지에 잘 어울렸다.

그는 화학자인 아내 소냐와 함께 디트로이트에 있는 웨인 주립대학 근처의 널찍한 아파트에서 살고 있었다. 나는 자동차의 도시 디트로이트에서 자랐고 대학도 그곳에서 다녔다.

나는 의사가 되거나 아버지처럼 사업가가 되려고 대학에 들어갔다. 그런데 뜻밖에도 철학이라는 벌레잡이에 나서고 말았다. 한때는 인생이 예상할 수 있는 것처럼 보였다. 대학을 졸업하고 직업을 갖고 결혼을 하여 아이를 낳고 교외에 아담한 집을 사고……. 그러나 암호 같은 정체불명의 문구들, 이원론과 일원론이라는 세계관을 접하면서 내 눈을 가리고 있던 장막이 순식간에 벗겨져 버렸다. 어느 하나의 이론을 선택해야 한다는 사실 앞에 설렜고, 흥분했고, 충격을 받았다. 대학 시절 내내 데카르트가 말한 '분명하고 명료한 지식'을 찾기 위해 몰두했고, 당시에는 그것을 찾았다고 생각했다. 하지만 이제는 인생 전체가 불분명하고 모호할 뿐이다.

그로부터 12년이 흘렀고, 난 대학원을 졸업했다. 노인복지관에서 철학을 가르치기로 마음먹으면서 청년과 노인을 구분하는 것이 또 다른 종류의 이론원이 아닐까 하는 의구심이 들었다. 청년이 노인으로 변하는 순간이 있을까? 있다면 과연 언제일까? 청년은 희망과 미래에 이끌리고, 노인은 기억과 과거에 이끌린다는 아리스토텔레스의 말이 과연 옳을까?

무언가 알 수 없는 것이 자꾸 날 노인들에게로 끌어당겼다. 나는 철학이라는 렌즈를 통해 노인들의 인생 기억을 들여다보고 싶었다. 뭐니 뭐니 해도 노년이란 과거 속에서 보석 같은 교훈을 찾아내는 것이 가능한 시기가 아닌가? 철학자들이 노년을 어떻게 보았는지 검토해서 따져 보는 일은 마땅히 해야 할 일이었다.

일요일 나는 유럽 분위기가 물씬 풍기는 셰플러의 집을 찾았다. 셰플러 부부는 몇 년 전부터 주황색과 하얀색 줄무늬가 있는 길 잃은 고양이를 데려와 길렀다. 고양이의 이름은 토비다. 18세기 영국 작가 로렌스 스턴*의 소설《신사 트리스트럼 섄디의 생애와 의견》에 등장하는 토비 삼촌의 이름을 따왔다고 했다. 소설 속의 토비 삼촌은 상상할 수 있는 모든 주제에 관해 의견을 말하다가 늘 열변을 토했다. 하지만 고양이 토비는 아무런 의견도 갖고 있지 않았고, 주인이 장광설을 늘어놓아도 내버려 두기 때문에 셰플러는 토비와 함께 있으면 마음이 편하다고 했다.

인생의 정오에 발견하는 것

셰플러는 나를 얼싸안으며 반갑게 맞아 주었다. 우리는 거실 벽난로 옆 소파에 마주 보고 앉았다. 나는 가족의 근황이며, 대학원 졸업 후 강사 생활을 하다가 워싱턴 주에 가게 된 일 등을 이야기했고, 그는 대학의 방침이며, 소냐의 연구 활동이며, 토비의 재미난 행동 등을 들려주었다. 분위기가 무르익자 나는 철학 교실 이야기를 꺼냈다.

★ L. 스턴(Laurence Sterne, 1713~1768)

영국 작가. 그의 소설《신사 트리스트럼 섄디의 생애와 의견The Life and Opinion of Tristram Shandy, Gentleman》은 출판 당시 스캔들에 가까울 정도로 인기가 높았다. 일반적인 소설 기법인 줄거리, 인과관계, 종결 등을 완전히 무시한 파격적이고 자유로운 기법을 사용해, 현대작가들로부터 18세기에서 20세기로 뛰어든 작가라는 평가를 받았다.

그는 상체를 구부리며 팔꿈치를 무릎에 괴고 큰 머리를 손으로 받치고는 내게 물었다.

"왜 그 일을 하려는 건가? 경력에 보탬이 되지 않을 텐데."

"지금까지 저는 대학생들에게 철학자들이 세계와 인생에 대해 어떻게 말했는지 가르쳤지요. 철학자들은 사람들의 인생에 많은 영향을 주었지만 사람들은 여전히 많은 문제를 떠안고 살아갑니다. 이제 저는 젊은 대학생이 아니라 인생 경험이 풍부한 노인들과 이야기를 나누고 싶어요. 그들에게 철학 강의를 하면서 인생에 대해 무슨 말을 하는지 듣고 싶은 거죠. 물론 저의 삶과 철학이 더욱 풍부해질 거라고 생각합니다."

스승은 잠시 생각하더니 입을 열었다.

"풍부한 인생 경험이라…… 혹시 자네는 노인들이 인생 문제들에서 해방되었다고 생각하는 건가? 그들에게서 자유로운 영혼을 발견하고 싶은 건가? 물론 노인들의 경험은 젊은 사람들에 비할 바가 아니지. 하지만 자네도 알겠지만 습관을, 정신적 습관을 바꾸기란 아주 어려워. 어떤 사람들은 생각을 잘 바꾸지 않아. 경험을 통해 새로운 생각을 하기보다 똑같은 경험을 몇 번이고 되풀이하지."

그는 소파에 등을 기대며 내게 물었다.

"그래, 그밖에 또 무엇이 자네를 노인들의 세계로 이끌었나?"

그의 앞에서는 무슨 이야기든 망설이지 않고 솔직하게 털어놓을 수 있었다. 그와 친하게 지내는 다른 동창생들도 마찬가지다. 철학적 주제들은 물론이고 사생활까지도 자유롭게 말할 수 있다. 사람을 무장해제시키는 그의 친화력은 정말 대단하다.

"사실은 제가 길을 잃어버린 것 같아요. 제 인생을 이끌어 나가기보다 어느 순간 그저 흘러가고 있다는 생각이 들었어요. 갑자기 늙어 버렸다고나 할까. 아버지가 돌아가셨고, 셋째가 태어났어요. 부모의 부재, 새로운 가족의 탄생을 지켜보면서 이게 다 뭘 말하는지 모르겠습니다. 이런 불안정한 심리 상태가 언제까지나 계속될까 두렵기조차 하구요. 요즘 들어 자주 꾸는 꿈이 있어요. 제1차 세계대전 중이고 저는 참호 속에 있습니다. 한 무리의 군인들이 무시무시한 기관총 폭격을 퍼붓는 적진을 향해 돌진했어요. 이제 우리 차례지요. 뒤로 또 한 무리의 군인들이 참호를 메웁니다. 우리가 막 돌진하려는 순간 저는 잠을 깨는데, 온몸이 식은땀으로 흥건해요. 그 꿈을 떠올리기만 해도 마음이 불안해집니다."

"음, 쉽게 설명할 수 있을 것 같은데, 아마도 자네는 피할 수 없는 운명인 죽음을 경험하고 있는 것 같아. 뒤이은 세대가 앞선 세대를 망각 속으로 밀어내는 것 말일세. 또 셋째 아이가 태어났다고 했나? 자네는 아이들이 무방비 상태로 세상에 놓여 있다는 것을 경험하고 있는 것이 아닌가? 세상 돌아가는 것을 보게. 전쟁과 폭동이 끊이질 않고 도처에 위험이 도사리고 있네. 사랑하는 아이들, 그 순진한 영혼을 보호하자니 자신이 무력하다는 것을 느끼지 않을 수 없겠지. 자넨 인생에서 새로워진 자신의 위치를 자각하고 있는 중이야. 앞서간 세대, 뒤이어 오는 세대를 보면서 인생에 대한 새로운 안목이 생기고 있는 거지. 지금까지 자네는 자신의 미래만을 걱정했겠지. 하지만 지금의 자네는 아이들의 미래도 걱정하고 있네. 자네는 흥미진진한 새로운 과제를 떠안은 거야.

세대의 책임 말일세."

그동안 꿈을 떠올릴 때마다 나는 나의 두려움에 초점이 맞춰져 있었다. 그의 말을 듣고 보니 나의 두려움이 뒤에서 출격을 기다리던 어린 신병들을 마치 안개처럼 감싸고 있었다는 것을 깨달았다. 그들을 또한 걱정하고 있었던 것이다.

"세대에 대해 말하자면, 저는 제가 가르치는 학생들과 제가 다르지 않다고 생각했습니다. 진리 탐구라는 과제를 떠안은 동지라고나 할까요. 하지만 지금은 학생들이 너무 어려 보여요. 우리들 사이에 장벽이 존재합니다. 제가 지금 경험하고 있는 이 혼란을 그들이 이해할 수 있을까요? 제 젊음이 지나가고 있는 것이 보이는데, 이제 저를 기다리고 있는 인생은 어떤 것일까, 다리 위에서 오도 가도 못하고 서성이고 있는 것 같아요. 이것이 제가 노인들을 만나려고 하는 또 다른 이유입니다. 이 모든 것을 경험했을 노인들과 시간을 보내고 싶은 것 말입니다."

"음, 앞선 세대에게서 자네가 처한 상황을 위로 받고 싶은 모양이군. 철학에서도 위로와 관련된 오랜 전통이 있다네. 대화를 통해, 친교 모임을 통해 삶의 위안을 찾는 전통이지. 자네가 정녕 배우려고 한다면 노인들에게서 많은 것을 배울 수 있을 거야. 그런데 노인들과 대화를 나누려면 노년에 대해 알아야 하지 않는가?"

"노년의 심리를 다룬 책들을 읽고 있어요. 한 친구가 칼 융의 '인생의 단계들'에 관한 에세이를 읽어 보라고 하더군요. 그는 인생을 180도 포물선에 비유했어요."

그는 손가락으로 반원을 그리며 말했다.

"융은 인생의 단계들을 태양의 운행에 비유했어. 아침이 되면 태양이 수평선에서 떠오르고 하늘 높이 솟아오르면 그 빛은 세상을 향해 점점 뻗어 나가지. 젊은이들이 세상을 갈망하며 행복을 찾아 야망의 산을 오르듯 말이야. 태양이 가장 높은 곳에 올랐을 때가 인생의 정오라고 했어. 그때가 사십 살 전후가 되겠지. 인생의 정오에 이르면 이상이며 행복이 정상에 없다는 것을 깨닫게 되고 동시에 하강해야 한다는 것을 알게 되지. 산을 내려가야 한다는 것을 말이야. 융은 이때 육체의 변화도 함께 느낀다고 했어.

융은 아무런 준비도 없이 그냥 하강만 하면 인생의 오후를 할 일 없이 살게 된다고 경고했지. 이루지 못한 욕망만 가지고 하강하면 관심은 지나온 세월 쪽으로만 향한다고. 그래서 융은 인생의 후반기에 대한 교육이 필요하다고 했네. 노년, 죽음, 영원 등에 대해서 말이야. 그는 정오가 지나면 젊은 날 멀게만 느껴졌던 인간의 유한성을, 죽게 된다는 사실을 받아들이고 인생에 대해 신중하게 고찰해야 한다고 했지. 그는 의사의 양심으로 말한다면서 죽음이란 것을 받아들이고 인생의 후반기를 계획하는 것이 인생의 오전을 잊지 못해 전전긍긍하는 것보다 훨씬 낫다고 했어. 인생과 헤어지지 못한 노인은 건강하지 않다고 하면서. 내 기억이 맞지 않나? 정오의 비밀은 우리가 인생과 더불어 죽어야 한다는 사실을, 인생에서 스스로를 해방시켜야 한다는 사실을 발견하게 된다는 것 말이야."

"융을 잘 알고 계시네요."

"나도 융이 말한 단계를 겪었거든. 인생 전체를 마치 서서히 채워졌다가 서서히 비워지는 달처럼 인식한 융의 견해는 아주 중요해. 자네도 알고 있듯이 융은 학문적으로 성숙한 시기에 '볼링엔 탑'이라 불리는 별장을 짓고 탑에 틀어박혀 영혼의 연금술에 빠져 들었지. 자네는 융과 달리 지식의 상아탑에서 뛰쳐나오려고 하네. 자네가 노인들을 만나려는 것은, 자네가 진정 원하는 것은 인생을 함께 여행할 친구를 찾고 있는 것이 아닌가?"

그의 마지막 말은 자신을 세상으로부터 고립시키려는 유혹에 빠지지 말라고 경고하는 것이다. 자신을 고립시켜 위안을 찾으려는 유혹은 누구에게나 있는 잠재적 가능성이다. 자신만의 생각 속에 빠지는 것만큼 쉬운 일이 있을까? 그는 의심이 많아 무엇이든 그냥 넘어가는 법이 없다. 예술, 특히 음악은 그에게 종교와도 같은데도 음악과 관련해 그가 한 얘기가 있다. "누군가를 살해하지 않고도 광신자가 될 수 있지." 하지만 함께 여행할 친구를 찾고 있다는 그의 말은 나를 사로잡았다. 옳은 얘기다. 다른 한편으로 나는 내가 다른 세대와 연결되어 있다는 것을 강렬하게 느끼고 싶었다.

케팔로스를 기억하게

셰플러는 잠시 말이 없다가 성냥을 그어 파이프에 불을 붙였다.

"로널드, 철학을 통해서도 노인에 대해 얼마간 알 수 있지. 노인과 철학적 대화를 나눈 아주 멋진 작품이 있지 않나? 플라톤을 생각해 보게."

플라톤은 스승 소크라테스의 대화를 기록으로 남겼다. 소크라테스와 대화를 나눈 인물들은 주로 수사학 교사들인 소피스트들로 젊은이나 중년들이 대부분이었다.

"플라톤의《국가론》제1권이라네."

《국가론》은 소크라테스가 그리스의 항구도시 피레우스에서 열린 밴디스 여신을 위한 축제에 참석했다가 한 젊은이와 함께 군중에 둘러싸여 아테네로 돌아가는 장면으로 시작한다. 그때 한 하인이 소크라테스에게 달려와 자신의 주인이 집으로 초대하기를 원한다는 말을 전했다. 소크라테스는 초청에 응했고, 폴레마르코스의 집에서 그 유명한 '올바른 행동이란 무엇인가?'에 대한 대화가 시작된다. 폴레마르코스는 유복한 집안의 청년이었다.

"소크라테스는 폴레마르코스의 집으로 가서 하룻밤 보내기로 했고, 저녁에는 경기관람도 했지. 무슨 경기였는지 알고 있나?"

"승마경기가 아니었나요?"

"그렇지. 학자들은 이 경기를 기수들이 말을 타고 횃불을 다음 주자에게 넘겨주는 거라고 하지. 일종의 릴레이 경기야. 플라톤이 이 경기를 언급한 것은 왜일까? 우리에게 무언가 암시하고 있는 것 같지 않나?"

하지만 난 숨은 의미를 파악할 수 없었다.

"모르겠나? 좋네. 그럼 그 얘기는 좀 나중에 하고 소크라테스가 폴레마르코스의 집에서 대화를 처음 나눈 사람은 누구였지?"

"그야 폴레마르코스의 아버지 케팔로스지요."

"맞아.《국가론》의 첫 대화는 소크라테스와 케팔로스의 대화지. 보통 사람들은 그 대화를 뒤이은 토론을 위한 준비 단계 정도로 보고 가볍게 넘기지. 소크라테스는 나이 든 사람들에게서 인생을 배울 수 있기 때문에 그들과 대화하는 것을 즐긴다고 말했지. 험한 인생을 살았든 순탄한 인생을 살았든 말일세. 그런데 왜 소크라테스는 첫 번째 대화 상대자로 나이 든 케팔로스를 선택했을까? 케팔로스는 그의 아들 폴레마르코스와 한집에서 살고 있지 않았나? 케팔로스는 자네가 철학을 가르치려고 하는 백발의 친구들과 같은 나이대의 인물이네. 혹시 플라톤은 케팔로스를 노년의 대표자로 내세운 것이 아닐까?"

나는 고개를 끄덕였다. 셰플러는 플라톤이 묘사한 장면과 대화를 재구성하고 있었다.

"그러니까 앞서 질문하신 횃불 경주는 세대 간에 유산이 대물림된다는 것을 상징한다고 할 수 있겠군요. 플라톤은 폴레마르코스가 그의 아버지와 유사한 생각을 가졌다는 것을 암시하고 싶었던 것일 테고요."

"그렇다고 볼 수 있네. 세대 간에 대물림되는 것은 부, 생각, 가치관, 성격 등 참으로 다양하지. 대화를 다시 떠올려 보세. 케팔로스는 노년에 이르러 육체적 쾌락보다 정신적인 삶이 더 많은 것을 보상해 준다는 것을 알았다고 했어. 열정과 힘, 성적 충동을 상실한 것을 안타까워하는 동년배들과 달리 케팔로스는 신체의 변화와 이를 통해 얻은 절제의 미덕을 기쁘게 받아들였어. 아마도 그는 해방감을 느꼈는지도 몰라. 그가 융의 책을 미리 읽고 죽음을 받아들였는지도 모르지. 하하하!"

케팔로스 | 소크라테스 선생, 잘 오셨소. 자주 좀 찾아주시오. 젊은

친구들과 어울리는 것도 좋겠지만, 나 같은 늙은이와 얘기 나누는 것도 나쁘지는 않을 게요.

소크라테스 | 케팔로스 님, 저는 나이 드신 분들과 함께하는 것을 좋아합니다. 어르신들은 인생 경험이 많은 분들이니까요. 케팔로스 님, 나이 든다는 것에 대해 말씀해 주시겠습니까? 노년의 삶이 어떤지 궁금합니다.

케팔로스 | 사실 우리 노인들은 모이기만 하면 젊은 날을 잊지 못해 그리워하고 그때로 돌아갈 수 없다는 것을 슬퍼하지. 하지만 모든 노인들이 그렇게 살고 있는 것은 아니라오. 중요한 것은 노년을 어떻게 보내고 있는가에 따라 달라지는 것 같아. 생활 방식 말이지요. 소크라테스 선생, 나이 든다는 것은 어떤 면에서는 좋기도 하다오. 젊은 날의 욕망에서 벗어나 마음의 평온을 얻으니까. 매사에 절제하고 현실에 만족할 수 있다면 노년의 삶이 힘들거나 괴롭지 않다오. 하지만 절제하지 못하고 만족을 모른다면 당연히 힘들겠지요.

"플라톤이 케팔로스를 노년의 대표자로 내세웠을지도 모른다는 선생님의 견해는 흥미롭습니다. 감정을 절제하고, 반성과 성찰을 중시하고, 만족한다! 플라톤은 노년의 평정심을 케팔로스를 통해 보여 주고 있는 것이 아닐까요?"

"하지만 꾀바른 소크라테스는 케팔로스의 만족감에 의심을 품었네. 평안을 찾은 것처럼 보이는 것은 그의 재산과 사회적 지위가 버팀목이 되고 있기 때문이 아니냐고 물었지."

소크라테스 | 하지만 노년의 평온한 삶은 생활 방식 때문이 아닐 수 있습니다. 많은 사람들은 재산이 많고 적은 것이 노년의 삶에 큰 영향을 미친다고 생각할 것입니다. 부자들은 돈이 풍족하니 원하는 만큼 위안거리를 만들 수 있지 않습니까?

케팔로스 | 옳은 말씀입니다.

"케팔로스는 여러 차례 악몽을 꾼 뒤 마음의 안정을 찾았다고 했네. 놀라 잠에서 깨어나면 죽음이 머지않았다는 불안감에 시달렸지. 지금까지 살아오면서 잘못한 것은 없는지, 사후에 신들이 그를 어떻게 심판할지 별별 생각이 다 들었어. 곧 사후세계로 빨려 들어간다고 생각하니 양심의 목소리가 들리면서 과거에 한 일들이 생생하게 떠올랐겠지. 케팔로스는 자신이 그 공포를 극복했다고 믿었네. 과연 그는 어떻게 극복했을까? 그는 재산이 많았기 때문에 신들에게 제물을 빠짐없이 바쳤고, 남들에게 진 빚을 충실히 갚았지. 살면서 잘못한 것을 결국 제물로 올바로 잡고자 했던 거야. 이런 식으로 죽음에 대한 불안감을 해소하고 위안을 삼으려고 했는데, 과연 그의 마음이 평온해졌을까? 죽은 뒤의 세계에 보험을 든 격일 뿐 마음으로 죽음을 받아들였다고 할 수는 없네. 소크라테스가 올바른 삶에 대한 질문을 계속하자 케팔로스가 어떻게 반응했는지 기억하고 있나?"

"결국 케팔로스는 소크라테스의 질문을 받고 자신이 당연하다고 여겼던 것을 부정하는 격이 되었지요. 그러다가 슬그머니 자리를 피했죠."

소크라테스 | 빚진 것을 갚는 것이 항상 올바르기만 한 것입니까? 어떤 경우는 그렇지 않을 수 있지 않을까요? 가령, 어떤 사람이 내게 무기를 맡겼다고 합시다. 당시 그 친구는 정신이 멀쩡했습니다. 그런데 무기를 돌려주려고 할 때 그 친구는 사리분별을 잃은 미친 사람이 되어 있다면, 과연 무기를 그대로 돌려주는 것이 올바른 행동일까요? 사람들은 무기가 그의 것이라 해도 돌려주는 것은 잘못된 행동이라 할 것입니다. 지난날의 잘못을 무조건 그전으로 돌린다는 것이 모두 옳다고 할 수 없다는 거겠지요.

케팔로스 | 듣고 보니 옳은 말씀입니다.

"그렇지. 케팔로스는 대화가 시작된 지 몇 분 만에 자리를 떴어. '나는 이제 가 보아야겠소. 신께 바칠 제물을 챙겨야 하니까. 내 아들 폴레마르코스와 이야기를 계속하시게. 토론의 자리를 그에게 물려주겠네.' 라고 하면서 말이지. 케팔로스는 노년의 평정심이나 올바른 삶에 대한 소크라테스의 반론을 감당할 수가 없었던 거야. 달리 말하면 진정으로 평온을 찾지도 못했고, 올바른 삶이 무엇인가에 대한 생각도 불분명했던 거지."

"하지만 자신의 생각을 논리적으로 말할 줄 몰라도, 가치관의 토대가 굳건하지 않더라도 노년에 이르러 올바르게 행동하고 평정심을 가질 수 있지 않나요?"

"물론 그렇긴 하네. 하지만 그건 변화가 크지 않았던 시대나 가능한 일일세. 사회적으로나 정치적으로 변화가 큰 시대에는 예상치 못한 별별 일들이 다 일어나니 이리저리 흔들리다가 불행한 운명을 맞이하기 십상이지."

소크라테스는 험했든지 순탄했든지 간에 인생에 대해 나이 든 사람들의 의견을 듣고 싶어 했다. 내가 백발의 친구들에게 원하는 것도 바로 이런 것이 아닐까? 내가 걸어온 길은 그리 순탄하지 않았다. 결혼을 하여 아이 셋을 낳았고 시간강사로 여기저기 돌아다녔다. 나는 한밤중에 잠에서 깨어나곤 했다. 돈, 경력, 아버지와 남편으로서의 능력이 걱정되었기 때문이다. 최근까지도 경제적인 안정이나 중산층의 여유와 품위를 무시해 왔다. 위험을 무릅쓰고 도전하고, 새로운 일을 시도하고, 여행을 하고, 모험 속에서 사는 것을 좋아했다. 그러나 이제는 지속적으로 일할 수 있는 안정된 직업을 가져야 한다는 사실이 나를 압박했다. 어느 사이 부모님의 삶을 닮아 가고 있었던 것이다. 날이 갈수록 생활의 안정과 가족의 행복을 최우선으로 여기고 고생하신 부모님의 삶을 공감하기 시작했다. 부모님은 언제쯤이면 내가 안정된 직업을 갖게 될지 늘 염려하셨다. 내가 의사나 사업가가 되기를 바라셨지 철학자가 되는 것을 원하지 않으셨다. 배고픈 소크라테스가 아니라 부유한 케팔로스가 되기를 바라셨던 것이다. 훗날 나는 부모님의 생각에 동의하지 않을 수 없었다.

"자네가 만나게 될 노인들도 내면의 안정을 찾은 것처럼 보일 수도 있어. 하지만 소크라테스가 의심했던 것처럼 겉보기에는 평온하고 성품이 훌륭하다 해도 중산층에서 볼 수 있는 단순한 관습적인 특징일 수 있네. 노인들과 대화를 나눌 때 이점을 명심해야 하네. 하지만 무엇보다도 노인들은 인생을 살아오면서 수많은 경험을 했다는 것, 그 경험들이 동시성이라는 내적 시간 의식 속에 압축되어 있다는 것을 잊어서는 안 되네. 그 같은 경험들이 지식의 결정체를 이루고 보석 같은 통찰력을 만드네. 자네는 그분들이 인생 경험에서 비롯된 지식과 통찰력을 유감없이 발휘할 수 있는 수업이 되도록 노력해야 할 걸세."

율리시즈와 페넬로페

갑자기 그의 무릎에 앉아 있던 토비가 뛰어 내려갔다. 부인이 돌아온 것이다. 검은 모직코트를 입은 부인은 서류가방과 장바구니를 내려놓고 고양이를 쓰다듬었다.

"여보, 토비한테 밥 줬나요?"

"이런, 깜박했네!"

냉장고 문이 닫히는 소리가 들리더니 부인이 손을 비비며 거실로 들어왔다.

"어머, 손님이 계신 줄 몰랐네요."

아내가 곁에 오자 셰플러가 그녀의 볼에 키스를 했다.

"소냐, 맨하이머 군을 기억하지?"

"그럼요. 잘 지내시죠? 아름다운 부인도 여전하시고요? 난 부인이 참 좋아요. 솔직하고 시원시원하죠. 아이들은 어떤가요? 다들 건강하죠?"

"네. 늘 감기에 걸리지만 쑥쑥 잘 자라고들 있습니다. 엄청 개구쟁이들이에요."

"다행이군요. 그런데 두 분이 무슨 얘기를 하고 있었나요? 물어봐도 되나요?"

셰플러가 동의를 구하듯 나를 쳐다보자 나는 부인에게 노인복지관에서 백발의 친구들을 가르치기로 했고, 그와 관련해 셰플러와 대화를 나누는 중이라고 설명해 주었다.

"소냐, 맨하이머 군은 지금 중년의 용기를 겪는 중인가 봐. 테니슨의 〈율리시즈〉를 읽고 반해 버렸다는군. 율리시즈가 새로운 수평선을 향해 배를 띄우듯 백발의 영혼들을 만나 지혜를 구하려고 해요."

"아, 테니슨! 나도 〈율리시즈〉를 읽고 영감을 받았지요. 하지만 이 시는 뭔가 중요한 것을 놓쳤다고 봐요. 바로 율리시즈의 아내 페넬로페예요. 테니슨은 페넬로페를 '늙은 아내'라고 말하고 외면해 버렸어요. 테니슨이 살았던 빅토리아 시대에는 여성을 신비스럽고 닿을 수 없는 아득한 존재로 만들거나 아니면 경시해 버렸지요. 하지만 페넬로페의 실제 모습을 잊어서는 안 돼요.

신의가 두텁고 노련한 페넬로페는 베를 짜면서 20년이라는 기나긴 방랑과 모험을 떠난 율리시즈를 기다리며 그의 왕국 이타카를 지켜 냈어요. 율리시즈는 사랑스런 칼립소 여신과 함께 아름답고 풍요로운 섬에서 영생을 누리며 편안히 살겠다는 가장 원대한 꿈을 저버리고 고향으로, 그의 아내 곁으로 돌아온 거예요. 20년이 흘렀지만 페넬로페는 여전히 아름답고 당당했어요. 율리시즈는 왜 돌아왔을까요? 그를 고향으로, 아내 곁으로 돌아오게 만든 것은 무엇일까요? 율리시즈는 영생이 아니라 역사를 선택했어요. 이타카로 돌아온 그는 모험을 떠나기 전에 수년에 걸쳐 궁리해 만들었던 특별한 침대에서 아내와 함께 보냈어요. 저는 이 대목을 특히 좋아해요. 호머는 그들이 사랑을 한 후 밤새도록 이야기를 나누었다고 했지요. 페넬로페는 남편이 겪었던 시련과 고난을 모두 알고 싶었고, 율리시즈는 아내가 구혼자들과 왕위를 뺏으려는 자들을 어떻게 이겨 냈는지 모두 듣고 싶었지요."

부인이 자리에서 일어서면서 셰플러의 머리에 입을 맞추었다.

"다시 만나 반가워요. 부인과 아이들에게 인사 전해 주세요. 그리고 곧 만나게 될 노인 친구들께도. 그분들은 율리시즈보다 페넬로페를 더 닮지 않았을까 싶네요. 새로운 친구들로부터 지금의 위기를 무사히 넘길 수 있는 지혜를 얻길 바랍니다."

부인은 부엌으로 갔다. 우리는 아무 말 없이 앉아 있었다. 토비 녀석이 수염을 핥고 있다가 부인이 앉았던 소파에 올라왔다. 마침내 그가 침묵을 깼다.

"아내는 정말 영리한 여자야. 재치가 넘치지 않나?"

그러고는 깊은 생각에 잠긴 표정으로 고개를 끄덕였다.

인생의 풍경화

"철학자들이 나 같은 백발의 영혼을 어떻게 보았는지 알 수 있는 예가 또 있어."

나는 단 한 번도 셰플러 교수가 늙었다고 생각해 본 적이 없었다. 항상 에너지가 넘쳤고 어떤 주제에 대해서건 대화를 나눌 수 있었다. 나의 스승이자 역할 모델인 그가 늙었다니!

"쇼펜하우어 말일세. 쇼펜하우어는 노년은 물론이고 거의 모든 연령대에 관한 글을 남겼어. 19세기의 철학자들이 많이 그랬지. 그들은 인생뿐 아니라 종교며 국가며 도덕이며 그것들이 최고의 상태, 정점에 도달하는 과정을 추적하려고 했다네. 정말이지 오만 아닌가? 알다시피 노년이란 한마디로 인생에 대한 깨달음을 담은 캔버스라고 할 수 있네. 자네의 노년의 캔버스에는 어떤 그림이 그려질까? 혹시 케팔로스처럼 멋진 토가를 걸치고 웅장한 저택에 앉아 있는 부유한 노인을 그리겠나? 하지만 케팔로스의 눈을 보게. 여전히 죽음에 대한 두려움이 깃들어 있고, 죽음을 거부하려 하고 거짓된 만족에 전전긍긍하지. 플라톤은 케팔로스처럼 되는 것이 노년의 모습이 아니라고 말하고 싶었던 거야."

"그럼 쇼펜하우어는 어떤 모습을 그렸나요?"

"거대한 중국 풍경화였어. 천 년 전 송나라 때 누군가 비단 두루마리에 그렸던 것처럼 말이야. 층층이 쌓인 안개 사이로 산들이 떠다니는 그림말일세. 인간사가 어찌됐든 그와 무관한 우주의 질서를 그렸지. 지팡이를 짚은 작은 노인이 산길을 걷고 있고. 인간은 단지 자연의 사소한 부속품인 양 묘사되어 있어. 쇼펜하우어가 내린 인생에 대한 거대한 결론은 바로 이거였어. '헛되고 헛되니 모든 것이 헛되도다.' 그에게 노년이란 행복이 한갓 허상에 불과하다는 것을 마침내 깨닫는 시기야. 그는 동양사상에도 관심이 많았지."

"그럼 쇼펜하우어는 인생의 다른 시기를 어떻게 보았나요?"

"그는 인생의 각 단계는 고유한 정신적인 특성이 있다고 생각했지. 예를 들어, 자네 나이가 서른세 살이지. 자네 나이대의 사람들은 지금까지 행복을 갈망해 왔지만 그 열망이 채워지지 않아 지독한 갈증을 처음으로 느낀다고 했어. 염세주의자였던 쇼펜하우어는 망상에 지나지 않는 행복을 계속 좇으면 고통만 낳을 뿐이라고 했지. 그럼에도 불구하고 사람들은 행복을 손에 넣을 수 있다는 헛된 희망을 품고 계속 나아간다고."

셰플러는 책꽂이로 가서 얇은 책 한 권을 꺼내 읽기 시작했다.

> 유년기는 주관이 개입하지 않고, 교육으로부터 방해를 받지 않고, 마음이 산만하지도 분열되지도 않았으며, 고통이나 슬픔도 없다. 세상을 처음으로 경험하니 모든 것이 새롭고, 흥미롭고, 생생하다. 유년기에는 행복한 에덴동산에서 살고 있는 것이다.
>
> 청년기는 행복에 도달할 수 있다고 확신하며 앞으로 달려간다. 그들에게 인생이란 흥미진진한 장편소설과도 같다. 때때로 행복이 생각보다 쉽게 잡히지 않아 불평도 하고 괴로워도 하지만, 자신의 처지와 환경 탓이라고만 생각한다. 또한 청년기엔 행복을 좇

아 산을 오르느라 미처 죽음을 보지 못한다. 하지만 정상에 오르면 소문으로 듣던 죽음이 눈앞에 펼쳐지고, 그토록 갈망했던 행복이 망상임을 깨닫는다. 인생의 공허함에 눈을 뜨게 되는 것이다. 동시에 허망함이 오만함을 물리치고 제자리를 찾는다.

그래서 청년기엔 초인종이 울리면 '무슨 좋은 일이 있으려나?' 하고 기대하지만, 노년기엔 '무슨 귀찮은 일이 생기려나?' 하고 불편해한다. 하지만 노년기의 모습이 이것이 다가 아니다. 비록 인생에 아무런 기대를 하지 않지만 그 때문에 청년기에 볼 수 없었던 평온함이 찾아온다. 청년기는 행복에 대한 동경과 욕망 때문에 평온이 끼어들 자리가 없지만, 환멸을 맛본 노년기엔 평온이 저절로 깃들고 마음이 고요해져 비로소 웃을 수 있다.

– 쇼펜하우어, 《삶의 예지》에서

"쇼펜하우어에겐 행복이란 단지 키메라일 뿐이고 고통만이 실재하는 것이야. 그러나 너무 걱정하지 말게. 그는 멋진 무지개를 상실한 것을 보상해 주겠다고 했어. 음악에도 조예가 깊었던 그는 인생의 후반부는 음악의 후반부와 같다고 했네. 베토벤의 초기 작품에서 볼 수 있는 질풍노도 같은 정열이 지나고 나면, 진지한 성찰, 단순함, 내면으로 시선을 돌리는 단계가 온다고 했어. 소리가 점점 강렬해지다가 거대하게 피날레를 장식하는 것이 아니라, 소리가 흔적 없이 사라지고 고요한 의지를 갖게 된다는 거지. 인생의 패턴이 이와 같다면 아마도 노인들만이 이것을 알 수 있을 것이네. 열심히 뒤쫓아 왔던 것이 환영에 불과하다는 것을 깨달았으니 노년의 주요한 특징은 환멸이 될 테고. 하지만 그 보상으로 실재하는 인생을 있는 그대로 명백하게 볼 수 있게 된다는 거겠지. 어쩌면 자네는 쇼펜하우어와 같은 인생관을 가진 사람을 만날 수도 있을 것이고, 아님 정반대의 인생관을 가진 사람을 만날 수도 있을 것이네."

그는 눈을 감고 조용히 명상에 잠겼다. 자신이 늙었다고 생각하는 걸까? 잠깐 동안이지만 나 또한 노인이 된 것 같았다. 그는 뭔가 생각이 떠오른 듯 피아노로 가서 공상과학 영화에나 나올 법한 귀에 거슬리고 섬뜩한 음악을 연주하기 시작했다.

"듣고 있나? 무조음악이네. 소리의 높낮이와 강약 등이 규칙이 없어. 극적인 주제도 없고. 방황하는 영혼의 음악처럼 우울해. 쇼펜하우어처럼 말이야."

"이 음악은 뭐죠? 현대적인 느낌이 나는데요?"

"자네, 음악에 대해 좀 공부해야겠구먼. 쇼펜하우어는 음악은 영혼에게 즉각적으로 영향을 끼친다고 믿었고, 바그너와 말러에게 큰 영향을 주었다네. 두 음악가는 본능적인 충동, 격정적인 감정, 생동하는 힘을 묘사한 뒤 웅장한 고요를, 충동으로부터의 해방을 음악으로 보여주었지. 그들의 음악은 의식을 바꿔 버리지. 지금 내가 연주한 작곡가의 또 다른 음악, 혁명적인 피아노 모음곡 작품번호 25를 들어 본 적이 있나?"

나는 고개를 가로저었다.

"정말 못 들어 봤단 말이야? 철학자는 음악을 알아야 하네."

그는 참으로 안타깝다는 듯 말하면서 계속해 피아노를 쳤다.

"이 작곡가의 이름은 아놀드 쇤베르크일세. 바그너에게 영향을 받았는데, 결국 바그너를 통해 쇼펜하우어에게 영향을 받은 셈이지. 그러나 쇤베르크는 급진적인 행보를 했네. 인생이란 이런 것이라고 결론을 내릴 수 없으니, 진정한 해방이란 있을 수 없다고 했지. 자신의 음악을 잘못된 확신으로 가득 찬 마약으로 만들어 버렸어. 그도 히틀러를 피해 망명을 했지. 망명지가 어딘지 아는가? 로스앤젤레스라네. 무조음악의 대가가 하필이면 LA가 뭔가? 이 곡도 그의 무조음악이네. 초연함과 열망이 대단히 멋진 조화를 이루네. 굉장하지 않나? 고향을 버리고 떠나온 피난민의 음악이라 할 수 있네. 어쩜 자네는 이 음악처럼 삶의 중심이 없이 그저 유랑하듯 살아온 사람을 만날 수도 있다네."

그는 연주를 멈추더니 세차게 건반을 내리쳤다.

"아니면 이처럼 자신이 누구고 어떤 사람인지 분명히 알고 있는, 삶의 중심에 뿌리를 깊이 박은 사람을 만날 수도 있다네."

거실은 다시 매혹적이면서 강렬한 음악 소리로 채워졌다.

"베토벤이네. 열정소나타!"

인생을 비추는 세 개의 달

그는 차와 쿠키를 내왔다.

"로널드, 지금까지 우리는 몇몇 사상가들이 노년을 어떻게 말했는지 알아보았네. 노년기는 이전 시기와 달리 이런저런 변화가 온다는 일반적인 얘기들을 들어 보았지. 그런데 계속 생각하고 있던 것이네만, 노년은 변화가 일어나지 않는, 그냥 지속되기만 하는 시기일까? 다시 말해 지금까지와 완전히 다른 이해 방식이 필요할 정도로 노년은 과거와 비교해 급격하게 바뀌는 시기일까? 나는 노인의 꿈에 대해 말하고 있네. 죽음의 순간이 오기까지 미래를 꿈꿀 수 있지 않느냐는 거지. 나의 부모님은 내 나이 때 한쪽 발을 무덤에 넣고 있었지. 하지만 나와 소냐는 지금까지도 왕성하게 연구 활동을 하고 있네. 노년이 되어도 사람마다 한계도 다르고 남은 인생에 대한 기대도 다르네. 더구나 노년이 되면 고정관념으로부터 자유로워질 것이네. 어떤 종류의 고정관념이든 상관없이 말일세. 자유로워진 상태에서 노인들은 남은 생을 어찌 보낼지 자신만의 그림을 그릴 수 있지 않겠나?"

"지금 하신 말씀은 노년이 되어도 자신이 원하는 무언가를 할 수 있다는 말인가요? 테니슨의 율리시즈처럼 수평선 너머로 계속해서 모험을 떠날 수 있다는 말인가요? 우리 모두가 그럴 수 있다는 말인가요?"

"노년이란 자유라네. 사상가들이 보았던 인생의 단계들과 단계별 변화에 대해 얘기를 나누면서 우리가 크게 착각한 것이 있네. 우리는 내내 늙음과 젊음, 젊음과 늙음에 대해 생각해 왔네. 젊음과 늙음이 서로 반대되는 건가? 우리가 사용하는 언어에서 비롯된 착각이라 생각되네. 언어의 덫에 걸려 이원론에 빠져 버린 걸세. 어렸을 적에 부모님 옷을 걸쳐 보듯이 노인이란 단지 젊은이가 변장한 것이라 볼 수 있어. 난 자네보다 늙었고 자네는 나보다 젊어. 그렇지만 자네는 자네 아이들보다 늙었지. 그러니 사람은 젊기도 하고 동시에 늙었다고 할 수 있네. 늙음과 젊음은 상대적인 것일 뿐이야. 젊음, 늙음을 마치 고유명사처럼 생각하는 것은 혼란만 야기할 뿐이지. 매 순간 우리는 누구보다 젊기도 하고 늙기도 해."

"맞는 말씀입니다. 하지만 자기 자신과 관련해서는 매 순간 이전보다 나이가 들지 더 어려지지는 않습니다."

"순전히 연대기적 관점에서 보면 맞는 말이네. 과거는 언제나 현재보다 앞서고 현재는 미래보다 앞서. 하지만 시간을 일직선으로 보는 것 또한 시간을 이해하는 한 가지 방식에 불과하네. 나이는 예순이지만 마음은 이십대 청년이나 매한가지라고 말하는 친구들이 많이 있네. 나이를 부정하는 것이라고 말할 수도 있겠지. 탄생부터 죽음에 이르는 시간이 일직선으로 나열되어 있다고 보면 그렇게 생각들 하게 돼. 하지만 겉으로 드러나는 모습을 관찰하지 말고 분침, 시침이 없는 내면의 시간을 보게. 정말 다르다네. 자 보게."

그는 소매를 걷어 손목시계를 보여 주었다.

"보다시피 이 시계는 시, 분뿐 아니라 달의 변화 양상까지 보여 주고 있네."

가까이 들여다보니 시계 속의 아치형 창에 황금빛 구球가 있었다.

"자, 달이 한 개가 아니라 세 개라고 생각해 보게."

"하지만 지구 주위를 돌고 있는 달은 한 개뿐인데요."

"보이는 것은 하나뿐이지. 지구에 영향을 주는 달은 하나밖에 없어. 하지만 내가 말하고 있는 것은 동시성, 내적 시간 의식의 특성이야. 기억의 달, 이해의 달, 그리고 희망의 달. 시간의 세 가지 특성이네. 과거, 현재, 미래로 향하는 달들이지. 이 달들은 결코 분리되는 법이 없고 포개져 있네."

"그 시계를 보는 법은요? 어떻게 작동을 하죠?"

"우리가 젊었을 때는 아리스토텔레스가 말한 것처럼, 끊임없이 모험을 갈구하며 미래를 향해 달려가지. 그땐 희망의 달이 다른 두 달보다 밝게 빛나며 가까이 있네. 중년에 접어들면 주변을 돌아볼 여유도 생기고 생각도 좀 더 깊어지지. 우리가 달려온 지난 시간들과 모험이 진정 무엇을 의미하는지 알고 싶어지고. 그땐 이해의 달이 다른 두 달보다 밝게 빛나면서 가까이 있네. 중년의 어느 때쯤, 아마도 쉰 살 무렵이 되면 세 개의 달이 모두 빛을 발하며 가까이 있지. 기억하게. 이 시기가 바로 플라톤에 따르면 철학을 공부할 준비가 실제로 갖춰지는 시기요, 지도자가 되는 시기라네. 기억 속에 현명한 판단을 내릴 수 있을 만큼 경험이 많이 쌓였고, 추구할 만한 가치가 충분하다고 생각되는 목표가 뚜렷하게 보이는 시기야. 실제로 실천에 옮길 준비도 되어 있고."

"세 개의 달이, 세 개의 시간이 하나가 된다는 거군요."

"하나라…… 그보다는 조화를 이룬다고 해 두지. 그렇다고 해서 그 상태로 계속 머무는 것은 아니네. 나이가 드니까 세 개의 달은 다시 변화를 해야만 하네. 노년에 이르렀을 때 기억의 달이 다른 두 개의 달보다 빛을 발하며 가까이 있지.

중요한 것은 세 개의 달이 상대적으로 다른 위치에서 궤도를 돌고 있고 항상 빛을 발하고 있다는 점이야. 우리는 세 달이 내뿜는 빛을 항상 기억해야만 하네."

"그럼 나이가 든다는 것은 세 달의 상대적인 위치가 바뀐다는 말씀이군요?"

"음, 상상 속에서 유추한 것이네만 그렇다고 할 수 있지."

"그러니까 인생의 모든 시기에 세 달이 동시에 존재하고 있다는 말이네요. 저도 서른세 살의 몸을 하고 있지만 마음은 스무 살처럼 느껴지는 걸요. 아마도 제 내면의 자아는 언제까지나 스무 살이라고 느낄 것 같아요. 하지만 나이듦은 내면의 과정만은 아니잖아요. 육체적으로도 나이를 먹지요. 우리 모두 피할 수 없어요."

"그렇지. 부정할 수 없는 사실이네. 그러나 그 나이라는 것이 과연 무엇인가? 우리는 육체적 노화를 그밖에 다른 것과 너무 많이 결부시키고 있지 않나? 자네가 한 말을 곰곰이 생각해 보게. 늙어 가는 육체, 계속해서 스무 살로 남아 있는 내면의 자아. 자네는 변하지 않는 것과 변하는 것을 동시에 경험하고 있는 게야. 왜 사람들은 나이듦을 육체에 고정시켜 보고 있지? 왜 육체를 통해 노년기를 재단하려고 하지? 왜 사람들은 자네도 말한 늙지 않는 마음, 내면의 자아에 대해서는 언급하지 않느냐 말이야?

사람들은 나이듦을 인생의 하강곡선으로 보고들 있어. 융이 말한 것처럼 말이야. 또 스물 혹은 스물다섯까지 젊은이의 성장을 상승곡선이라고 보고. 발전으로 말일세. 과연 그런지 따져 보아야 하네. 고대 철학자들을 생각해 보게. 그들은 변화의 과정을 어떻게 말하고 있나? 변화의 과정에는 생성과 소멸이 동시에 일어난다고 하지 않았나. 사람은 태어나서 죽을 때까지 변화의 연속이네. 끊임없이 생성하고 소멸하는 과정을 겪지. 청년이 중년을 거쳐 노년이 되는 동안 청년이 소멸하면서 중년이 생성되고, 중년이 소멸하면서 노년이 생성되는 것이네. 그럼에도 불구하고 사람들은 우선 눈에 보이는 것, 육체적인 변화에 초점을 맞추다 보니 나이 드는 것을 쇠퇴, 죽음으로 가는 과정으로만 여길 뿐 인생의 수행 과정으로 보지 않는 큰 실수를 저지르네. 인생의 단계들을 동일선상에 놓고 보려 하지 않는단 말일세. 인생의 단계들에 무슨 우열이 있는 양 말이야."

"선생님 말씀 중에 영원한 스무 살 자아에 대해 사람들이 말하지 않는다는 얘기가 새삼스럽게 다가옵니다. 그 자아가 죽는 순간까지 우리 안에 머문다는 것 아닙니까? 스무 살 자아가 나이가 들어도 우리 안에서 계속해서 빛을 발하고 있다는 말씀인데요. 지금까지 진지하게 생각하지도 못했고, 분명히 알아채지도 못했던 거라 갑자기 정신이 확 깨네요. 스무 살이라는 표현은 젊은 마음을 비유하는 것일 뿐 정말 스무 살 자아를 말하는 것은 아니겠죠? 저도 마찬가지고 나이 드신 분들도 똑같이 말하는 이 스무 살 자아가 인생을 살아가는 동안 중요한 역할을 한다는 느낌이 들어요. 그렇다면 인생의 어느 시기에 평생 동안 영향을 주는 어떤 자아가 생성되어 모든 변화 과정을 지켜보고 있다고 할 수도 있고…… 그래서 나이가 들어도 여전히 젊다는 것이고…… 정리를 잘 못하겠습니다."

"윌리엄 워즈워스*가 뭐라고 했나? 어린이는 어른의 아버지라고 하지 않았나? 그 말이 어린이의 순진무구한 모습을 보고 어른이 반성해야 한다는 의미로 들리나? 난 그렇게 생각하지 않네. 우리 안에 나이든 노인이 이미 존재하고 있다는 의미가 아닐까? 자네가 만날 백발의 친구들이 그 비밀을 알려 주리라 믿네."

"우리는 젊은 동시에 늙었다는 말씀이신가요?"

"그렇지. 우리 안에 세 개의 달이 있는 것처럼 우리는 노인을 우리 안에 숨겨 놓고 있지. 그 노인을 제대로 이해하게 되면 내면의 현자가 죽음의 사신이 아니라 계속해서 인생에 새 옷을 갈아입히고 인생에 생기를 되찾아 주는 원동력이란 것을 알게 될 걸세."

길이 험난한 것이 아니라 험난한 것이 곧 길이다

"이제 백발의 영혼들을 만날 준비가 된 것 같나?"

준비! 셰플러와 얘기를 나누고 나니 노년에 대해, 나이듦에 대해, 아니 인생에 대해 많은 것을 생각하지 못했다는 것을 알았다. 플라톤의 케팔로스나 노년에 대한 쇼펜하우어의 얘기를 접하면서 철학자들은 노인들을 거울삼아 자신의 삶과 사상을 깊이 성찰해 나갔다는 생각이 들었다. 나 또한 그럴 것이다. 노인들과 직접 만나 추상적인 철학적 주제

★ **윌리엄 워즈워스**(William Wordsworth, 1770~1850)

영국 시인. 그는 18세기식 기교적 시어를 거부했으며, 시란 자연발생적 감정을 담아야 한다고 강조했다. '자연과 더불어 살아가는 시골 사람들의 순수한 감정과 소박하고 친근한 언어야말로 시적 언어'가 될 수 있다는 것이다. 그는 자연과 하나가 되는 경험을 통해 자연에서 무한한 존재를 느꼈으며, 시를 통해 자연의 우주적 진리를 전하고자 했다.

들을 직접 경험하면서 그 구체적인 모습을 찾을 것이다.

갑자기 셰플러 교수의 부인 소냐가 했던 말이 떠올랐다. 테니슨은 율리시즈의 부인 페넬로페에게서 보석을 발견하지 못했다고. 20여 년 동안 왕국을 지키기 위해 온갖 유혹을 물리치며 지혜롭게 행동했던 그녀. 세월이 흘러 나이가 들었지만 그녀는 여전히 강인하고 사랑스럽다. 몸은 늙었지만 마음은 결코 늙지 않았던 것이다. 한 인간의 과거가 그토록 강력한 힘을 발휘할 수 있다니! 그렇다면 나의 과거는 어떤가?

"전보다 생각해야 할 문제들이 더 많아졌습니다."

"잘 되었네. 이제 항해할 준비가 된 것이네."

"테니슨의 율리시즈처럼요?"

그가 웃었다.

"그렇다네. '백발의 영혼'은 바로 자네일세. 그리고 '경험의 문'을 통과하는 것도 바로 자네가 해야 할 일이네. 페넬로페나 율리시즈처럼 역경을 이겨 낸 새 친구들이 인생의 화살을 되돌릴 수 있도록 힘껏 도와주게. 과거와 기억, 경험을 다시 떠올리게 하여 그것을 여행의 입구로 바꾸게. 그래서 젊은 철학자 로널드 선장의 지휘 아래 그 문을 통과해 항해를 하게. 그들이 미처 가 보지 못한 수평선을 밝게 비춰 주게. 로널드, 자네가 노인 친구들을 사귀게 되면 테니슨이 '모든 경험은 나의 일부이려니' 하고 노래했듯이 그들이 자네의 일부라는 것을 알게 될 것이네. 그들은 자네가 이끄는 배의 선원들이야. 명심하게. 변화를 이끌어 내는 또 하나의 문, 상상력을 회복시켜야 하네. 그러면 항해할 준비가 된 것이네."

"상상력이라. 마법의 문이네요. 쉽지만은 않을 것 같습니다."

"길이 험난할 게야. 하지만 키에르케고르가 한 말을 기억하게나."

"네. 길이 험난한 것이 아니라 험난한 것이 곧 길이다."

"그러니 걱정 말게. 당장에 그 문을 찾지 못한다 해도 결국에는 그 문이 자네를 찾아올 테니. 나중에 우리 집에 들러서 노인들에게서 무엇을 배웠는지 말해 주게나. 나처럼 경험의 문을 통과하려고 훈련 중인 백발의 영혼에게는 꼭 필요한 정보거든."

나는 스승에게 제일 먼저 소식을 전하겠다고 약속을 했다.

문을 나서려는데, 그가 날 꼭 끌어안았다.

"순풍을 만나길. 그리고 자네의 수평선에서 아름답고 멋진 생각들이 피어오르길 바라네. 또 만나세. 백발의 영혼."

"네, 선생님! 안녕히 계세요"

나는 계단을 내려가면서 크게 소리쳤다.

백발의 친구들과 함께한 첫 수업

셰플러를 만난 지 2주 후, 나는 철학수업을 하기 위해 노인복지관으로 향했다. 집에서 노인복지관까지는 걸어서 이십 분 거리다. 코린트식 건물과 현대식 건물이 섞여 있는 중앙 캠퍼스의 붉은색 타일과 콘크리트 길을 가로질러 갔다. 과거와 현재, 옛 것과 새 것, 오래된 것과 현대적인 것이 함께 어우러져 있었다.

노인복지관은 아담한 단층건물이었다. 걸어가는 내 모습이 유리창에 비쳤지만 안쪽은 보이지 않았다. 나는 잠시 망설였다. 백발의 친구들에 대한 기대로 마음이 부풀어 있었지만 준비를 충분히 했는지 되묻고 있었다. 심호흡을 한 뒤 문을 열고 들어가자 오븐에 구운 닭고기 냄새가 물씬 풍겼다. 오른쪽으로 거실처럼 꾸며진 공간이 있었다. 사람들이 책을 읽기도 하고 이야기를 나누기도 했다. 당구공이 부딪치는 소리도 들렸다. 복도 끝 쪽에 있는 큰 방에서 피아노와 바이올린, 베이스 소리가 들려왔다.

잠깐 동안이지만 주위를 둘러보니 마음에 꼭 들었다. 내기 당구를 치며 호탕하게 웃고 떠드는 사람들, 선물의 집에서 신나게 잡담을 나누는 사람들, 수요일 점심의 최고 인기 메뉴인 닭고기로 식사를 마치고 '부엌 악단'의 물소리 리듬에 맞춰 스텝을 밟고 몸을 흔드는 사람들에게서 활기찬 생명력이 느껴졌다.

나의 철학교실은 무료강좌였다. 수강생이 얼마나 될까 궁금했는데, 강의실을 찾은 사람이 일곱 명밖에 되지 않아 꽤나 당황했다. 하지만 용기를 내어 한 명의 율리시즈와 여섯 명의 페넬로페에게 앞으로 진행될 수업의 기본 테마에 대해 설명했다. 그것은 '자서전으로 철학하기'다. 그리고 자서전에서 발췌한 글들에서 무엇을 살펴볼 것인지도 설명했다.

"자서전은 철학자들이 자신의 사상을 일상의 삶 속에서 어떻게 실현시켜 나갔는지 보여 줍니다. 어떻게 행동했고, 어떻게 느꼈고, 어떻게 선택했는지 알 수 있지요. 그들의 사랑과 실패, 깨달음을 통해 그들이 평생을 바쳐 이룩한 사상과 이상을 이해할 수 있고, 동시에 우리의 인생 경험들을 해석할 수 있는 방법을 찾게 됩니다."

이 말이 지금은 좀 추상적으로 들릴지 몰라도 수업이 진행되면 흥미를 갖게 되리라 확신했다. 성 아우구스티누스가 십대에 성욕에 사로잡혔던 일, 밀이 겪었던 정신적 위기와 해리엇 테일러와 나눈 사랑, 보부아르가 부르주아 가치관에 저항한 이야기며 남녀평등에 눈뜬 이야기 등. 이런 내용을 접하면 누군들 흥미를 갖지 않겠는가?

나는 우리 모두는 철학자라고 얘기했다. 나는 무엇을 알 수 있을까? 이것은 존재론이다. 나는 그것을 어떻게 알 수 있을까? 이것은 인식론이다. 알고 있는 것을 어떻게 행동으로 옮겨야 하는가? 이것은 도덕론이다. 우리가 우연한 기회에 떠올리는 이런 질문들이 바로 인생과 세상에 대한 질문이고 동시에 철학적 질문이다.

"독일 철학자 칸트도 이 세 가지 질문을 던졌습니다. 그리고 철학자라면 이 문제들을 고민하고 답을 찾아야 한다고 했어요. 하지만 이 질문은 철학자만이 아니라 누구나 떠올리는 문제입니다. 그래서 우리 모두는 철학자고, 철학을 하지 않을 수 없는 것이지요. 또 우리가 저녁놀이나 그림을 감상할 때, 음악을 들을 때 다음과 같은 질문을 던지기도 합니다. 저녁놀이며 그림이며 음악이 왜 아름답게 느껴질까? 그래서 아름다움을 연구하는 학문 미학이 생겨났지요. 그리고 철학자뿐만 아니라 시나 문학과 같은 예술 분야에 종사하는 이들도 인생과 세상에 대해 많은 질문을 던집니다.

우리 수업은 수많은 철학적 질문 가운데 어떤 것에 초점을 맞출까요? 잠깐 시인 T.S. 엘리엇에 대해 말하겠습니다. 그는 과거, 현재, 미래라는 인생의 시간이 어떻게 연관 맺고 있는지 탐구한 시를 썼습니다. 인생이 어떻게 흘러가는가, 이것이 그의 철학적 질문이지요. 그는 인생이란 시간은 과거, 현재, 미래의 소용돌이라고 했습니다. 한 예로 지난날의 시간, 과거는 이미 끝난 것이 아니라 현재 속에, 미래 속에 여전히 살아 있다고 했습니다. 과거는 현재와 미래에 끊임없이 영향을 주고 있다는 것이지요. 그래서 인생의 시간을 소용돌이에 비유한 것입니다.

좀 더 얘기를 하겠습니다. 엘리엇은 과거의 경험에 대해 말했습니다. 과거의 경험이 과거로 끝나지 않는 이유를 말하고 있지요. 우리가 어떤 경험을 할 당시, 그 경험이 인생에 던지는 의미를 온전히 이해했다고 할 수 있을까요? 이 문제에 대해 여러분은 어렵지 않게 답할 수 있을 것입니다. 인생을 살다가 과거의 어느 순간을 떠올리며 경험할 당시에는 몰랐던 새로운 의미를 발견할 때가 있습니다. 회상을 통해 미처 깨닫지 못한 의미를 발견하는 것이지요. 의미를 되찾는다고도 할 수 있습니다. 그 순간 그 경험은 '마치 지금 이 순간 처음으로 경험하는 것'처럼 강렬합니다. 그래서 엘리엇은 어떤 경험이 처음에는 매우 특별한 사적인 경험으로 보일지라도 그 경험의 의미를 새롭게 발견하면 개인의 인생을 넘어 우리 모두의 인생, 여러 세대의 인생에 대해 공통적인 무언가를 말하고 있다는 것을 알게 된다고 했습니다.

우리의 과제가 여기에 있습니다. 철학자의 자서전을 함께 읽으면서 여러분 각자의 과거, 지난날의 경험에서 미처 깨닫지 못한 의미를 발견하는 것이 우리 수업의 과제입니다. 놓쳐 버린 과거의 의미를 되찾기 위해, 인생에서 과거라는 시간의 가치를 재평가하기 위해 시간의 소용돌이 속으로 뛰어 들어가 봅시다."

내가 너무 앞서 나갔나 싶기도 했다. 이쯤에서 나의 열정적인 웅변을 백발의 친구들이 어떻게 받아들이고 있는지 살펴야 할 것 같았다. 아! 여섯 명의 페넬로페와 한 명의 율리시즈는 온화한 눈빛으로 나를 바라보며 미소를 짓고 있었다.

그때 한 분이 의자를 뒤로 밀며 자리에서 일어섰다. 그녀는 내가 분명히 알아야 할 것이 몇 가지 있다고 했다. 첫째로, 이 수업이 어떤 영적인 문제와 연관이 있는 것처럼 들린다고 했다. 얼마 전에 회원 두 사람이 종교 문제로 심하게 다투었고, 관장이 종교 문제는 복지관 내에서 얘기하지 않는 것이 좋겠다고 했다는 것이다. 둘째로, 철학에 관한 것인데, "대부분의 노인들은 이 나이쯤 되면 이미 꽤 견고한 나름의 철학을 가지고 있습니다. 그리고 세 번째는……."

노인들이 과거의 경험을 철학의 근원으로 삼을 수 있을 것이라는 나의 생각이 잘못된 것일까? 도대체 내가 노인들에 대해 무엇을 안단 말인가? 나의 외할아버지는 러시아인 이민자였고, 주류 밀매를 하다가 내가 어릴 때 돌아가셨다. 그분의 첫 번째 아내가 나의 외할머니다. 그녀는 체구가 작았고 순박한 시골 노인처럼 친절하셨으며 외할아버지보다 몇 년 앞서 돌아가셨다. 이것이 외할머니에 대한 기억의 전부다. 현재 유일하게 살아계신 친할머니는 소문이 자자할 정도로 애플파이 솜씨가 뛰어나다. 내가 어렸을 때, 나의 아버지를 포함해 아들들이 말썽을 피우면 마치 부족의 족장처럼 집 주위로 쫓아다니셨고, 이 모습을 볼 때마다 난 늘 즐거웠다. 친할아버지는 내가 태어나기 전에 돌아가셨다. 삼촌들의 말에 따르면 그분은 폭군이셨다. 그런 내가, 어째서 노인들에게서 계시랄까, 영감이랄까, 이런 것을 기대하고 있는 것일까?

"세 번째로 저는 조카딸이 날 태우러 올 때까지 시간을 보내려고 수업에 들어왔어요."

그녀는 유리창 쪽을 가리키며 조카딸이 도착했다면서 소지품을 챙겨 강의실을 나갔다. 나는 그녀의 이름조차 물어보지 못했다.

나는 수업을 통해 철학과 문학, 인생에 대해 많은 얘기를 하려고 생각했다. 그런데 수업은 시작도 하기 전에 끝나 버렸다. 나는 낙심한 채 자리에 앉았고 뭘 해야 할지 몰랐다. 그때 자그마한 체구에 빨간 곱슬머리를 한 분이 나를 향해 고개를 끄덕이면서 말을 건넸다.

"선생님, 이제 시작해 볼까요?"

"그래요. 어서 시작합시다!"

다른 분들도 맞장구를 치면서 열광적으로 고개를 끄덕였다. 마침내 나는 나의 선원들을 발견한 것이다. 경험의 문을 통과해 미지의 세계로 함께 떠날 친구들을!

3 과거 현재 미래의 시간

Chapter 3

과거, 현재, 미래의 시간

과거는 자신의 인생을 세상에서 유일한 것으로 만드는 힘이다

플라톤과 쇼펜하우어가 노인복지관에서 백발의 영혼들과 마주친다면 무슨 일이 일어날까? 아마도 모두에게 공통적인 노년의 초상화를 그려 달라는 요청을 받을 것이다. 두 철학자가 심혈을 기울여 그림을 그려 준다면, 나의 친구들은 어떤 반응을 보일까? 과연 그 그림에 동의를 할까? 어떤 때는 과거의 기억 속에 사로잡혀 있기도 하고, 어떤 때는 미래에 대한 희망과 기대에 온통 정신이 팔려 있기도 하는 친구들은 정규 교육을 8년도 채 받지 못한 미망인 농사꾼에서부터 1927년에 소르본느 대학을 졸업한, 지금은 은퇴한 대학 불어 강사에 이르기까지 경력이 다양했다. 지금까지 철학자들은 주로 노인 일반에 대해 관심을 가졌을 뿐, 우리 그룹의 멤버들인 다섯 분의 할머니, 주정부 공무원으로 일하다가 은퇴한 버질 영감 등 개개인의 노인들이 실제로 어떻게 살아가고 있는지에 대해서는 거의 관심을 갖지 않았다.

우리는 노인복지관에서 유일하게 조용한 방에서 카드 게임용 테이블에 자유롭게 둘러앉았다. 시간이 지날수록 우리 사이에는 도타운 정이 쌓여 갔고 친밀해졌다. 운명을 함께한 선장과 선원들이니 너무나 당연한 일이다. 벽이 방음이 잘 되어 있지 않아 옆방에서 전화 거는 소리가 모두 들렸다. 의사에게 차를 보내 달라거나, 홀로 된 부모를 돌봐 달라거나, 점심 값이 얼마나 되는지, 복지관에서 후원하는 댄스 강습 날짜를 묻는 내용들이었다.

수업을 시작한 지 몇 주가 지나자 틀이 갖춰지기 시작했다. 모임 때마다 나는 철학서나 문학작품에서 발췌한 글을 나눠 주었고, 저자의 주요 사상을 충분히 이해할 수 있도록 설명한 뒤 토론을 시작했다.

변하지만 변하지 않는 것

최근에는 이전 시대에 함께 경험한 이야기를 나누면서 세상이 얼마나 많이 변했는지, 그럼에도 불구하고 변하지 않은 것들이 얼마나 많은지에 대해 신기해하며 이야기를 주고받았다. 그런 뒤 나는 19세기 독일 철학자 니체에 대해 설명했다. 그는 세상은 끊임없는 변화의 연속이지만 어떤 목적을 향해 변화해 가는 것이 아니라 생성과 소멸이 영원히 반복될 뿐이라고 했다. 밤과 낮, 창조와 파괴, 전쟁과 평화, 탄생과 죽음 등이 완성을 향해 나아가는 것이 아니라 목적 없이 순환된다는 것이다. 니체의 주장은 서양의 철학 전통인 이원론과 목적론에 대한 거부였으며, 우리 앞에 놓인 유일한 세계 자연으로 돌아가자는 것이었다. 인간이란 자연의 산물이며 힘과 힘이 서로 부딪치는 자연 속에서 자신과 자신의 세계를 만들어 가는 존재라고 했다.

버질이 말을 꺼냈다. 키가 작은 그는 벗겨진 머리 주위로 흰머리가 후광처럼 나 있다.

"맞습니다. 아버지와 저의 삶을 비교해도 특별히 다르지 않아요. 결혼해서 가정을 꾸리고, 가족을 위해 돈을 벌다가 늙어 가지요. 니체의 말처럼 인생도 반복되고 있어요."

대학 불어 강사였던 도로시는 버질의 의견에 반대한다고 했다. 그녀는 잿빛의 굵은 머리칼을 가졌고 몸집도 제법 크다.

"그렇다고 해도 우리 각자의 삶은 모두 달라요. 삶 하나하나가 유일하다고 할 수 있지요. 우리 모두는 보다 나은 세상을 만들기 위해 해야 할 역할이 있어요."

나는 말을 계속 이었다. 니체는 과거를 기억하는 것에 대해 흥미로운 견해를 내놓았다. 인간은 기억으로부터 자유로울 수가 없다. 과거가 우리에게 착 달라붙어 있기 때문에 과거를 잊는다는 것은 불가능하다. 그래서 니체에게 인간으로 산다는 것은 역사적으로 사는 것이다.

그렇다면 기억한다는 것은 어떤 가치가 있을까? 그는 〈삶에 대한 역사의 공과功過〉*라는 사색적인 에세이에서 인간이 역사와 관계 맺는 방식을 세 가지로 말했다. 기념비적 방식, 골동품적 방식, 비판적 방식이 그것이다. 기념비적 방식은 이전 시대의 위대한 영웅들의 정신과 업적을 영원히 살아 있도록 하고, 그것을 모범으로 삼아 실천에 옮기는 것이다. 골동품적 방식은 예로부터 전해진 정신적, 문화적 유산을 그 무엇보다 소중하게 여기고 잘 보존하여 다음 세대에 고스란히 물려줌으로써 과거가 흔들림 없이 미래로 이어지도록 하는 것이다. 비판적 방식은 이전 역사와 용기 있게 대결하여 미래를 새롭게 이끌어 나가는 것이다. 이 방식은 '우리가 원하는 과거'를 우리 자신에게 물려주려는 시도다.

니체에게 역사는 학교에서 가르치는 학문 이상의 의미를 가진다. 역사와 어떻게 관계 맺는가에 따라서 역사는 우리가 어떻게 살아야 할 것인가, 삶을 어떻게 이끌어 가야 할 것인가, 그 방법을 찾는 데 중요한 역할을 한다고 했다.

> 기념비적 방식은 현재의 것은 모두 아니라고 하면서 과거의 위대한 정신이 계속 생존할 수 있도록 현재와 싸워 나가야 한다는 것이다. 골동품적 방식은 오래된 과거를 존경하지 않는 현재의 것, 새롭게 생성되고 있는 것들을 거부하고 적대시하는 것이고, 과거를 받아들여 나의 역사가 되도록 해야 한다는 것이다. 비판적 방식은 생성하는 모든 것은 소멸할 가치가 있기 때문에 인간은 과거를 해체할 힘을 가져야 하고, 과거를 법정에 세우고 심문하고 유

★ 〈삶에 대한 역사의 공과On the Uses and Disadvantages of History for Life〉(1874년)는 니체의 《반시대적 고찰Untimely Meditation》에 수록된 네 편의 에세이 가운데 두 번째 것이다. '반시대적 고찰'이란 표현은 '시대와 맞지 않는 관찰'이란 의미가 아니라 '시대를 비판적으로 성찰하여 미래를 이끌어 나간다'는 뜻이다.

죄를 선고해야 한다는 것이다.

– 니체, 〈삶에 대한 역사의 공과〉에서

또한 니체는 우리 모두는 역사가라고 했다. 개개인은 자신의 삶을 기록하는 연대기 작가들이다. 그렇다면 우리는 어떤 종류의 역사를 실천할 것인가? 니체가 말한 세 가지 방식은 개개인이 자신의 지난 경험과 관계 맺는 방식이기도 하다.

도로시는 지난 200년 동안 놀랄 정도로 성장한 해방운동을 예로 들면서, 기념비적 방식이나 골동품적 방식은 현상유지를 강조하기 때문에 더 이상 만족할 수 없다고 주장했다. 또한 우리가 여성이나 소수 민족의 역사를 파악하기 시작한 것은 오래되지 않았으며, 이것은 니체가 강조한 비판적 방식의 결과라고 했다. 버질은 도로시와 다른 의견을 내놓았다. 그는 미국 개척자들과 미국인이 이룩한 업적들에 대해 많이 듣고 자랐다고 하면서 그들이 큰 업적을 이룰 수 있었던 것은 애국심 때문이라고 했다. 그렇기 때문에 보다 나은 미래를 설계하려면 기념비적 방식을 택해 애국심을 고취시켜야 한다고 했다.

내가 니체를 언급한 것은 역사와 기억에 대한 이야기를 하고 싶었기 때문이다. 갑자기 도로시가 시 한 구절을 읊었다.

"나의 시작에 나의 끝이 있다."

그 소리에 모두들 입을 다물었다.

"T.S. 엘리엇*의 장시長詩 《네 개의 사중주》** 중에서 〈이스트 코우커〉에 나오는 구절이에요. 이 시는 '나의 시작에 나의 끝이 있다'로 시작해서 마지막에 '나의 끝에 나의 시작이 있다'로 끝을 맺어요. 저는 이 부분을 이렇게 이해해요. 매 순간은 시작되었다 끝나고, 끝나면서 또 시작되고…… 끝과 시작, 시작과 끝이 반복된다는 의미로 말이지요. 이것을 변화의 순간 일어나는 생성과 소멸에 비유해도 되구요. 변화의 매 순간을 현재라고 하면 이전의 시간은 과거가 되고 현재 다음에 오는 시간은 미래가 되겠지요.

인생을 현재의 연속, 달리 말해 변화의 연속으로 볼 때 니체가 말한 비판적 방식으로 살아간다면 과거와 다른 삶을 이끌어 갈 수 있지 않겠어요? 좀 더 나은 삶 말이지요."

《네 개의 사중주》는 시간에 대한 명상적인 시로 네 편의 시로 구성되어 있고, 기독교적 관점, 불교적 관점 등으로 해석되고 있다. 친구들이 읽기에는 좀 무거운 감이 있지만 우리의 인생을 좀 더 깊이 들여다보는 데 도움이 될 것 같았다.

"그 시의 일부를 읽어 볼까요?"

★ **T.S. 엘리엇**(T.S. Eliot, 1888~1965)

영국 시인. 미국에서 태어났으며 하버드 대학에서 철학을 공부했고, 옥스퍼드 대학으로 유학을 갔다. 유학 중에 제1차 세계대전이 발발하자 영국에 머물면서 작품 활동을 시작했다. 1922년 출간한 《황무지The Waste Land》로 명성을 얻었고, 1927년 영국에 귀화했다. 세계적으로 유명한 〈캣츠〉는 1939년에 발표한 시집 《늙은 주머니쥐의 고양이에 관한 책Old Possum's Book of Practical Cats》을 기초로 한 뮤지컬이다. 엘리엇은 《네 개의 사중주》로 1948년 노벨문학상을 수상했다.

★★ 《네 개의 사중주For Quartets》(1943년)는 네 편의 시로 구성되어 있다. 각 편의 제목은 〈번트 노턴Burnt Norton〉(1935년), 〈이스트 코우커East Coker〉(1940년), 〈드라이 샐베이즈The Dry Salvages〉(1941년), 〈리틀 기딩Little Gidding〉(1942년)이다. 네 편의 시는 시간을 네 가지 관점 – 기억, 순환, 유전流轉, 역사 의미의 현시現示 – 에서 보여 준다.

내 질문에 모두들 기대에 찬 눈빛으로 대 환영을 했다. 우리의 존경스런 도로시가 그 시의 가치에 대해 알고 있었던 것이다.

네 개의 사중주

“오늘은《네 개의 사중주》에 대해 얘기해 보겠습니다. 이 시는 네 편으로 되어 있고 엘리엇은 마흔일곱 살이던 1935년에 시작해 1942년 사이에 썼습니다. 각각의 시들은 시인이 시간과 역사, 사랑, 그리고 지혜에 대해 개인적, 철학적 성찰에 도달했던 순간을 글로 옮겨 놓은 것입니다. 시 제목들은 영국의 어떤 장소들인데, 엘리엇에게 특별한 의미가 있는 곳들이죠. 우리가 얘기를 나눌 첫 편의 제목 〈번트 노턴〉은 영국 코츠월드 힐즈의 한 폐가의 이름으로 정원과 맑은 연못이 있었지요. 그는 1934년 여름에 친구와 함께 이 집을 방문했다가 특별한 경험을 했습니다.”

“특별한 경험이오?”

버질이 콧등에 걸친 돋보기안경 위로 장난기 가득한 푸른 눈을 빛내며 말을 던졌다.

“혹시 초점이 두 개로 잡혔던 게 아닐까요? 그 나이엔 그럴 수 있잖아요. 노-안.”

그는 자기가 한 말이 흡족한 듯 싱긋 웃으며 눈썹을 살짝 올렸다. 그러곤 주위의 반응을 살폈다. 낡은 양복에다 길이가 짧고 폭이 넓은 물방물무늬 넥타이를 맨 모습이 마치 어릿광대 같아 보였다.

"이것 보세요, 버질. 엘리엇이 두 개의 초점에 관한 시를 썼을 리가 없어요."

메리가 못마땅하다는 듯 대꾸했다. 메리는 고등학교 교사 출신이어서 버질처럼 산만한 학생에게 따끔하게 일침을 놓는 방법을 잘 알고 있었다. 큰 키에 이목구비가 반듯한 메리는 옷차림도 늘 단정했고, 그녀가 소매에서 손수건을 꺼낼 때면 방 안에 라일락 향기며 제비꽃 향기가 은은하게 퍼졌다.

"그럼, 엘리엇이 시간에 대해 어떻게 노래했는지 들어 볼까요?"

> 현재의 시간과 과거의 시간은 / 아마도 미래의 시간 속에 존재하고 / 미래의 시간은 과거의 시간 속에 담겨 있다 / 만일 모든 시간이 영원히 존재한다면 / 모든 시간은 회복될 수 없다.*

누군가 한숨을 내쉬었다. 켄터키 시골 출신의 자부심 강한 에피였다. 두메산골 사람이란 뜻에서 자신을 '들장미'라고 부르곤 했다. 그녀는 시의 의미를 풀어 줄 실마리를 찾는 것처럼 벽에 걸린 시계를 올려다보았다. 푸른빛으로 염색한 곱슬머리를 단단히 동여맨 그녀의 햇볕에 그

★ 현재의 경험과 과거의 경험은 미래에도 기억될 것이고, 미래에 떠올리게 될 기억은 모두 과거에 속하는 것이다. 경험을 통해 얻은 기억은 사라지지 않고 계속 이어진다. 그러므로 이미 일어난 일을 원상태로 돌릴 수 없듯이 기억을 지웠다가 다시 되살린다는 것은 불가능하다.

■ 〈번트 노턴〉 일부는 285쪽에 있습니다.

을린 얼굴은 매력적이기도 하지만 지쳐 보이기도 했다. 에피는 학교를 8년밖에 다니지 못했다. 그 세대에서는 흔한 일이라고 한다.

나는 연극 대사를 읊듯이 다음 구절을 읽었다.

있을 수 있었던 일은 추상이다*

그레이스가 긴 진주 목걸이를 만지작거렸다. 그레이스도 에피처럼 8년밖에 학교를 다니지 못했다. 말수가 적은 그녀는 아이다호의 농장에서 자랐고 농부의 아내가 되었다. 워싱턴 주로 이사를 온 뒤 동부에 있는 팰루즈에서 밀농사를 지었다. 그녀에게는 발달 장애가 있는 빌리라는 아들이 있다. 남편이 죽자 그레이스는 아들과 함께 올림피아로 이사와 아파트에서 살았다. 그녀는 아들을 헌신적으로 돌보았다. 사십 줄에 들어선 빌리는 몸집이 크고 만사가 태평스러웠다. 그레이스는 아들을 복지관에 데려오곤 했는데, 그럴 때마다 빌리는 노인들과 당구를 쳤다. 사람들은 빌리를 너그럽게 대했다. 빌리의 당구 솜씨는 훌륭했으며, 낯을 가리지 않고 애정 표시를 했다.

단시 사색의 세계에서만 / 영원한 가능성으로 남아 있다**

* 실제로 일어나지 않았던 일은 관념이다.

** 관념은 머릿속에만 있다.

나는 힐더가드를 바라보았다. 자그마한 체구지만 다부져 보이는 그녀는 엘리엇의 시구가 세상에서 가장 틀림없는 말이라는 듯 연신 고개를 끄덕이고 있었다. 힐더가드는 항상 에너지가 넘쳤으며, 행동 하나하나, 말 하나하나에 늘 깊은 의미가 담겨 있었다. 그녀가 확고한 신념을 갖고 인생을 이끌고 있다는 것은 의심의 여지가 없다. 복지관에 바지를 입고 나오는 유일한 여성이었다. 그런 그녀를 나는 가장 존경했다. 때때로 내게 부족하다고 생각되는 책임감과 자신감을 갖고 있기 때문일 것이다. 그녀를 보는 것만으로도 에너지가 충전되는 것 같았다.

> 있을 수 있었던 일과 있었던 일은 / 한 끝을 향하고, 그 끝은 언제나 존재한다*

도로시가 앞으로 몸을 수그리며 손을 턱에 괴었다. 아는 것이 많은 도로시는 교사 연금이 충분하지 않아 교외에서 동물 훈련장을 운영하며 생활비를 충당했다. 도로시를 보고 있으면 육체와 정신이 따로 떨어져 있는 것 같았다. 그녀의 정신은 예리하고 통찰력이 있었으며, 도전적이고 당당했지만 헐렁한 옷에 감싸인 그녀의 몸은 두루뭉술해 보였다. 게다가 골다공증이 심해 골절을 쉽게 입었고, 오른쪽 눈동자는 백내장 때문에 부옇게 흐려져 있었다.

★ 실제로 일어나지 않았던 일과 실제로 일어났던 일은 기억의 형태로 현재라는 시간 속에 항상 살아 있다.

"선생님."

도로시가 말을 꺼냈다.

"엘리엇의 시구 '현재의 시간과 과거의 시간은 아마도 미래의 시간 속에 존재하고, 미래의 시간은 과거의 시간 속에 담겨 있다'를 기독교적인 관점에서 해석할 경우 어떻게 되는지 말할 게요. 선생님도 알겠지만, 기독교의 독특한 시간관은 시작점과 끝 점이 이미 정해져 있어요. 물론 내가 이것을 믿는 것은 아닙니다. 단지 성공회의 전통적인 시간관을 설명하려는 것뿐입니다. 시작점은 마리아가 그리스도를 낳을 것이란 말을 들었던 수태고지지요. 끝 점은 그리스도의 재림인데, 구원의 시간이죠. 인간의 삶이란 이들 두 점 사이에 있는 수많은 점들이죠. 인생이란 타락과 구원이라는 거대한 이야기의 일부분일 뿐이에요. 인간은 그 끝이 예고된 삶을 살고 있지요. 끝이란 앞서 말했듯이 시간의 정점, 구원의 시간 말이에요. 그래서 엘리엇의 시를 성공회 관점에서 해석하면 과거와 현재는 예고된 미래를 향해 간다는 것, 그래서 미래가 이미 과거 속에 포함되어 있다고 말할 수 있겠지요."

나는 다른 사람들을 둘러보았다. 당황스런 표정과 어리둥절한 표정이 엇갈렸다.

"도로시, 엘리엇의 시를 그렇게 해석한다면 다음 구절인 '만일 모든 시간이 영원히 존재한다면 모든 시간은 회복될 수 없다'는 구절이 무슨 뜻인지 말해 줄래요?"

메리가 물었다. 도로시는 나를 보며 어깨를 으쓱했다.

"철학자는 선생님이잖아요."

"메리, 궁금증을 풀어 드릴게요. 고대 그리스인들은 시간이란 봄, 여름, 가을, 겨울처럼 순환한다고 생각했어요. 모든 것이 계속해서 반복된다고 말이지요. 니체도 그렇게 생각했지요. 개인들의 삶은 결코 멈추지 않는 순환의 일부고, 그 어떤 힘도 이와 같은 순환 패턴을 끊을 수도 수정할 수도 없죠. 그래서 시간은 변경될 수도 없고, 이미 일어난 일들을 바꿀 수도 없는 거지요. 니체가 신을 부정했다는 것은 알고 있지요? 기독교에서는 순환 고리를 끊을 수 있는 외부의 힘을 상정하지요. 바로 신이지요. 이집트에서 노예처럼 살고 있던 이스라엘 민족이 모세와 함께 이집트를 탈출하는 대목을 떠올려 보세요. 이집트 병사들이 뒤쫓아 올 때, 광야를 지나느라 목이 타고 배가 고플 때마다 기적이 일어났지요. 니체는 그런 외부의 힘, 신은 없다고 했습니다.

엘리엇의 시를 이런 맥락에서 접근하면 실마리를 풀 수 있을 거예요. 우리가 읽었던 〈번트 노턴〉에서 엘리엇은 경험을 통해 얻은 과거, 현재의 기억은 미래에도 계속 이어진다고 했습니다. 모든 경험은 처음 순간이 있고, 시간이 지난다고 그 경험이 사라지는 것이 아닙니다. 경험의 기억은 우리의 인생이 끝나는 죽음의 순간까지 이어질 테니까요. 여러분이 기억하는 것 가운데 가장 최초의 기억이라 할 수 있는 것을 떠올려 보세요. 그 기억이 사라졌나요? 아니죠? 그래서 과거의 시간, 현재의 시간이 사라지지 않고 미래의 시간에 모두 들어 있다고 한 것입니다.

그런 다음 '만일 모든 시간이 영원히 존재한다면 모든 시간은 회복될 수 없다'라고 했지요. 이미 일어난 사건을 일어나기 이전 상태로 되돌릴 수 없듯이, 모든 시간을 이전 상태로 되돌릴 수 없다는 뜻입니다. 이

시를 인생에 국한시키지 말고 세상으로 확장시키면 더 큰 의미를 발견하게 됩니다. 엘리엇은 세상은 그 시작의 순간도 그 종말의 순간도 없다고 보았습니다. 세상의 힘, 존재의 능력만으로 세상은 움직이고 있을 뿐이지요."

수상한 울타리

"선생님, 우리가 못 보고 지나친 것이 있는 것 같아요."

버질이 할 말이 있는 것 같았다.

"말씀해 보세요."

"나눠 주신 엘리엇의 시 꼭대기에 늘어서 있는 수상한 울타리들은 대체 뭡니까?"

"수상한 울타리요?"

처음엔 무슨 말을 하는지 알아들을 수 없었다. 버질이 프린트를 들어 그 울타리를 가리켰다. 그가 가리킨 곳을 보니 시가 시작되는 곳에 헤라클레이토스의 경구 두 개가 있었다. 필기체로 쓰인 그리스어에 익숙하지 않은 사람은 마치 가시덩굴처럼 보일 것이다. 그리스어가 자칫 친구들을 긴장시킬까 봐 이야기를 충분히 나눈 후 언급하려고 했다.

"버질, 그건 헤라클레이토스의 경구를 적어 놓은 그리스어입니다. 그 중 하나는 니체가 언급한 것이기도 하고요."

"헤리…… 뭐라구요?"

버질이 눈썹을 올리며 물었다. 버질은 평생을 시청의 좁은 책상에 앉아 서류들을 뒤적이고 숫자들과 싸우면서 시간을 보냈다. 이제 자유로워진 그는 모든 것에 대해 알고 싶어 했다.

"헤-라-클-레-이-토-스."

나는 이름을 또박 또박 말해 주었다. 그런데 버질이 재미난 듯 싱긋 웃는 모습을 보는 순간 짓궂게 날 놀렸다는 것을 알았다.

"현재 남아 있는 헤라클레이토스의 글들은 다른 철학자들의 해설집에 단편적으로 등장하는 것이 전부입니다. 그것도 플라톤 이전에 살았던 철학자들의 저작에 말입니다. 첫 번째 경구는 '로고스(우주법칙)는 만물에 깃들어 있는데도 사람들은 자신들이 세상을 이해한 대로 살아간다.', 두 번째 경구는 '올라가는 길과 내려가는 길은 하나이며 똑같다.'라는 뜻으로 해석할 수 있습니다. 경구가 간결해서 헤라클레이토스가 무엇을 말하려고 했는지 직접적으로 알 수는 없어요."

"선생님, 이 경구들이 왜 엘리엇의 시와 함께 있는 거죠? 이해할 수가 없네요."

에피가 팔짱을 낀 채 입술을 오므리며 말했다.

"엘리엇은 학자라고 해도 좋을 만큼 교육을 많이 받은 사람이었어요. 자신의 시가 고대의 지혜와 지식을 다루고 있다는 것을 독자들에게 알리려고 이 경구를 선택한 것이겠지요. 엘리엇은 현대시의 거장 가운데 한 사람이지만, 과거를 과소평가하고 현재만을 중요시하는 진보라는 개념을 받아들이지 않았습니다. 엘리엇은 모든 것은 변화하지만 그런 가운데서도 변하지 않는 것이 있다는 것을 상기시키려고 헤라클레이토스를 인용했다고 볼 수 있죠. 우리는 일시적인 것뿐 아니라 영원한 것에도 관심을 기울여야 합니다."

"모든 것을 다 아는 척하지 말란 말인가요?"

메리가 버질을 쏘아보면서 말했다. 메리와 버질은 항상 서로에게 못마땅한 것이 있는 양 행동했다. 내가 보기엔 서로 좋아하면서 겉으로 괜히 그러는 것 같았다.

"음, 우리가 알고 있다고 생각하는 것이 과연 그런지 의심해 보자는 것이겠지요. 두 번째 경구를 볼까요? 우리가 올라가는 길과 내려가는 길은 분명 같은 길인데, 올라갈 때와 내려올 때는 사물이 달라 보인다는 의미를 담고 있습니다. 그는 모든 것은 변화의 흐름 속에 있다고 했습니다."

> 만물은 유전할 뿐 정지되어 있는 것은 없다.
>
> \- 헤라클레이토스

"선생님, 이제야 알겠네요."

버질이 자리에서 일어났다 앉았다 하면서 말했다.

"헤리-, 이름이 뭐였더라? 여하튼 그의 말이 맞아요. 올라가는 길과 내려가는 길은 같아요. 생각해 보세요. 등산로는 올라가는 길과 내려가는 길이 같잖아요. 또 엘리베이터도 하나의 통로를 오르락내리락하지요. 먹고 배설하는 소화기관도 하나구요. 또 뭐가 있을까? 아, 은행에 가서 돈을 넣고 찾는 통장도 있고……."

아, 버질 제발 참아 줬으면 하는 생각이 들었다. 헤라클레이토스는 눈에 보이는 통로를 얘기한 것이 아니다. 하지만 다음 얘기를 듣고 내심 안심이 되었다.

"한 문명이 번성하는 과정을 올라가는 길로 보면 몰락하는 과정을 내려가는 길로 볼 수 있고, 잠자는 것과 깨어나는 것도 그렇고……."

도로시가 활짝 웃으며 버질을 보고 있었다. 그리고 놀랍게도 박수를 치면서 그를 칭찬했다.

"브라보, 버질. 이해를 했군요. 역시 이름값을 하네요."

"이름값이라뇨?"

도로시에게 질문하며 버질을 보니 그도 뭔 소린지 모르겠다는 눈치였다.

"아니, 《아이네이스Aeneid》를 쓴 저 유명한 베르길리우스를 모른다는 말이에요? 버질은 베르길리우스의 영어식 발음이잖아요. 단테의 《신곡》에서 〈지옥편Inferno〉을 생각해 보세요?"

버질은 다음 이야기가 궁금한지 돋보기안경 위로 눈을 치켜떴다.

"단테를 지하세계로 안내한 인물이 고대 로마의 시인 베르길리우스예요. 단테는 버질의 안내를 받으며 지옥 속에서 역사적인 인물, 신화 속의 인물들을 만나 그들이 죽기 전에 저지른 잘못과 죄악에 대해 듣고 도덕적인 진리를 얻게 되지요. 지금 우리의 버질도 그렇게 했어요. 용기를 갖고 영혼 깊숙이 내려가 우리 자신의 모든 두려움, 공포, 나약함, 약점을 똑바로 보게 되면, 더 나은, 더 강한, 더 멋있는 사람이 되어 되돌아올 수 있다는 것을 헤라클레이토스를 통해 간파했어요. 내려가는 길과 올라오는 길은 서로 연결되어 있어요. 버질, 당신도 보았지요?"

나는 버질 같은 장난꾸러기를 현자처럼 보이게 하는 도로시의 능력에 감탄하지 않을 수 없었다. 그녀야말로 진정 타고난 교육자라는 생각이 들었다. 사람들이 자신의 숨은 광맥을 찾도록 도와주고 환하게 빛나도록 만드는 능력이라니! 버질에게도 효과가 있었다. 버질은 자신감에 넘쳐 큰 소리로 자신을 알렸다.

"나는 수많은 버질 중에서 최고라고!"

우리 모두는 통쾌하게 웃음을 터뜨렸다. 물론, 메리는 달랐다.

"버질, 고대의 진리는 당신의 머리와 궁둥이가 하나로 연결되어 있다는 것을 증명할 뿐이에요."

우리 모두는 또다시 웃음을 터뜨렸다. 이번엔 버질이 심상찮아 보였다. 이러다간 메리에게 일격을 가할 것 같았다. 그 순간 다행히도 힐더가드가 위기를 돌파해 주었다.

주제의 변주

"도로시, 헤라클레이토스도 엘리엇처럼 우리가 시간을 경험하는 방식에 대해 이야기하고 있다고 생각하지 않나요?"

도로시는 어리둥절한 표정으로 힐더가드를 바라보았다. 때때로 두 사람은 이런 식으로 대화를 시작하곤 했다.

힐더가드가 테이블 위에 양손을 펼쳐 보이며 말을 꺼냈다.

"그러니까, 내 손을 보고 있자면 어머니의 손을 보고 있다는 느낌이 들 때도 있고, 사람들과 얘기를 나누다가 아버지가 나를 통해 말하고 있다는 느낌이 들 때가 있어요. 아버지가 생각하고 말했던 것들이 내 입에서 흘러나왔을 때 말이지요. 물론 부모님과 저는 다른 세대에 속하고, 또 다른 사람들이지요. 하지만 과거의 기억은 늘 현재 속에 있잖아요. 헤라클레이토스가 말한 것처럼 세상의 모든 것은 변하지요. 모든 것은 변하고 있는데, 그렇지만 그 속에 패턴이 있는 것 같아요."

여기까지 말하고 그녀가 입을 다물자 우리는 속이 탔다. 잠시 후 그녀는 다시 말을 이었다.

"헤라클레이토스도 과거가 우리를 통해 되풀이된다는 것을 말하고 있는 것이 아닐까요? 헤라클레이토스가 오르는 길과 내려가는 길을 통해 말하려고 했던 것은 공간의 어떤 방향을 얘기하는 것이 아니라 과거와 미래를 의미한 것이 아닐까요? 과거로 되돌아가 보는 것이 곧 미래로 나아가는 것이란 것, 혹은 과거가 뒤로 밀려가는 것 같지만 미래로 나아가고 있다는 것 아닐까요? 과거가 계속 되풀이되고 있다는."

힐더가드가 요점을 말하자 토끼 한 마리가 우리 안에서 뛰쳐나온 것 같았다.

"힐더가드의 말이 옳은 것 같네요."

도로시가 화답하듯 얘기를 꺼냈다.

"올라가는 길과 내려가는 길, 생성과 소멸, 시작과 끝, 과거와 미래의 반복, 이것은 모두 변화를 얘기하고 있다고 할 수 있죠. 세상은 변화 속에 있지만 결국 동일한 세상이죠. 마치 열 살의 저와 지금의 저는 변했지만 결국 동일한 사람인 것처럼, 열 살 때의 세상과 지금의 세상은 변했지만 결국 동일한 세상인 것처럼 말이지요. 엘리엇도 존재하는 것들은 모두 변하지만 결국 동일한 존재라고 했어요. 헤라클레이토스와 엘리엇이 통하는 것 같아요."

"맞아요. 내가 말하려는 게 바로 그거예요."

힐더가드가 맞장구를 쳤다.

"변화 속에서 항상 발견되는 것이 있어요. 우리는 서로가 각각 다르다고, 다들 독특하다고 생각하잖아요. 하지만 이런 차이가 얼마나 중요할까요? 우리는 개개인을 너무 많이 강조하는 것 같아요. 결국 다들 비슷한 패턴 속에서 살아가고 있다는 것을 깨닫지요. 서로의 차이를 매우 중요하게 여겼던 젊은 날에 비해 훨씬 더 많은 공통점을 서로에게서 발견할 수 있어요."

도로시와 힐더가드의 대화는 마치 첼로와 바이올린이 화음을 맞추는 것 같다.

"그렇지만 힐더가드, 사람은 각자의 인생을 책임져야 하는 게 아닐까요? 보부아르는 자기에게 주어진 위대한 임무를 수행하기 위해 태어났다고 했어요. 저는 그 말에 완전히 반했지요. 우리 모두는 인생을 살면서 그 사람만이 수행할 수 있는 고유한 임무를 가지고 있어요. 난 말이죠. 사람은 스스로를, 우리의 과거를 구원해야 한다고 생각해요. 세상이 반복되고 있다고 해도 진보하는 것이 실제로 있다고 생각해요."

그때 에피와 그레이스도 대화에 동참하려고 결심한 것 같았다. 에피가 먼저 말문을 열었다.

"이런 시를 보니까 옛날 생각이 나네요. 켄터키 농장에서 살았던 어렸을 적 기억 말이에요. 내가 좋아했던 말이 있었는데, 늘 타고 달렸지요. 어느 날 그 녀석은 도랑에 빠지면서 발목을 접질렀죠. 나는 녀석을 타고 관목이며 나무 그루터기를 뛰어넘기를 좋아했는데, 그날은 눈이 약간 쌓여 있어서 녀석이 도랑을 미처 발견하지 못한 거예요. 그런 날씨에 녀석을 타고 나가다니! 녀석은 잠깐 일어섰다가 금방 고꾸라졌어요. 나는 몹시 슬펐어요. 체스터가 불쌍해 울고 또 울면서 나를 탓했지요. 그때 아버지가 이렇게 말했어요. '얘야, 체스터의 다리는 나을 거야. 너의 잘못이 아니란다. 살면서 우연히 일어나는 모든 일에 책임을 지려고 하지 않아도 된단다.'"

이번에는 그레이스가 말을 꺼냈다. 평소에는 심판처럼 팔짱을 끼고 대화를 조용히 지켜보았다.

"어린 시절은 기억할 만한 가치가 있는 일들이 참 많아요. 그 기억들을 떠올리면 처음 경험했을 때처럼 생생하게 느껴지지요."

그레이스는 지난주에 나눠 준 복사물을 꺼냈는데, 색연필로 여기저기 밑줄을 긋고 메모한 자국이 가득했다. 엘리엇의 시에도 표시를 잔뜩 해 두었다.

"난 학교 교육을 많이 받지 못해서 이런 수준 높은 이야기가 편하지 않아요. 하지만 여기 이 발자국 소리는 들리는 것 같아요. 정말로 들려요."

그녀는 엘리엇의 시 가운데 장미원 부분에 나오는 발자국 소리를 가리켰다.

발자국 소리가 기억 속에서 울려 퍼진다 / 우리가 가지 않은 통로로 내려가 / 우리가 열어 본 적이 없는 문을 향해 / 장미원 속으로 들어간다

……

연못이 햇빛의 물로 가득 채워졌다 / 연꽃이 조용히 떠오르고, 수면은 햇빛의 마음으로 반짝인다 / 우리 뒤에 있던 그들의 모습이 연못에 비쳤다 / 그리고 구름이 지나가자 연못은 텅 비었다 / 가라, 새가 말했다 / 잎사귀들마다 흥분한 채 웃음을 쏟아 내는 아이들이 가득 숨어 있었다 / 가라, 가라, 가라, 새가 말했다 : 인간이란 너무 큰 진실을 감당할 수 없다.*

그레이스의 말이 이어졌다.

"나도 한때는 아름다운 장미 정원을 가꾸었어요. 남편은 죽었고, 나는 혼자서 장미 정원을 산책하곤 했죠. 시에 등장하는 장미원처럼 문이 있지는 않았어요. 이 시를 보니 그때가 생각나요. 지금은 거닐 수 없지만…… 남편은 젊을 때 죽었어요. 결핵을 앓았는데, 그땐 치료하기가 힘들었죠. 고생을 많이 하다 갔지."

그녀는 눈가를 훔쳐 냈다.

★ 엘리엇은 자아가 사라지고, 환희로 가득한 순진무구한 세계를 경험한 뒤 이를 시로 옮겨 놓았다. 그 세계는 자신의 과거가 시작되었던 출발점이다. 과거의 정원으로 들어가 자신의 역사를 따라가다 보면, 마침내 이르게 되는 최초의 세계가 바로 자신이 출발했던 첫 세계다.

"이 시 때문에 옛날 일이 생각나서 슬프지만, 또 위로가 되네요."

그레이스는 자신의 경험에 비추어 엘리엇의 시를 이해했다. 시인은 그녀가 지난 일을 기억하도록 직접 말을 건네고 있었고, 그 기억은 슬픔으로 되살아났다. 그레이스는 자신의 고통을 친구들도 느낄 수 있도록 만들었다.

나는 대학이나 학술 모임에서 토론을 할 때마다 동료들이 개념적이고 학술적으로 말하는 것은 잘 하지만 구체적이지 않아서 늘 불만스러웠다. 나는 동료들이 학문적인 지식을 구체적인 삶과 연결시키기를 원했고, 나 자신도 그렇게 하기를 바랐다. 그런데 노인복지관에서는 백발의 친구들이 좀 더 지적으로 말해 주길 바랐다. 내가 받은 교육의 영향 때문일 것이다.

그레이스가 이야기를 마치자 잠시 침묵이 흘렀다. 잠시 후 버질이 내게 물었다.

"선생님의 발자국 소리가 궁금하네요."

버질은 응원을 받고 싶어서 다른 사람들을 둘러보더니 계속 말을 이었다.

"선생님처럼 젊고 멋진 양반이 뭐 하러 우리 같은 백발의 청춘들과 시간을 보내는 거지요?"

버질의 장난기는 어떤 상황에서고 발휘되었다.

"무슨 말씀이세요? 다들 아직 젊으신데."

뭐라고 대답해야 할지 몰라서 말을 조금 더듬었다. 바보같이. 이제 내 이야기를 해야 할 차례였다.

과거를 되새긴다는 것

"열다섯 살 무렵에 인생에 대해 생각해 보았어요. 당시 저는 인생을 구경하고 있는 손님 같았고, 지나가는 방랑자 같았어요. 어린 나이였지만 초연해지려고 했습니다. 그랬더니 자유가 느껴지고 남보다 잘난 것 같기도 했지요. 그때 주로 이런 생각을 했어요. 아무것도 소유할 수 없다. 모든 것은 빌린 것뿐이다. 역사는 목적도 없고 계획도 없이 일어나는 우연한 사건들의 연속이다."

어빙이라는 아버지, 매리언이라는 어머니에게서 태어난 것이나, 어느 동네의 2층집에서 이웃들과 함께 살면서 여름이면 단풍나무의 시원한 그늘에서 뛰놀며 자란 것이 모두 우연한 일이라고 생각했다.

"대학에 들어갈 무렵 과거란 단지 뒤로 멀어져 가는 것일 뿐이고 앞만 보고 가자고 생각했지요. 부모님도 저와 같은 생각을 했어요. 그분들은 과거로부터 도망쳤습니다. 적어도 드러내 놓기 싫은 과거를 버린 분들이죠. 어렸을 때 아버지는 술만 마시면 입에 담지 못할 욕설을 해댔고, 떳떳하지 못한 돈벌이를 하셨죠.

그러던 아버지가 사업가가 되자 흰 와이셔츠를 입고 다니시며 자상한 아빠로 변했어요. 우리 가족은 정해진 시간에 식사를 하는 등 규칙적인 생활을 시작했고, 오래도록 시장에서 일했던 어머니는 현대적인 주부로 바뀌셨죠. 큰 소리로 말하지도 않았고, 친척들과 다투는 일도 없었어요. 부모님의 새 인생은 과거와 전혀 상관없어 보였습니다. 두 분은 저희 남매에게 풍요와 안정을 선물했죠. 하지만 제게는 벗어나고 싶은 장벽이 되었어요. 참 배은망덕한 아들이지요? 중산층의 안 봐도 빤한 생활이 권태로워 도망치려고 했어요. 모험을 하고 싶다는 생각이 간절했습니다."

나는 말을 멈추고 이제는 동료 철학자로 생각되는 친구들의 표정을 살폈다. 형광등 불빛 아래 그들의 얼굴은 마치 영웅처럼 보였다. 실패와 좌절에 굴하지 않고 싸워 이겨 낸 그들의 강인함에 대해 한 번도 깊이 생각하지 않은 내가 부끄러웠다. 친구들은 나이가 들었어도 호기심의 불꽃을 꺼뜨리지 않았다. 때때로 희미해지는 순간이 있을지라도.

"대학 시절 방학을 맞아 집에 돌아오면 가족 앨범이나 학생 앨범을 뒤적이곤 했는데, 사진 속의 저는 활짝 웃고 있었죠. 행복하고 만족스런 표정이었어요. 하지만 어느 순간 길을 잃고 방황하는 미숙한 자아, 공상에 사로잡힌 애송이로 보이더군요

어느 날이었어요. 앞날을 생각하다 문득 잠에서 깨어나듯 '나는 내 과거의 일부다.'라는 생각이 번쩍 들었어요. 그리고 대학원에 다닐 때 덴마크 철학자 키에르케고르의 책을 읽다가 '스스로 역사가 되는 것'이라는 문구를 우연히 접했습니다. 왠지 모르게 마음을 끌더군요. '인생이 역사가 되도록 해라.' 아님 '자신이 되라…… 되라…… 되라.'라는 주문일 수도 있겠다 싶었죠.

나중에 그 문구가 청년기가 지나갈 즈음 갖춰지기 시작하는 성인의 시각이란 걸 알았지요. 아마도 이십대 중반쯤 경험하는 변화일 거예요. 그때 제 나이였죠. 그때까지 저뿐만 아니라 친구들 모두 이상을 좇고 있었어요. 사랑, 여행, 교육, 정치활동, 미적 체험 등을 하며 유목민처럼

방황했습니다. 그런데 어느 순간부터 이 모든 것이 생기를 잃어 갔고 우리 앞에 놓인 공통의 운명을 깨닫게 되었어요. 결혼, 취직, 자식, 집, 종교, 돈, 행복을 선택해야 하는 상황 말입니다.

청년기엔 매 순간이 강렬했고, 또 그런 삶을 추구했어요. 하지만 그런 것들이 성가시게 느껴지게 되었죠. 순간들이란 일정한 방향을 갖기보다 흩어지게 마련이죠. 그동안의 경험들이 증발해 버리는 것 같았어요. 제게 인생이란 본 공연이 없는 리허설의 연속처럼 보였지요."

돌이켜 보니 당시 나는 그 어떤 곳에도 소속감을 느끼지 못했고, 무엇을 하며 어떻게 살아갈 것인지 뚜렷한 목표도 갖고 있지 않았다.

"'스스로 역사가 되는 것'이란 문구가 '너 자신의 유일한 길을 가라.'라는 말로 들렸고, 저는 '유일한 길이란 망상'일 뿐이라고 저항했어요. 무수히 많은 인생길 가운데 저만의 길이 있다는 것을 거부했죠. 나는 방랑자다. 인생의 손님일 뿐이라고 하면서 말이죠. 더구나 저는 홀로 살아오지 않았어요. 늘 곁에는 부모님, 누이, 친구들, 아내, 아이들이 있었으니까요. 나에게 유일한 길이란 추상일 뿐이었죠.

하지만 그러면서도 제가 부인할 수 없는 것이 있었어요. 제가 일정한 방향 없이 두서없이 살았다 해도 결국 그동안의 모든 경험은 다른 사람이 아닌 나의 것이란 걸 말이죠. 그 경험들 속에서 나를 보게 되었고, 그 경험들이 나를 이끌고 있다는 것을 깨달았죠. 엘리엇의 시 《네 개의 사중주》 끝 부분에 나오는 구절이 들려왔습니다. '출발했던 곳에 이르기 전까지 탐험을 결코 멈추지 마라. 그러면 처음으로 그곳을 알게 되리라.'

여기에 생각이 미치자 스스로 자신의 역사가 된다는 말을, 우리 모두 자신만의 특별한 미래를 향해 이끌리고 있다는 키에르케고르의 말을 수긍하게 되었어요. 버겁게만 느껴졌던 제 인생이, 나의 경험들이, 나의 과거가 미래를 이끄는 힘의 원천으로 바뀌더군요. 나의 과거를 긍정하고 받아들이자마자 몸과 마음에서 새로운 에너지가 샘솟았어요."

> 우리는 탐험을 그만두지 않으리라 / 그리고 우리의 모든 탐험의 끝은 / 우리가 출발했던 곳에 이르게 될 터이니 / 그러면 처음으로 그곳을 알게 되리라 / 기억에 남은, 미지의 문을 지나면 / 발견되기를 기다리며 남아 있던 마지막 땅이 나타나리니 / 그곳이 바로 처음 시작한 곳이다
>
> – T.S. 엘리엇, 〈리틀 기딩〉에서

여기까지 말하고 말을 멈췄다. 그 힘이 나를 어떻게 이끌었는지 할 말이 많았지만 다 설명할 수 없었다. 나는 논문을 완성할 수 있었고, 사랑하는 사람들과 지속적인 관계를 맺을 수 있었고, 아이를 낳게 되었고, 직업을 선택하게 되었다. 이것은 내가 과거의 유산들 속에서 허덕이지 않고 과감히 뚫고 나갔다는 것을 의미한다. 주류 밀매업자였던 할아버지, 애플파이를 잘 만드시던 할머니, 폭도들에게 맞아 죽은 삼촌, 부모님의 삶, 그리고 아버지의 죽음, 사이가 서먹해진 누이, 어릴 적 종교, 집들, 거리, 가로등…… 거부하고 부정하고 싶었던 과거의 유산들을 있는 그대로 받아들이면서 나는 나의 길을 걷게 되었던 것이다.

이야기를 마치자 그제야 비로소 내가 왜 백발의 친구들을 만나려고 했는지 깨달았다. 방랑자이기를 그치고 내 인생의 무게, 내 역사의 무게를 느끼고 싶었고, 나의 삶을 여러 세대와 연관 짓고 싶었다. 나 자신이 된다는 것, 나다운 삶을 산다는 것, 세상과 다른 사람에게 속한다는 것이 어떤 건지 느끼고 싶었던 것이다. 힐더가드는 헤라클레이토스의 경구가 시간에 대해 말하고 있다고 해석했다. 그녀는 자신의 양손을 보면 부모님이 떠오른다면서 과거를 거슬러 올라가는 것이 미래를 향해 나아가는 길이라고 말했다.

우리는 자신의 혈통, 가족, 유산이 속박처럼 느껴져 훨훨 벗어던지고 싶을 때가 있다. 하지만 그런다고 과거가 잊혀지거나 사라지지 않는다. 우리는 니체가 말한 비판적 방식으로 과거를 최대한 이용해서 우리에게 이익이 되도록 만들어야 한다.

우리와 하나가 되다

방 안은 여전히 조용했다. 메리가 손수건을 꺼내자 라일락 향기가 은은하게 퍼졌다. 친구들은 내 표정을 살피고 있었다. 무엇을 찾고 있는 걸까?

그때 누군가의 목소리가 침묵을 깨뜨렸다.

"엄마, 이제 가야 할 시간이야."

그레이스의 아들 빌리였다. 그는 문에 서서 조용히, 인내심을 갖고 기다리고 있었다. 얼마나 서 있었는지 알 수 없었다.

"빌리, 그렇구나. 그래도 이리 와서 친구들에게 인사해야지."

그녀가 빌리에게 가까이 오라고 손짓을 했다.

"안녕, 안녕. 모두들 안녕."

빌리는 밝게 웃으면서 친구들의 의자를 건드리며 테이블을 한 바퀴 빙 돌았다. 그러곤 엄마 곁에 섰다. 그레이스는 빌리를 바라보며 미소를 지었다.

"나의 소중한 선물, 빌리가 없으면 하루도 살 수 없을 거예요."

그녀는 복사물을 챙겨 큰 가방에 넣고는 일어나 빌리의 손을 잡았다. 우리도 가방을 챙기면서 서로 작별 인사를 나누었다. 나는 다음 시간에도 계속해서 시에 대해 얘기하자고 말했다.

"그리스어를 배울 생각입니다."

버질이 말했다. 내가 가방을 닫으려는데, 힐더가드가 다가왔다.

"로널드, 당신에 대해 얘기해 줘서 정말 좋았어요. 당신이 어떤 사람인지 알게 되었구요."

그녀는 내 손을 잡더니 잠시 그대로 있었다. 그녀의 손은 차갑고 앙상했다. 그녀는 나를 올려다보며 속삭이듯 말했다.

"이제 당신도 우리와 하나가 되었어요."

4 서로에게 속한다는 것

Chapter 4

서로에게 속한다는 것

단 한순간의 대화로도 우리는 서로를 영원히 기억하게 된다

"마치 파도처럼 내게 밀려와요."

힐더가드가 이렇게 말했다. 나는 백발의 친구들과 많은 시간을 보냈기 때문에 그들이 무슨 말을 하는지 금방 알 수 있었다. 그런데 그녀는 뭔가 새로운 얘기를 꺼냈다.

"뭘 말하는 거죠? 물? 푸른빛?"

"푸른빛요?"

그녀는 어리둥절한 표정으로 날 바라보았다.

"아니, 색깔이 없어요. 산들바람 같은 거예요. 나를 감싸고 모든 것을 건드리죠. 침대며, 탁자며, 스탠드, 서랍장 위의 그림들……."

갑자기 그녀가 걱정이 되었다.

"그럴 땐 어떤 기분인가요?"

"즐겁고 상쾌해요. 동틀 무렵에 깨어나면 이런 경험을 해요. 우리 나이엔 다들 일찍 일어나지요. 그렇다고 침대에서 나오느냐? 그렇지 않아요. 그럴 필요가 없거든요. 나한테 뭘 해 달라고 하는 가족들이 없잖아요. 지금 나는 나 자신만 생각하면 돼요."

힐더가드는 식탁 맞은편에 앉아 이른 아침의 환상, 그녀에게 자연스레 밀려오는 기억의 파도에 대해 말하고 있었다. 그녀의 환상은 나를 압도했고, 그녀에게는 뭐랄까? 인생의 슬픔 혹은 기쁨…… 이런 것들의 총합이지 않을까 싶었다. 또 그녀는 어릴 적 볼티모어의 거리에서 자주 들었던 독일어로 꿈을 꾼다고 했다.

친구들은 그녀에게 뜨거운 햇볕이 내리쬐는 정오에는 정원 일을 오랫동안 하지 말라고 조언했었다. 그러나 그녀는 아랑곳하지 않았다. 처음 뇌졸중이 일어났을 때 의사는 탈수증이 원인이라고 했다. 그녀의 딸은 엄마는 항상 그렇다고, 고집이 너무 세다고 했다. 다행히 그녀는 건강을 회복했다. 약간의 마비증세만 남았고, 말하는 것도 평소와 같았다. 가끔 적절한 단어가 떠오르지 않아 골들히 생각하는 것을 제외하고.

"나는 침대에 누운 채 과거가 현재로 흘러드는 것을 내버려 두지요. 기억들은 내가 불러낸 것이 아니에요. 고통스럽고, 행복했던 순간들, 지금까지 떠올려 보지 않았던 우스운 일들…… 처음으로 구입한 차, 어머니의 머리빛, 해변에서 놀고 있는 언니와 나…… 파도가 그런 기억들을 내게 가져다 줘요. 그 기억들이 나의 것인지 아님 내가 그 기억들의 한 부분인지 분간하기 어렵죠. 대부분의 기억들이 동시에 흘러들죠. 아니 내가 떠돌고 있다고 할까? 흘러가고 있다고 할까? 내 말을 이해하겠어요?"

나는 고개를 끄덕였지만 그런 상황을 경험하지 않아서 정확히 어떤 것인지 상상할 수 없었다. 할머니 생각이 났다. 어렸을 때 할머니와 나는 어른스런 대화를 간혹 나누곤 했는데, 할머니가 밤에 잠이 들려고 하면 영화관에 들어가는 것 같다고 했다. 할머니 인생을 다룬 영화가 눈앞에서 펼쳐진다며 꿈이 아니라고 했다. 그때 나는 그게 무슨 의미인지 물어보지 않았다.

힐더가드의 손등은 투명했다. 그녀의 삶을 지탱해 온 핏줄과 힘줄, 근육과 뼈가 고스란히 드러나 보였다. 줄무늬 블라우스와 연푸른 치마를 입은 그녀는 매력적으로 보였다. 그녀의 주름진 얼굴 위로 해맑은 아이의 표정이 계속해 떠올랐다. 그녀의 붉은 머리칼은 많이 빠졌고, 그녀의 체구는 원래 작았지만 더 작아진 것 같았다.

그녀는 처음 만났을 때부터 나의 친구였고 정신적 스승이었다. 저렇게 늙어 갔으면 좋겠다고 생각하며 역할 모델로 꼽은 '백발의 영혼' 중 한 사람이었다. 그 생각은 아직도 변함이 없다. 영리하고 명료한 말과 행동에서 그녀의 개성이 드러났다. 독립적이고, 당당하고, 상냥하고, 솔직하며, 권위를 싫어했다. 그렇다고 그녀가 완벽하다는 것은 아니다. 어떤 때는 모순적인 태도를 보일 때도 있었다. 그럼에도 불구하고 그녀는 내가 가장 존경하는, 나의 키잡이 같은 사람이었다.

기억의 파도에 관한 대화를 나누기 몇 주 전, 나는 그녀의 집 부엌에 앉아 대화를 나누었는데, 그때 힐더가드는 헴록협회Hemlock Society에서 발간한 잡지를 보여 주었다. 이 협회는 안락사에 대한 권리를 옹호하고 그에 대한 정보를 제공하는 단체다.

나는 충격을 받았다.

"정말 이렇게 하실 생각은 아니죠?"

"온전한 정신으로 더 이상 살아갈 수 없게 되면 계속 살고 싶지가 않을 것 같아."

그녀의 목소리에서는 슬픈 감정도, 고민의 흔적도 느껴지지 않았다. 인간에겐 자신의 죽음을 결정할 권리가 있다고 주장하는 사람들은 삶 또한 개인이 선택할 문제라고 본다. 나는 이런 의견에 동의하고 싶지 않았다. 힐더가드는 생명은 선물이며 재산과 달라서 우리가 소유하고 있는 것이 아니라는 주장을 지지했다. 그런데 지금 그녀의 태도는 평소의 신념을 부정하는 것처럼 보였다.

더 이상 책을 읽을 수 없게 되면 살고 싶지 않을 것 같다는 그녀. 죽음마저 선택하겠다는 그녀의 의지에 박수를 보내야 할지, 아니면 뇌졸중 이후 흔히 겪는 우울증일지 모르니 괜찮아질 거라고 말해야 할지 판단이 서지 않았다. 인간의 자율성을, 인생을 스스로 결정할 수 있는 자유를 더없이 중요하게 여기는 나로서는 그녀를 존중해야만 한다. 사실 내가 그녀를 존경하는 이유는 그녀의 자유롭고 결단력 있는 영혼 때문이다. 하지만 그녀를 사랑하고 걱정하는 친구들에게서 자신을 스스로 지워 버리려는 것을 편안한 마음으로 받아들일 수 없었다. 도대체 자기결정권에 대한 나의 신념은 어디로 가 버렸단 말인가! 혼란스러워진 나는 아무 말도 할 수 없었다.

백발의 친구들과 함께하다 보니 노년의 기억과 자아, 자유, 유한성…… 이런 문제들이 절박하게 다가왔고, 하루빨리 다뤄야겠다고 생각했다. 백발의 영혼들을 알기 전에는 철학적 문제들을 연구할 시간이 무궁무진하다고 생각했다. 그러나 지금은 이런 문제들을 일상적으로 접하게 되었고, 나 또한 언젠가 죽게 될 거라는 생각에 마음이 바빠졌다.

철학자들은 사고의 지평을 열어 주고, 이상이란 보물을 찾는 열쇠를 선물했다. 철학적 문제들이 책이나 논문에 갇혀 있는 동안에는 대단히 다루기 쉽다. 마음이 내킬 때 책을 열었다가 닫으면 그만이기 때문이다. 하지만 백발의 친구들에게 미래는 점점 줄어들고 있다. 인생의 다양한 주제들을 함께 얘기하며 인생의 진리를 찾아가기에 시간이 턱없이 부족하다. 친구들을 만나면서 나의 노년을, 곧 잠들게 될 자정을 상상해 보았다. 최후의 시간에 나는 인생에 대해 어떤 해답을 내릴까? 인생의 끝에 다다른 사람들의 머릿속 생각을 미리 알게 된다면 사람들의 인생은 어떻게 달라질까?

힐더가드에 대한 기억

그녀를 바라보고 있자니 함께했던 지난날이 떠올랐다. 언젠가 존 스튜어트 밀의 사상과 사랑에 대해 백발의 친구들과 대화를 나눈 적이 있었다. 그 수업에는 내가 강의하는 대학의 신입생 몇 명이 자리를 함께했다. 백발의 영혼들과 대화를 나누려는 학생이 과연 있을까 반신반의하며 말했더니 다행히 여섯 명이 지원했던 것이다.

밀과 해리엇, 이 두 사람은 열정적으로 서로를 사랑했지만 두 사람이 결혼하기까지 20여 년 동안 정신적 사랑만 나누었다고 알려져 있다. 또한 밀이 자신의 주요 사상이 해리엇에서 비롯되었다고 주장할 만큼 두 사람은 사상적으로 한 몸이나 마찬가지였다. 한나라는 여학생은 두 사람의 사랑이 매우 슬픈 이야기라고 했다. 힐더가드는 이렇게 대꾸했다.

"왜 그렇게 생각하세요?"

"서로가 사랑의 기쁨을 진정으로 나누기까지 너무 오래 기다렸어요. 사랑의 감정도 마음껏 표현하지 못했고, 육체적 욕구도 참아야 했잖아요."

"한나 양은 밀과 해리엇이 섹스보다 더 깊은 정신적 교감을 나누었다고 생각하지 않는군요."

"섹스 없이 정신적인 교감이 그렇게 깊어질 수 있을까요?"

한나가 고개를 흔들면서 대답했다.

"그 말이 맞을 수도 있겠지만, 애정은 여러 형태로 표현될 수 있다는 것을 경험했어요. 제 남편이 병이 나자 우리는 섹스를 중단했어요. 우리는 함께 누워 서로를 애무했고, 때때로 밤늦게까지 조용히 서로의 눈을 바라보기도 했어요. 그 순간들은 나 인생에서 가장 친밀하고 정다운 순간들이었어요. 우리 부부는 결혼한 이래 그 어느 때보다 서로에게 가까이 다가갔죠."

또 그 수업시간에 각자의 꿈에 대한 이야기를 주고받기도 했었다. 나의 친구들도 대학생들도 자신의 꿈을 들려주었다. 힐더가드는 이렇게 말했다.

"꿈을 가진다는 것은 단순한 문제가 아니지요. 자신이 앞으로 어떻게 살아갈 것인가의 문제는 타인과 어떤 관계를 맺을 것인가 하는 문제예요. 사람들은 보통 이 점을 잘 보지 않아요. 자기 꿈에만 매달려 그 꿈이 이뤄져 가는 실제 과정을 면밀히 살피려 하지 않지요. 자신의 꿈이 자기와 가족, 이웃, 사회에 어떤 영향을 줄지 진지하게 생각해 봐야 합니다. 꿈이 원대하든, 소박하든 모두 똑같아요. 꿈에는 책임이 따른다는 사실이 무슨 뜻인지 잊어서는 안 되지요.

또 꿈을 현실로 옮길 때는 밀과 해리엇처럼 비싼 대가를 치르기도 하고, 또 인생의 초기에 몇 차례 좌절을 겪게 되면 대부분의 사람은 꿈을 포기하고 무관심해져요. 대신 다른 사람의 꿈을 받아들이고 그 꿈에 대해 책임감을 느끼죠. 다른 사람의 꿈을 매우 진지하게 받아들이고, 그 꿈이 이뤄지도록 성실하고 헌신적으로 열심히 일을 합니다. 그러나 그 꿈은 결코 자신의 꿈이 될 수 없어요. 어느 날 우리는 이 사실을 깨닫고 정신이 번쩍 들지만 때는 이미 늦었다는 것을 알게 되지요. 다시 자신의 꿈을 좇으려고 해도 시간을 거의 다 써 버렸죠. 혹은 자신의 꿈이 무엇이었는지 기억조차 나지 않기도 해요."

"힐더가드, 당신은 꿈꾸기를 실제로 멈춘 적이 있나요? 아님 포기한 적이 있나요? 미래에 대해 당신보다 더 충실할 수 있는 사람은 없을 것 같아 하는 질문이에요."

도로시가 앞으로 몸을 숙이며 힐더가드에게 물었다.

"나는 꿈꾸기를 멈춘 적이 없어요. 그러나 세계평화와 가난한 아이들을 걱정하는 데 지쳐 버렸어요. 다른 사람이 그 일을 대신해 주었으면 해요."

그 수업을 마칠 무렵 나는 이렇게 정리해 나갔다.

"우리가 각자의 미래에 대해 상상하듯이 밀도 이상적인 미래 사회를 그려 보았어요. 그는 역사란 사회의 진보와 퇴보가 거듭되는 과정이라고 믿었어요. 반면 그의 아버지 제임스 밀은 역사는 인간의 이기적 본성에 의해 지배된다고 믿었죠. 이타주의나 자기희생은 근거 없는 미신이라고 생각했어요. 하지만 아들 밀은 '변화'를 받아들였죠. 그가 변할 수 있었다면 사회든, 국가든, 세계 또한 변할 수 있지 않겠어요? 우리가 미래를 의논하는 것은 자기 스스로에게 변화하라고 요청하고 있는 것이나 마찬가지예요. 각자의 꿈을 서로에게 열어 보일 필요가 있어요. 의심이나 회의를 공유하는 것보다 미래의 꿈을 공유하는 것이 더 어렵거든요."

도로시가 말을 꺼냈다.

"변화는 인간이 바로 전까지 일궈 온 지식의 최극단을 넘어서는 것이에요. 경험의 문을 통과해 미지의 세계에 발을 디디는 것이지요. 그런 점에서 우리 모두는 시간 여행자들인 셈이에요. 머잖아 한 무리의 임시 체류자들이 시간의 최종 경계선, 그 유한의 문門을 통과하는 것을 보게 될 것입니다."

시간 여행자들이라, 훌륭한 표현이다. 우리는 서로 다른 역사 경험을 가진 세대들에 속하지만 지식의 최극단을 넘어선다는 공통된 운명을 가지고 있다. 또다시 테니슨의 문을 만났다. 한계를 가능성으로 바꾸는 상상력의 힘. 밀은 테니슨을 흠모했고, 젊었을 때 그의 시를 칭찬하는 평론을 쓰기도 했다.

"세대 간에 공통된 운명이 있다는 점에서 보면 우리 각자가 독특한 존재라고 생각할 만한 것이 그렇게 많은 것 같지 않아요. 다른 사람이 가지고 있지 않은 것, 나만이 가지고 있는 것, 그런 게 그렇게 많을 것 같지 않네요."

그레이스가 말을 마치자마자 힐더가드가 대꾸했다.

"아, 그렇지 않아요. 우리 모두는 특별해요. 각자가 특별한 존재예요. 테이블을 한 번 보기만 해도 알 수 있어요."

우리는 서로를 쳐다보았다. 버질은 손가락을 쉴 새 없이 움직이며 드럼 연주를 하고 있었고, 여학생 다이앤은 머리를 묶고 있었다. 메리는 수첩을 뒤적였고, 남학생 프랭크는 연필로 테이블을 톡톡 쳤으며, 대릴은 턱수염을 긁고 있었다. 도로시는 생각에 잠겨 천장을 물끄러미 쳐다보고 있었고, 에피는 낮은 소리로 흥얼거렸으며, 한나는 노트에 뭔가를 열심히 적었고, 남학생 리처드는 손톱을 살피고 있었다. 그레이스는 손가락을 깍지 낀 채 눈을 감고 있었다.

그리고 힐더가드는 나를 바라보고 있었고, 나는 힐더가드를 바라보고 있었다.

5년이 지나고

어느덧 그녀와 '기억의 파도'에 관해 대화를 나눈 지 5년이 지났다. 그동안 힐더가드는 경미한 뇌졸중을 몇 차례 더 겪었고, 몸도 쇠약해지고 정신도 흐려져 더 이상 혼자서 생활하기가 힘들어졌다. 시애틀에서 정신분석학자로 일하는 그녀의 딸이 힐더가드에게 이제 그만 집을 포기하라고 설득했다. 힐더가드의 남편은 암으로 투병하다가 몇 년 전에 세상을 떠났다. 지금 그녀는 요양원에서 지내고 있다. 그곳은 전문적인 간호가 필요하지는 않더라도 혼자서는 생활이 불가능한 사람들이 모여 있다.

그녀를 못 본 지 몇 달이 되었다. 그녀를 방문하자니 걱정이 앞선다. 요양원에 전화를 했더니 원장이 십중팔구 나를 알아보지 못할 거라고 한다. 내가 기억하는 그녀는 항상 활기가 넘쳤고 자유로운 영혼의 소유자였다. 그런 그녀가 어떻게 변했을까?

요양원은 그녀의 옛집에서 그리 멀지 않은 주택가에 있었는데, 쾌적해 보이는 큰 저택이었다. 원장 부부가 문 앞에서 나를 반갑게 맞아 주었다. 몇 사람이 부엌 식탁에 둘러앉아 카드게임을 하고 있었다. 원장이 나를 거실로 안내했다. 거실은 햇볕이 가득 들어차 있었고, 소파에는 블라우스를 곱게 입은 그녀가 등을 잔뜩 구부리고 고개를 숙인 채 앉아 있었다. 성긴 머리칼 사이로 허연 두피가 들여다보였다.

나는 조심스레 그녀에게 다가갔다. 그 순간 그녀가 고개를 들었고 나를 보자 함박웃음을 지으며 자리에서 일어섰다.

"왔군요. 이렇게 와 주었군요."

그녀는 예전에 그랬던 것처럼 내 손을 보듬어 잡았다. 이렇게 손을 잡아 준 것이 몇 번이었던가.

"앉아요. 저이들이 그러더라고. 당신이 올 거라고."

그녀는 나를 지그시 바라보았다.

"하나도 안 변했네, 응? 나도 그렇죠?"

나는 나보다 나이가 두 배나 많은 사람들과 많은 시간을 보냈다. 몸이 쇠약한 분들도 있었고, 나보다 건강한 분들도 있었다. 그런 경험을 쌓았음에도 불구하고 막상 그녀를 만나자 어떻게 해야 할지 몰라 당황하고 말았다. 정말로 나를 알아보는 걸까? 우리가 함께했던 지난날을 기억하는 걸까?

힐더가드는 결국 죽음을 선택하지 않았다. 대신에 서서히 덮쳐 오는 장애와 한계를 받아들이고 적응해 가고 있었다. 그녀가 스스로 결정한 것인지는 알 수 없다. 처음에는 도저히 받아들일 수 없었다 해도 계속 살아가는 것이 가치 있다고 생각했을 수도 있다. 어쨌든 그녀가 살아있다는 것이, 그래서 나와 함께 있다는 것이 얼마나 감사한지 모른다.

항상 충만한 정신으로 살고 싶어 했던 그녀. 그녀는 날 알아보고 있었다. 만약 그런 확신이 없었다면 무슨 말부터 꺼내야 할지 감을 잡지 못했을 것이다. 그녀의 말씨는 처음 뇌졸중으로 쓰러졌을 때보다 어눌해져 있었고, 사람들의 이름이나 장소를 분명히 기억하지 못했다. 그러나 목소리와 몸짓에서 그녀 특유의 유쾌하고 활기찬 생기가 묻어났다.

"그 사람도 여기 왔었어요."

'그 사람'이 누굴까?

"당신이 아는 것처럼 그 사람도 그걸 알고 있었어요. 다른 여자들이 어떻게 되었는지는 나도 몰라. 한 명은 분명 죽었지. 아마 그 사람도 죽었을 게야."

이렇게 모호한 말을 하는 것은 뇌졸중의 후유증으로 나타난 실어증 때문일 것이다. 그녀는 잠시 말을 멈추었다가 예전처럼 눈을 빛내며 말했다.

"왜 그거 있잖아요. 당신도 알고 있지요?"

나는 내가 그것을 알고 있기를 바랐다. 알았다가 잊어버렸다 해도 좋았다. 내 대답을 기다리는 소중한 친구를 앞에 두고 나는 생각에 잠겼다. 예전의 힐더가드, 그녀를 만나고 싶은데, 도대체 그녀는 어디에 있는 것일까? 그녀라는 것을 알 수 있는, 그녀만이 가지고 있는 개성이 이렇게 드러나는데, 예전의 그녀는 어디에 있는 걸까? 단지 내 기억 속에만 있을 뿐 눈앞의 그녀는 몸짓과 목소리의 습관만 남은 껍데기에 불과할까? 그녀는 자아를 잃어버린 걸까? 수많은 의문이 뇌리를 스치고 지나갔지만 그녀와 함께 있는 시간은 더없이 소중했고 행복했다.

몇 주 전부터 나는 '노년의 기억과 자아'를 주제로 열리는 학술회의에 발표할 자료를 준비하고 있었다. 놋무늬 소파에 힐더가드와 나란히 앉아 있으면서 내가 조사했던 상반되는 견해들이 떠올랐다.

우리는 계속해서 서로를 바라보았다. 수업을 함께 듣던 도로시, 에피, 메리, 그레이스, 버질에 대해 말했는데, 그들의 이름을 말할 때마다 그녀의 눈이 반짝였다.

"아아, 당신도 그 사람을 아는구려."

그러곤 '그 사람'이 원장과 언쟁했던 일, 한쪽 다리가 부러졌던 일, 재미있었던 일 등 요양원에서 일어난 몇 가지 사건들을 얘기했다. 그 일들이 몇 년 전의 일인지, 아님 불과 며칠 전의 일인지 분간할 수 없었다.

나는 그녀의 몸 전체를 자세히 살펴보기 위해 자세를 고쳐 앉았다. 한 사람의 자아가 그 사람의 모든 행동을 모아서 합해 놓은 것이라면, 내 앞에 낯익은 몸짓을 보여 주는 육체적 존재 힐더가드가 있다. 그렇다면 나는 당연히 마음이 편안해야 하는데, 편안함 대신에 젊은 사람들이 노인을 대하는 태도를 비판한 시몬 드 보부아르의 말이 떠올랐다.

보부아르의 《노년The Coming of Age》은 지난 수 세기에 걸쳐 살았던 프랑스의 소설가, 화가, 극작가, 철학자들이 말년에 쓴 일기와 기록을 연구하여 '노년'을 학문적으로 다룬 책이다. 이 책에서 보부아르는 노년이란 축적된 경험이 지혜로 변하는 시기도 아니고, 사회에서 더 이상 쓸모가 없어지는 시기도 아니란 것을 알리려고 노력했다. 노년이란 자신의 노쇠한 몸을 거울에 비춰 보면서 마음은 육체보다 훨씬 더 젊다는 것을, 아니 마음은 나이를 먹어도 늙지 않는다는 사실을 스스로 발견하는 시기라고 했다. 사회에서 말하는 노년이란 그렇게 생각하도록 강요하는 일종의 음모일 뿐이라고 하면서.

보부아르는 인간은 나이가 들어도 정체성은 실제로 변하지 않는다고 주장했다. 그런데도 사람들은 노인을 유물처럼 생각하고, 겉으로 보이는 행동으로 판단하며, 고정관념을 통해 바라본다고 했다. 이어지는 보부아르의 설명은 등골을 오싹하게 만든다. 노인에 대한 그와 같은 이미지는 상상된 가상의 이미지, 즉 아날로곤이다(아날로곤analagon, 대상물과 비슷한 특성을 지닌 유사상類似像을 통해 실재하지 않는 대상을 눈앞에 존재하는 것처럼 착각에 빠지게 하는 가상의 이미지-옮긴이). 달리 말하면, 사람들은 노인들을 개성과 인격을 지닌 존재로 더 이상 보지 않고 '노인'이라 총칭해서 볼 뿐이다. 그래서 노인들은 실재하는 자신의 모습을 보는 것이 아니라 사람들이 생각하는 노인, 즉 아날로곤을 보게 된다는 것이다.

그래서 그녀는 '노년'을 우리가 마지못해 끌려 들어가게 되는 일종의 음모라고 한 것이다. 사람들의 시선, 즉 협박하듯 강요하는 이미지와 싸우는 유일한 방법은 사회에서 물러나는 것을 거부하는 것이고, 노인의 역할을 거부하는 것이다. 또한 다른 사람들의 눈에 비친 노인의 모습이 자신인 양 생각하는 자기기만에 빠져서는 안 되고, 기억이란 창고에 파묻혀 산다든가, 계획적인 활동이나 자기 결정을 못하는 무능하고 수동적인 행위자로 살아서는 안 된다고 했다. 보부아르는 미래를 계획하고, 그 계획을 달성하도록 끊임없이 자신을 밀어붙여야 한다고 권고하면서 존재 이유와 인생의 목표를 상실하는 순간 우리는 존재를 상실하게 된다고 했다.

우리는 죽거나 또는 늙어 간다. 나는 평생 처음으로 심하게 아팠을 때 큰 충격을 받았다. 나는 혼자 중얼거렸다. "사람들이 들것으로 운반하는 이 여자, 그 사람이 바로 나다." 또 40대가 지나자, 내가 늙어 간다는 사실이 도저히 믿어지지 않아 거울 앞에 꼼짝 않고 서서 중얼거리곤 했다. "나는 여전히 마흔 살이다."

시간은 우리가 느낄 수 없을 정도로 조금씩, 하루하루, 일 년 또 일 년 미끄러져 간다. 우리는 시간이 지날수록 나이를 먹지만, 인생의 시기 가운데 특히 노년을 감당하기가 가장 벅차다. 왜냐하면 사회가 노인을 과거와 단절된 어떤 색다른 존재로 간주하기 때문이다. 그래서 '나는 여전히 나인데, 내가 어떻게 다른 사람이 되었다는 거지?' 하고 의문을 갖게 된다. 노화에 서서히 적응하다 보면 육체적 변화는 '나'에게 큰 영향을 주지 않는다. 육체적 노화를 특별히 자각한다 해도 그것이 '나'를 급격하게 바꾸지 않는다.

타인이 '나'를 노인이라고 말할 때, 그 노인은 '내'가 아닌 그들의 노인이다. 사회적 고정관념이며 외계인 같은 노인이다. 타인을 통해 그 노인과 수시로 만나게 되면 어느 순간부터 타인이 창조한 '노인'이 '나'일지도 모른다고, 또는 '나'는 이제부터 그 '노인'이라고 스스로 세뇌시키게 된다. 그 '노인'은 진정한 '나'가 아닌 아날로곤이다. 실재하지 않는 '가상의 나', 타인이 생각하는 '나 아닌 나'다.

우리는 이 아날로곤에 물들면 안 된다. 그러려면 해결책은 단 하나뿐이다. 우리의 목표를 세우고 실현시킬 계획을 짜고 밀어붙여야 한다. 나이가 들어도 강렬한 열정을 잃어버려서는 안 된다. 사랑, 우정, 분노, 연민 등을 통해 다른 사람의 삶에 가치를 부여하고 동시에 '내' 삶의 가치를 계속 유지시켜야 한다. 아날로곤이기를, 쓸모없는 '퇴물'이기를 과감히 포기해야 한다. 무엇보다 아날로곤에 대한 책임은 이 사회의 끔찍한 노인 정책에 있다. 나이가 들어도 여전히 '나 자신'으로 살아갈 수 있는 사회적 환경을 만들어야 한다.

- 시몬 드 보부아르, 《노년》에서

힐더가드. 그녀는 더 이상 인생의 계획을 세울 능력이 없다. 보부아르의 관점에서 본다면 그녀는 더 이상 존재하지 않는다. 그렇다면 나는 '존재하지 않는 존재'를 찾으려는 음모에 동참하고 있는 것은 아닐까? 힐더가드의 음성과 몸짓에서 그녀임을 느끼고 있지만 그마저도 '아날로곤'에 지나지 않는 것이 아닐까?

그녀가 세상으로부터 점점 빠져나가는 것을 지켜보면서 나는 그녀의 비어 버린 공간 안으로 빨려 드는 것을 느꼈다. 그녀가 들려준 이야기들은 이미 나의 일부가 되어 버렸다. 볼티모어에서의 성장 과정, 어렸을 때 독일을 방문했던 일, 스스로 목숨을 끊은 오빠, 자살을 선택한 아버지. 돌이켜 보니 그녀가 자살을 생각했던 것은 집안의 역사와 무관하지 않다는 생각이 들었다.

지금까지 그녀는 내가 들었던 이야기가 보관된 창고였고, 나는 그녀의 기억을 보관하는 제2의 창고라고 여겼다. 그런데 이제 나는 나이기도 하고 동시에 그녀이기도 하다는 생각이 들었다. 나는 나와 그녀, 두 곳에 살고 있다는 느낌이 강해졌다. 그 때문일까? 그녀의 비어 버린 공간으로 들어가면 갈수록 그녀가 치매와 죽음이란 무의식 세계로 나를 데리고 갈지도 모른다는, 그래서 내가 그녀와 함께 소멸될지도 모른다는 두려움이 커져 갔다. 나는 서서히 힐더가드가 되어 갔고, 그녀와 함께 사라지는 죽음의 공모자가 된 것 같았다. 나는 마치 생명줄을 던지듯 그녀의 손을 잡았다. 그녀의 정신을 느끼고 싶었고, 그녀를 그리고 나를 붙잡아 두고 싶었다. 그녀의 피부와 힘줄은 연약하기만 했다. 그녀의 손에서 나의 손을 느꼈다. 우리는 아무 말 없이 서로를 바라보았다. 그리고 얼마 후 나는 그곳을 떠났다.

노년의 자아를 찾아서

그녀를 만나고 난 뒤 몇 주 후 '노년의 기억과 자아'라는 주제로 열리는 모임에 참석하기 위해 샌프란시스코로 향했다. 나는 학술대회가 종종 열리는 호텔의 강당으로 향했다. 연단에는 앞서 도착한 두 명의 발표자가 원고를 손질하고 있었다. 그들의 옆자리에 앉아서 사람들이 강당을 채우는 것을 지켜보며 힐더가드를 생각했다. 그녀와 나는 많은 것을 공유하고 있었고, 그 느낌은 지금까지 접해 온 대부분의 철학이나 심리학 이론과는 다른 것이었다. 그 이론들은 각각의 사람들은 침투가 불가능한 막으로 둘러싸인 것처럼 육체적으로나 정신적으로나 분리되어 있다는 것을 전제했다. 다른 사람의 생각과 경험은 추측할 수 있을 뿐 그것을 있는 그대로 느끼거나 알 수 없다는 것이다. 각자가 생각의 주체인 것은 분명하다. 하지만 사람들은 서로가 관계를 맺고 있다는 사실보다 서로가 분리되어 있다는 것을 더 많이 의식한다. 이 또한 알게 모르게 습관화된 것이라고 생각한다.

자아 혹은 영혼이라는 개념은 서양 고대의 유산이다. 그러나 20세기 영미 철학, 유럽 철학의 몇몇 주요 학파는 비물질적인 '영원한 자아', '내면의 자아'라는 개념을 인정하지 않는다. 그들에게 '자아'란 인간의 물리적 육체에서 기인한 여러 특성들이나 감정들을 지칭하기 위해 필요한 분류 차원의 용어이거나, 혹은 '나'라는 인칭대명사와 동의어로 사용되는 언어일 뿐이다.

또한 20세기 초중반의 학파들은 세계를 이성계과 물질계로 분리한 서양철학의 전통인 이원론을 배격하고 보이는 세계, 물질세계만을 인정한다. 자아는 실제로 눈으로 볼 수 있는 경험적인 것이 아니기에, 자아가 차지했던 자리는 다른 사람이 우리를 인식할 때, 우리가 자기 자신을 언급할 때 사용하는 개념상의 자아가 차지했다. 이로 인해 자기평가self-evaluation, 자긍심self-esteem, 자아상self-image 등 하이픈으로 연결된 자아 개념이 많이 생겨났다.

내가 발표할 차례가 되었다. 나는 준비한 원고를 읽는 대신 질문하고 답하는 형식으로 이야기를 풀어 나가기로 마음먹었다. 우선 나이가 들면서 중요한 문제로 떠오르는 쇠약해지는 현상이 노년이 아닌 다른 세대에서도 일어날 수 있다고 운을 뗐다. 스물한 살에 혼수상태에 빠져 6개월간 식물인간 상태로 있다가 인간답게 죽을 권리를 주장하는 부모의 요청이 법원에 받아들여진 카렌 퀸란, 서른세 살의 나이에 교통사고를 당해 8년 동안 식물인간 상태로 지내다가 안락사한 낸시 크루잔의 예를 들었다. 즉 몸이 쇠약해진 사람의 능력, 자율성, 존엄성에 관한 문제는 노인이라는 특정 연령에만 국한된 문제가 아니라 모든 연령층에도 해당된다는 것을 말한 것이다.

행동주의적 관점

요즘의 추세는 자아를 행동주의적 관점에서 접근하고 있는데, 나 또한 높이 평가한다. 어떤 행동이 어떤 결과를 낳는지 관찰하고 측정하면 아픈 사람들에게 도움을 줄 수 있는 좀 더 구체적이고 실용적인 방법들을 찾아낼 수 있다.

하지만 겉으로 드러나는 행동으로만 환자의 상태를 진단하려는 것은 위험하다고 생각한다. 관찰자가 명확히 알 수 없는 환자의 내면세계는 어떻게 할 것인가? 간병인들을 교육할 때 늘 행동과 그 결과에 주목하라고 한다면, 기계적으로 환자를 대할 위험성이 높아진다. 간호사나 의사, 사회봉사자들 가운데 몸이 약한 사람을 도우면서 짐짓 즐거운 척하는 경우는 얼마든지 있다. 이러한 인위적인 태도는 돕는 자나 도움을 받는 자 사이에 진정한 공감대를 형성하기보다 거리감과 소외감을 느끼게 할 가능성이 높다. 행동으로 나타나는 자아만 볼 뿐 내면에 있는 자아에 접근하지 못하기 때문이다.

그렇다면 어떤 방법을 택해야 내면의 자아에 접근할 수 있을까? 나는 강당에 모인 사람들에게 질문을 던지면서 내내 꽃무늬 소파에 앉아 있던 힐더가드가 눈앞에 어른거렸다.

언어적 자아

영국의 학술지 《노인과 사회*Aging and Society*》에 보기 드문 내용의 논문이 한 편 실렸다. 옥스퍼드 대학의 철학과 교수 롬 하레와 조지타운 대학의 정신분석학자 스티븐 새벗이 알츠하이머병에 걸린 환자들의 자아가 어떤 상태에 있는지 알아보기로 결정했다. 두 사람은 환자들을 만나 어떻게 말하고 어떻게 행동하는지를 관찰해서 자아가 남아 있는지 아님 사라졌는지를 파악하려고 했다. 결론부터 말하면 두 사람은 자의식이 '병의 최종 단계까지 지속된다'는 사실을 발견했다.

그들의 연구 결과는 나의 호기심을 강하게 자극했다. 정신이 혼미한 환자들에게서 발견한 지속적인 '자아'는 과연 어떤 것일까?

처음에 두 사람은 환자의 가족과 의료진들이 환자 앞에서 그들을 A씨, B씨라고 소개하지 않고, '전직' 변호사, '전직' 회계사, '전직' 사업가 등으로 소개하는 것에 깜짝 놀랐다. 단순히 은퇴자라는 뜻으로 '전직'이란 말을 붙인 것이 아니었다. 알츠하이머병 환자들은 방향 감각을 상실했고, 기억 장애가 있기 때문에 환자들이 자의식을 갖고 있지 않다고 여기고 있었던 것이다. '전직'이라는 말은 현재와 단절된 삶을 은근히 내비치고 있었다.

하레와 새벗은 알츠하이머병의 초기와 중기에 있는 환자들과 인터뷰하였고, 그들이 정신이 혼미하고 방향 감각에 문제가 있음에도 불구하고 자아를 가리키는 언어를 수없이 사용한다는 사실을 알아냈다. 이들 언어들은 발병하기 전에 자신들이 특정 분야에서 일했다는 사실을 환자들이 여전히 알고 있다는 것, 개인적 특성들을 자신들이 소유한다는 것을 여전히 느끼고 있다는 것을 명백히 드러내는 언어들이었다. 그뿐이 아니었다. 그들은 증세가 심각한 환자들의 언어 혹은 종잡을 수 없는 행동 속에서도 언어적 자아를 발견했다.

하레와 새벗은 가족들과 간병인들이 알츠하이머병 환자들에게는 발병 이전의 자아가 더 이상 존재하지 않는다고 예단하고 무시한다고 충고했다. 주위 사람들이 환자들의 말을 주의 깊게 혹은 분석적으로 듣지 않고 너무 일찍 포기해 버린다고 했다. 환자들의 자아가 마치 그림자처럼 보여도 자아란 점에는 변함이 없으므로 인격적인 대우를 해 주어야 한다고 했다. 환자들이 있는 자리에서 그들이 마치 더 이상 존재하지 않는 사람인 양 말하는 것은 보부아르가 말한 아날로곤 같은 음모다. 그런 태도는 환자들의 이미 가늘어질 대로 가늘어진 자의식을 더욱 희미하게 만드는 것이다.

하레와 새벗은 환자들에게서 발견된 내적 자아를 이차적 자아, 즉 사회적 역할로 인해 갖게 되는 페르소나와 구별하여 '일차적 자아'라고 명명했다. 그리고 일차적 자아를 '시공간의 세계에서 지속적으로 유지되는 개인의 관점'이라고 규정하면서 일차적 자아는 경험할 수 있다고 했다. 일차적 자아는 대화의 '내용'에서 발견되는 것이 아니라 일인칭 대명사인 '나'를 사용하는 중에, '개인성'을 함축하고 있는 다른 단어들 속에서 발견되었다.

언어적 자아라는 개념은 비록 정신이 온전치 못하지만 나의 친구 힐더가드가 여전히 나와 같은 시공간에 존재한다는 확신을 가질 수 있게 하였다. 얼마나 마음이 놓였는지 모른다. 그러나 나는 그녀와 경험을 공유하고 있는 나의 상태에 대해 설명해 줄 수 있는 이론이 필요했다. 자연스레 나는 자아를 내적 이야기로 보는 이론에 관심을 갖게 되었다.

서술적 자아

서술적 자아라는 개념은 1970년대와 1980년대에 문학과 철학에서 싹텄다. 생각하고 있을 때, 느끼고 있을 때 그 생각과 느낌은 마음속에서 들려오는 목소리와 같고, 대화를 나눌 때 우리는 이야기를 통해 자아를 드러낸다고 할 수 있다. 요양원에서 힐더가드는 내게 자기 이야기를 했고 나는 들었다.

그녀는 내게 이야기함으로써 자신의 인생을 나와 공유하려고 했다. 나는 그녀의 이야기를 들으면서 이야기뿐 아니라 그녀의 몸짓, 말투 등을 기억하게 되었다. 그녀에게 나 또한 그러했을 것이다. 결국 그녀와 나는 처음 만난 순간부터 자신의 부분을 상대에게 준 것이나 다름없다. 서로를 공유하기 시작했다는 것은 서로의 자아를 나눠 주었다는 것이다. 서로의 이야기를 공유하면서 그녀와 나의 자아가 뒤섞여 버린 것이다.

서술적 자아란 말, 이야기, 그 외의 표현 형태들을 통해 다른 사람에게 나눠진 자아를 말한다. 이와 같은 서술적 자아는 자아란 본질적으로 다른 사람과 관계 맺는 것이란 것을 확인시켜 주기 때문에 나는 그녀가 더욱 가깝게 느껴졌다.

나눠진 자아는 지적인 차원뿐 아니라 미적인 차원에서도 이해할 수 있다. 예를 들어, 우리가 반 고흐의 대표작 〈아를의 고흐의 방〉을 보고 있다고 가정해 보자. 침대, 테이블, 의자, 마룻바닥 등 우리 주변에서 흔히 볼 수 있는 물건들이 그려져 있다. 위대한 작품치고는 너무나 평범한 소재들이다. 게다가 그림 안에는 사람이 한 명도 없다. 그러나 반 고흐는 색채를 통해 이 물건들의 주인을 강렬하게 드러냈다. 예술가의 열정, 감정, 감수성을 화폭에 고스란히 담아내어 관객들이 화가의 이야기를 듣고 있다는 느낌을 준다.

서술적 자아 이론은 다른 이론에서 볼 수 없는 따뜻함과 친밀감을 느끼게 한다. 그러나 서술적 자아는, 비록 나와 힐더가드의 관계를 보여주는 데 접근했지만, 문학 이론과 깊이 관련되어 있는 탓에 우리 둘 사이의 관계가 독자와 소설 속 등장인물의 관계처럼 느껴진다.

나는 청중을 잠깐 둘러보았다. 몇 사람은 동의하지 않는 듯 고개를 젓고 있었다. 첫 번째 줄에 나이 든 여성 몇 분이 앉아 있었다. 힐더가드가 그 자리에 앉아 내 이야기를 듣고 있는 것을 상상해 보았다. 그녀는 이곳에서 서술적 자아를 보기 좋게 증명해 주었을 것이다.

관계적 자아

마르틴 부버는 그의 책 《나와 너I and thou》에서 모든 경험은 원래 관계를 통해 이뤄지는 (관계적) 경험이라고 했다. 부버의 영향으로, 20세기 초의 철학과 신학은 서로에게 마음의 문을 열 때, 사람들 사이에서 일어나는 교감에 관심을 갖게 되었고, 다른 한편으로 그의 이론이 불명료하고, 비과학적이며, 신비하기조차 하다고 비판하기도 했다.

부버는 경험에는 두 가지가 있다고 했다. 사람들, 자연, 동물들, 심지어 자기조차 물건으로 인식하는 것('나-그것'의 관계)과 이들을 친밀한 자신의 일부로, 동시에 독립된 주체로 인식하는 것('나-너'의 관계)이다. '나-그것의 관계'는 주체(나)와 객체(그것)의 관계여서 교감이 일어나지 않지만, '나-너의 관계'는 주체(나) 대 주체(너)의 관계여서 교감이 일어난다고 했다. '나-너의 관계'에서 교감이 일어나는 것은 제3의 의식, 즉 일체감이라는 포괄적인 의식이 생기기 때문이다. 한 예로 '연민'의 정을 들 수 있는데, 사람들의 발에 이리저리 차이는 돌에서 아무런 느낌을 받지 못했다면, 돌을 물건으로 객체로 인식한 것이고, 연민의 정을 느꼈다면 돌을 나와 동등한 주체로, 나의 일부로 인식했다고 할 수 있다.

연민의 정은 우리가 경험을 통해 쉽게 접할 수 있는 감정이다. 더구나 인류의 공통된 운명인 죽음을 목격하게 되면 누구나 비슷한 감정을 느낀다. '남의 일 같지 않다.'는 평범한 말은 그 죽음이 '나의 일처럼 생각된다.'는 것이다. 물론 다른 이의 고통을 보고 냉담하게 거리를 둘 수도 있고, 나의 일로 받아들이고 가슴 아파할 수도 있다.

모든 경험이 관계 속에서 일어나므로 경험의 주체 나 또한 관계 속에 있는 것이다. 관계적 자아(나)는 '나-너의 관계'를 통해, 달리 말하면 '나-너의 대화'를 통해 서로가 하나라는 일체감을 경험한다. 앞서 설명한 서술적 대화는 일체감에 이르는 수단인 것이다.

> '나'는 '너'와의 대화 안에서 살아 움직이며, 언제나 '너'와의 만남을 추구하고, 오로지 사람들과 더불어 현실 속에서 살아갈 것을 염원한다.
>
> – 마르틴 부버, 《나의 너》에서

우리가 살아가는 현실 세계를 보면 '나-너의 관계'보다 서로를 물건처럼 대하는 '나-그것의 관계'를 자주 목격하게 된다. 서로는 '너'이기를 그치고 하나의 '그것'으로 전락하고 만 것이다. 부버는 '나-너의 관계'가 비단 사람 사이에서만이 아니라 사람과 자연에서도 이뤄져야 한다고 했다.

나의 발표 시간이 거의 끝나 가고 있었다. 나는 어떤 결론을 향해 가기보다, 목적지가 어딘지 생각해 볼 수 있는 징검다리를 놓고 싶었다. 나는 우리들 인생이 시작된 출발점과 인생이 끝나는 종결점은 모두 연약하고, 상처 받기 쉽고, 의존적이라는 것을 강조하고 싶었다. 인생에는 두 개의 여명이 있다. 하나는 해가 떠오르려는 새벽빛이고, 하나는 해 진 뒤의 황혼이다. 모두 눈부시게 아름답지만 어린 아기와 노인 모두 무기력하고 연약하다.

힐더가드는 인간다움의 비밀은 다른 사람을 보살피고, 다른 사람으로부터 도움을 받는 관계 속에 있다는 것을 보여 주었다. 한 사람이 무기력해졌을 때, 사람들은 그 사람의 지난날을, 옛날의 참모습을 떠올리게 된다. 이런 기억들이 있기 때문에 그 사람을 돌보게 되고, 동시에 자신을, 서로가 공유하고 있는 기억을 돌보게 되는 것이다.

힐더가드, 지금 그녀는 어떤 결정도 내릴 수 없는 상태가 되었다. 하지만 나는 지난날의 그녀를 떠올리며 현재의 그녀를 예전과 다름없이 존중하고, 사랑하며, 존경하고 있다. 인간의 자율성을 가장 높은 가치로 여긴다면 힐더가드, 여전히 숨 쉬고 있는 그녀의 가치는 어떻게 되는가? 여기서 자율성을 인간 최고의 가치로 여기는 사회적 통념의 허점이 드러난다.

인간의 자율성을 강조하다 보면 누군가에게 의지할 수밖에 없는 상황에서 스스로 목숨을 끊기도 하고, 남의 도움을 거부하며 스스로 관계를 단절시키기도 한다. 철학이든 심리학이든 인간의 자율성을 다룰 때, 그 반대 상황도 분명히 인식하고 다루어야 한다.

한참 뒤에 나는 스티븐 레빈의 《누가 죽는가?Who Dies?》에서 아픈 사람을 돌볼 때, 환자를 인간의 운명인 죽음의 동료로 생각하고 보살피는 불교도들을 접하게 되었다. 나는 자아를 미망으로 보는 불교사상을 받아들였어야 했다. 하지만 발표할 당시만 해도 관계적 자아에 깊이 몰두해 있었고, 역설적이게도, 관계적 자아를 최선을 다해 인정하려 해도 다른 사람에게 진정으로 속하는 순간들을 견디기란 무척 힘들었다.

경험을 공유한다는 것

모든 발표가 끝나자 질문 시간이 이어졌다. 점잖아 보이는 한 신사가 손을 들었다.

"맨하이머 씨에게 질문이 있습니다. 여러 가지 자아 개념을 소개해 주셨는데요. 중요한 한 가지를 빠뜨리신 것 같습니다. 다중적 자아에 대해서는 어떻게 생각하는지요? 개인은 분열된 여러 자아의 집합체라고 보는 견해도 있지 않습니까? 이십대, 사십대, 팔십대의 모습은 겉으로 보아도 다르니까요. 하나의 자아만을 고집할 이유가 없다고 생각하는데요."

활기가 넘쳤던 힐더가드와 요양원에서 나날이 쇠약해져 가는 힐더가드가 오버랩되었다. 힐더가드의 자아가 다중적이라면 문제는 간단할 것이다. 뇌졸중을 겪기 전의 자아와 현재의 자아는 서로 다른 자아인 동시에 모두 힐더가드의 자아라고.

하지만 나는 나이듦을 자아의 과정으로 설명했다.

"자아라고 부르는 것은 현재에 적응하기 위해, 또한 미래를 준비하기 위해 과거를 되짚어 보는 능력입니다. T.S. 엘리엇은 '우리는 경험을 했지만 그 의미를 알지 못했다.'고 했습니다. 이 말은 시간이 흐르고 나면 그 경험에서 지난날 미처 깨닫지 못한 의미를 발견하게 된다는 것이지요. 새로운 경험을 쌓았기 때문에 이전과 달라진 눈으로 과거를 바라보게 됩니다. 물론 때로는 이전의 의미를 그대로 간직하기도 하지만 대개의 경우 많이 달라지지요. 과거를 되짚어 보는 이 능력이 삶을 창조적으로 이끄는 비결인 것입니다."

두 사람이 더 질문을 하고 나서 한 여성이 손을 들었다.

"맨하이머 씨에게 질문합니다. 사실 질문이라기보다 염려스러워서 하는 말인데요. 관계적 자아에 대해 말씀하셨는데, 다른 사람과의 일체감을 강조하다 보면 개성이랄까, 개인을 부인할 위험성이 있지 않을까요?"

힐더가드와 함께 있으면 그녀와 내가 분리되지 않았다는 느낌을 받는다. 그 순간만큼은 그녀와 나는 하나가 된 것 같고, 그녀의 죽음 속으로 내가 빨려 드는 것 같다. 또한 혼자 있을 때 그녀를 깊이 생각하다 보면 똑같은 느낌을 받는다. 하지만 대부분의 시간을 나는 아내와 아이들과 함께 보내고, 친구들과 어울리고, 수업 준비며, 발표할 글을 쓰느라 여념이 없다.

문득문득 하던 일을 멈추고 힐더가드를 찾곤 했다. 힐더가드, 당신은 어디에 있는 거죠? 눈에 띄지 않게 기억 어딘가에 숨어 있는 건가요? 당신과 함께했던 순간들, 그 강렬한 경험을 나는 어찌해야 하나요?

그럴 때마다 힐더가드의 목소리가 들려왔다.

"어찌하다니요? 하던 일을 계속 하시면 돼요. 나의 죽음은 내가 알아서 할 테니, 선생님은 자기 일이나 잘 하세요."

인생이란 마치 여러 시냇물이 모여 하나의 강으로 흘러 들어가는 것 같다. 하지만 현실 공간 속에서 개인의 특성을 규정짓는 외곽선을 허물고 다른 사람과 혼합될 수 있다고 생각한다면 이 또한 환상이다. 힐더가드와 내가 한 배를 타고 함께 키를 돌렸다 해도 나는 나의 길을 걸어야 했고, 그녀는 그녀의 길을 걸어야 했다.

하지만 기억 속에서는 다르다. 그녀는 어느덧 테니슨의 시를 낭송하던 노시인들의 일원이 되어 있었고, 테니슨의 율리시즈처럼 수심을 알 수 없는 새로운 망망대해를 향해 여행을 떠나려 하고 있었다. 아마도 우리는 자신의 '경험의 문'을 통과할 수 있을지언정 다른 사람의 '경험의 문'을 통과할 수 없는지도 모른다.

기억 속의 힐더가드는 내가 어디에 있든, 무슨 생각을 하든 예상치 않은 순간에 언제든 만날 수 있고, 그럴 때마다 우리는 서로의 외곽선이 허물어져 하나로 용해되어 버렸다. 그러다가 현실이 제 모습을 드러내면 그녀와의 만남은 망각 속으로 미끄러지듯 사라졌다. 그러나 그녀와의 만남은 영원히 사라지지 않고 언제든 되살아난다. 일부러 불러내지 않아도 자연스럽게 밀려오는 힐더가드의 파도처럼.

5 인류 최초의 웃음

Chapter 5

인류 최초의 웃음

유머는 진지함을 벗어던져야 알 수 있는 중요한 삶의 방식이다

힘든 상황에서 웃는 것은 강인한 성격 때문일까, 아니면 자기 보호 본능일까? 힐더가드는 남편을 잃었고 쇠약해졌지만 눈빛은 여전히 생기가 넘쳤고 발랄하기조차 했다. 그녀를 떠올리면 온화하면서도 장난기 어린 웃음소리가 들린다. 백발의 친구들 중 한 분은 남편과 대화를 나누다가 남편이 함께 등산을 갔던 일을 기억하지 못하자 충격을 받았다. 치매의 징후란 것을 알았고, 그녀는 끔찍한 현실 앞에 울음을 터뜨렸지만 남편은 껄껄 웃으면서 말했다.

"여보, 슬퍼하지 말아요. 나는 그때 멋진 시간을 보냈다고 확신하니까."

최근에 인기 시사만화가가 알츠하이머병에 걸려 어쩔 수 없이 의원 자리를 사퇴한 한 정치인을 소재로 삼았는데, 힘든 상황이지만 인간성을 잃지 않고 농담으로 웃어넘기는 모습을 그렸다. 만화가는 수명이 늘어나면서 많은 사람들이 겪고 있는, 혹은 앞으로 겪게 될 상황을 아주 사소하고 유쾌하게 그려 낸 것이다. 이 만화가나 기억을 잃은 남편이나 힐더가드나 모두 유머라는 렌즈를 통해 상실과 불행을 위풍당당하게 받아들임으로써 품위를 잃지 않았다. 유머가 지닌 마법의 힘이다.

프로이드는 초기와 후기에 웃음의 신비한 속내를 연구했다. 인간의 어리석음을 꾸짖고 꼬집는 풍자나 패러디와 달리, '속 깊은 유머'는 인간의 연약함과 유약함을 인정하는 것이고, 동시에 고통을 단호히 거부하는 것이라고 했다. 그에게 유머는 자아를 지키려는 여러 방식 중에서 가장 품위 있는 방식이라고 했다. 증기기관 내의 압력이 높아지면 안전장치가 저절로 열려 압력을 조절하듯, 웃음은 아픔이나 고통을 즐거움과 기쁨으로 바꾸고 인생의 상처들로부터 벗어나게 한다. 프로이드는 다른 경우라면 엄격한 초자아超自我, superego가 부모가 자식을 위로하듯 다정한 목소리를 흉내 내어 상처받은 자아自我, ego에게 이렇게 말한다고 묘사했다.

"여기를 보렴! 이 세상은 위험해 보이지만 아이들 놀이터란다. 모든 것이 아이들 장난 같아. 농담 따먹기에 안성맞춤이지."

나이가 들면서 세상이 점점 위험하게 보이는 만큼 유머라는 안정제가 더욱더 필요하다.

친구들을 처음 만났을 때부터 나는 그들의 유머에는 두 가지 종류가 있다는 것을 알게 되었다. 서로의 결점이나 죽음과 관련된 얘기들을 나누면서 웃음을 터트렸는데, 나는 친구들의 이런 유머를 배우고 싶었다. 이런 유머들은 타인을 더욱 배려할 수 있게 하고, 인생을 훤히 꿰뚫어 볼 수 있게 하는 것 같았다. 또한 노년의 상황을 유쾌하게 받아들이는 유머 외에 사십이나 쉰 살에 주는 생일카드에 적힌 '인생의 절정기를 넘어서'라는 문구에서부터 "내 나이가 되면 키스를 하면 아름다운 공주로 변하는 개구리보다 수다스런 개구리가 더 좋다." 등 건망증, 발기불전, 죽음과 같은 상실감을 위로하려는 유머도 수없이 많다.

노인들이 하는 유머든, 노인들에 대한 유머든 노년의 유머는 나이듦이라는 매우 현실적인 문제를 벗어날 수 없다. 그런 점에서 프로이드가 말한 '인생의 상처'는 '시간의 상처'라고 말할 수 있을 것이다. 왜냐하면 나이가 들고 말년에 이르면 마음이 여려져 상처받기 쉬워지고 죽음이나 육체의 한계 등을 더욱 분명하게 느끼기 때문이다. 오래 살면 살수록 상실이나 사고, 쇠퇴에 더 많이 노출된다. 우리는 서서히 불행의 표적이 되어 가는 것이다.

그렇다면 유머는 자기 방어이면서 인간다움을 되찾는 것이고 잠재된 기지의 발로, 혹은 지혜의 발현이라고 말할 수 있을까? 노년과 관련된 유머는 이 모든 것이라고 할 수 있다. 나는 시간과 변화에 저항하기보다 그것을 포용하고, 인생의 상처에 너그러워지고, 그래서 얼기고 설긴 감정을 해소시키는 유머를 할 줄 아는 사람들로부터 더 많은 것을 배웠다. 테니슨이 율리시즈의 입을 빌어 노래한 '잃은 것이 많지만, 아직 남은 것도 많도다'란 시구가 바로 노인들이 우리에게 주는 교훈임에 틀림없다.

친구들의 유머를 가까이 접하면서 나는 키에르케고르를 더 잘 이해할 수 있었다. 그는 인생의 세 단계를 감각적인 단계, 윤리적인 단계, 종교적인 단계로 보았다. 그리고 윤리적 단계(사회에 대한 의무)에서 종교적 단계(신에 대한 복종)로 넘어가는 중간에 유머를 두었다. 그는 인간이 종교적인 단계에 이르려면 먼저 자신이 불완전한 존재, 유한한 존재라는 것을 완전히 받아들이고 인정해야 한다고 했다. 그에게 유머란 인간의 불완전함에 순응하는 것, 즉 겸손해지는 것이고 자신의 유한성을 받아들이는 것이다. 키에르케고르가 꼽은 유머의 대가는 기지와 지혜를 겸비한 소크라테스였다. 또한 그는 유머만으로는 신앙의 단계에 이를 수 없다고 하면서 '결단'이 필요하다고 했다. 나는 종교를 가지고 있지 않기 때문에 그의 사상에 동의하지 않지만, 고매한 성품을 항상 갈망하고 있다.

백발의 친구들의 유머를 듣고 있노라면 세계의 영적 지도자들의 웃음, 그들의 농담과 희극적인 비유가 떠오른다. 그들의 초상화가 주로 웃고 있는 모습으로 그려지는 것이 전에는 미처 몰랐던 자신들의 무지함을 깨닫고 나자 그 기쁨을 도저히 참을 수 없어 웃고 있는 것이 아닐까 하는 생각이 들었다. 나는 다양한 모습의 유머를 접하면서, 의외의 상황에서 웃음이 터지고, 의외의 사람들이 웃음을 선사한다는 것을 알았다. 웃음은 사람들의 말씨와 몸짓, 세상 만물 어디서고 울려 퍼진다.

조 삼촌의 웃음

조 삼촌은 평생 동안 푸줏간 일을 해 온 분이다. 시가를 워낙 좋아해서 언제나 고급 시가를 물고 가족모임에 나타났다. 그동안 그가 시가에 불을 붙이는 모습을 한 번도 보지 못했는데, 그날 모임이 끝날 무렵에는 연기를 뿜어냈다. 조카들의 성인식이 있었던 그날도 밤이 깊도록 웃고 떠드는 내내 조 삼촌은 한 번도 시가를 입에서 떼지 않았다. 깔끔하게 빗어 넘긴 검은 머리, 반짝이는 작은 눈, 넓은 아래턱, 두꺼운 목…… 바라만 보아도 조 삼촌의 따뜻하고 선량한 마음씨가 느껴졌다.

조 삼촌의 아내 수지 숙모의 말에 따르면 삼촌과 시가는 떼려야 뗄 수 없는 관계라고 했다. 한 번은 조 삼촌이 빵집 주인과 마주쳤는데, 그 사람이 인사를 하지 않고 그냥 지나쳤다고 했다. 그 이유를 나중에야 알았는데, 당시 조 삼촌이 시거를 물고 있지 않아서 알아보지 못했다는 거였다.

성인식의 마지막 순서가 진행되는 동안 – 케이크를 자른 뒤 주인공들과 부모들의 소감 발표가 있다 – 나는 조 삼촌의 옆자리에 앉아 디저트의 단맛을 지우려고 진한 커피를 마시며 그를 지켜보았다. 조 삼촌은 불을 붙이지 않은 시가를 입에 물고 맨발로 춤을 추는 젊은 쌍들을 흐뭇한 표정으로 바라보고 있었다.

"조 삼촌, 방금 재미난 농담을 들은 것 같은 표정이네요."

"그렇게 보였나? 맞아. 며칠 전에 있었던 일을 생각하고 있었네. 커프스단추 한쪽을 잃어버려서 내가 잘 가는 남성복 대리점을 찾아갔지. 가게에 들어가니 다른 직원들은 고객들과 얘기하느라 정신이 없었고, 나이 든 재단사만 우두커니 서 있었어. 그 사람에게 다가가 '실례합니다만 제가 지금 찾고 있는 것이……' 하고 말하는데, 내 말이 끝나기도 전에 그 재단사가 내 양 어깨를 꽉 부여잡고는 내 눈을 똑바로 쳐다보면서 한숨을 푹 내쉬며 '아, 나도 찾고 있소이다.' 이렇게 말하더군. 하하하! 난 커프스단추를 찾고 있었는데 말이야! 우리 나이쯤 되면 모두들 뭔가를 찾고 있지. 다들 그래."

조 삼촌은 연시 웃음을 터트리며 "나도 찾고 있소이다."를 반복해서 말했다.

"그분이 정색하고 말하던가요, 아님 농담을 한 건가요?"

"농담이었냐고? 농담하지 않는 사람이 누가 있나? 내가 웃음을 터트린 것은 그가 말했을 때의 모습 때문이야. 내 어깨를 잡고 눈을 똑바로 쳐다봤지. 그냥 혼잣말을 했다면 이렇게까지 웃을 수 있겠어? 자네도 나이를 좀 더 먹어 보게. 어디에서든 웃음을 찾을 수 있을 테니. 내 말을 이해하겠나? 자넨 철학자가 아닌가."

"전 철학자라기보다 아직 철학을 배우는 학생 같은 걸요."

"혹시 자네 알고 있나? 인류 최초의 웃음에 대해서? 글로 기록된 것 가운데 가장 오래된 웃음이 어디서 나오는지?"

영 모르겠다는 표정을 짓자 조 삼촌이 설명을 시작했다.

"성경에 대해서 좀 알고 있지? 창세기네. 아브라함과 사라의 이야기는 알고 있겠지?"

조 삼촌이 무슨 말을 하려는지 감이 잡히지 않았지만 고개를 끄덕이며 턱을 어루만졌다.

"신이 아브라함에게 '나는 너를 큰 민족이 되게 하리라.' 하고 말했지. 그런데 아브라함과 사라에게는 자식이 없었어. 그들은 열심히 노력했지만 아기를 갖지 못했고, 세월이 흘러 아브라함은 백 살이 되었고 사라도 구십 살이 되고 말았지. 아기를 갖기에는 나이가 너무 많아. 정말 두 사람이 임신을 할 수 있을 거라고 생각했을까? 그때 웬 사람들이 그들을 찾아왔어. 아브라함은 그들을 손님으로 맞아들이고 먹을 것과 마실 것을 대접했네. 그때 그들이 이렇게 말했지. '때가 되었네. 자네의 아내 사라가 임신을 할 것이네. 절대 농담이 아니라네.' 아브라함은 그 말을 어떻게 받아들여야 할지 몰랐다네. 생각해 보게. 누가 칠십이 넘은 우리 부부에게 곧 임신을 하게 될 거라고 한다면, 말도 안 되는 농담이라고 생각하지 않겠나?"

조 삼촌은 테이블을 치며 껄껄 웃었다.

"아브라함은 속으로 웃었다고 해. 조용히 웃은 거지. 하지만 사라는 전혀 달랐어. 사라는 자기 천막에 있다가 이 이야기를 듣고 소리 내어 웃고 말았네. 사라가 웃어 버린 거야. 그들이 사라의 웃음소리를 듣고 아브라함에게 말했어. '사라가 우리말을 믿지 않고 있네. 그녀는 우릴 비웃고 있네.' 하지만 사라는 그렇지 않다고 잡아뗐지. '아니에요. 옆 천막에서 여인들이 하는 농담을 듣고 웃었어요.' 하고 말이지. 이보게. 신이 약속에 약속을 거듭했지만 두 사람이 늙어 버릴 때까지 아기가 생기지 않았네. 그러다가 어떻게 되었나…… 빙고!"

"사라가 임신을 했지요."

"아니야, 아닐세. 그전에 사라가 웃었다네. 사라가 웃었어. 나는 사라의 웃음에 대해 말하고 있는 걸세. 생각해 보게. 신이 무슨 일인들 못하겠나. 임신시키는 것이 뭐가 어렵겠어. 그런데 사라가 웃음을 터뜨렸을 때, 임신을 하는 기적이 일어난 거야. 웃음이 기적을 낳았다고! 인류 최초의 웃음. 중국인들에게 더 오래된 기록이 있을지도 모르지만. 생각해 보게. 구십이 다 될 때까지 아이가 생기지 않았는데, 구십 먹은 할머니가 임신을 할 수 있다니 누군들 웃지 않겠는가? 사라는 말이 안 된다며 웃은 거야. 하지만 사라의 웃음은 그 다음에 어떻게 되었나? 사라는 웃다가 신앙심으로 그 일이 실제로 일어날 수 있다고 생각하면서 기쁨의 웃음, 놀라움의 웃음으로 바뀌었지. 웃음이 점점 더 커졌어. 알겠나. 반전! 믿기 어려운 이야기일수록, 예상할 수 없었던 상황일수록 웃음은 더 커지게 마련이야. 난 이 대목이 떠오르면 나도 모르게 계속 웃게 되지. 유머에 대한 얘기라네. 이해하겠나? 하하하!"

나는 고개를 절레절레 흔들며 인류 최초의 웃음을 포착한 삼촌을 놀라운 눈으로 쳐다봤다.

웃음의 타이밍

"조 삼촌, 나이를 먹으면 어디에서나 웃음을 찾을 수 있다고 하셨죠? 또 나이가 들면서 유머가 이전과 다르게 보인다고 하셨죠? 유머와 나이 먹는 것이 어떤 관계가 있기에 그렇죠?"

"이보게, 나이 먹는 건 절대로 재미있는 일이 아니야. 하하!"

조 삼촌은 자기 가슴을 툭툭 쳤다. 심장수술을 한 것 같았다.

"그렇죠. 저도 그렇게 생각해요."

"하지만 인생을 살면서 절망이나 예상치 못한 일들을 겪게 되더라도 그것을 받아들이는 법을 배워야 하네. 이해할 수 없는 일을 당해도 웃어넘길 줄 알아야 한다는 말이야."

나이가 들면서 모든 사람이 유머의 깊은 의미를 알게 된다고 할 수는 없지만, 백발의 친구들과 함께하면서 나는 사랑하는 사람을 잃거나 신체적인 불편을 유머로 이겨 내는 사람들을 보았다. 그들은 인생의 역설과 모순에 훨씬 더 관대했다.

"전 유머가 지혜의 일종이라고 생각해요."

"그렇다네. 자네도 유머에 대해 생각하고 있었군. 그것 말고 또 무엇을 알고 있나?"

"웃음이 예상하지 못했던 상황이나 이야기와 관련이 있다는 삼촌의 말이 옳다는 것이지요. 아리스토텔레스의 책에도 그렇게 나와요. 비극에서는 주인공이 자만심이나 허영심, 탐욕 같은 성격적인 결함 때문에 불명예스러운 짓을 하게 되고 결국엔 몰락하여 죽음에 이르게 되지요. 하지만 희극의 주인공은 기지를 발휘하여 수치스럽거나 실패, 파멸 등의 상황을 쉽게 극복하고 승리를 하게 되죠. 희극의 주인공은 어리석기도 하고 충동적으로 행동하기도 하고 생각도 단순하다는 결점들을 가지고 있지만 오히려 그런 점들이 상황을 반전시키는 데 도움이 되거든요."

"아리스토텔레스가 그런 말을 했단 말인가? 그 친구, 채플린 영화를 너무 많이 본 게로군."

"그러게 말이에요. 아니면 우디 알렌 영화를 많이 봤거나. 여하튼 아리스토텔레스는 동네 원형극장에서 보았던 희극들을 생각했겠죠."

"그런 사람들이 결국은 성공을 한다는 말인가?"

“네. 끝까지 살아남을 뿐만 아니라 사회로 다시 돌아와 전보다 더 높은 자리를 차지하지요. 아리스토텔레스는 희극의 줄거리는 언제나 예상을 벗어나고 반전이 있다고 했지요.”

조 삼촌은 고개를 끄덕였다. 그리고 내게 계속해 노년의 유머에 대해 말해 보라고 했다.

“우리는 세상의 일이며 인생의 일들이 좋게 해결되어 행복과 안정을 찾게 되겠지 하고 생각했던 것들이 나이를 먹으면서 해결되지 않은 상태로 남는다는 것을 알게 되지요. 결국 인생의 많은 모순들을 받아들이고 시간과 화해를 해요. 자신을 돌아보고, 예전에 자신을 괴롭혔던 것들을 웃어넘길 수 있게 되지요. 인간의 한계를 받아들이는 것이라고나 할까요.”

“시간과 화해를 한다. 거 참 맘에 드는 말이군. 그러고 보니 생각나는 일이 있군 그래.”

“말씀해 보세요.”

“며칠 전에 모임에 참석했었어. 오래전부터 내가 회원으로 있는 모임이라네. 거기 컬리라는 친구가 있는데, 그 친구가 장기계획을 세우는 기획위원회의 위원장이어서 회원들에게 보고를 하기로 되어 있었지. 그런데 그 친구가 일어나더니 심각한 표정으로 한숨을 쉬고는 먼저 할 말이 있다고 하는 게야. 다들 걱정을 했지. 무슨 일이 있나, 아픈 게 아닐까. 웬걸. 컬리가 하는 말이 ‘여러분, 나에게 장기계획이란 다음 날 아침에 뭘 먹을까 생각하는 것이랍니다.’ 내일 아침에 뭘 먹을까 라니. 다들 허리가 끊어지도록 웃었다네.”

조 삼촌은 또다시 큰 웃음을 터뜨렸다.

"아침 식사로 뭘 먹느냐고? 그래, 중요한 문제지. 암, 그렇고 말고. 하하하!"

"맞아요. 그분은 내일 죽을 수도 있다는 사실을 알았지만 모임의 장기계획을 세워야 하는 입장이니 유머로 '시간과 화해'한 셈이죠. 제가 말씀드린 '시간과의 화해'가 바로 그런 것이에요."

"그럴 수도 있겠지. 하지만 너무 확신하지는 말게."

"무슨 말씀이세요?"

"자네는 컬리의 유머가 인생은 짧고 모임은 길다는 사실을 받아들여야 한다는 의미라고 생각하나?"

"비슷하긴 하지만……."

"우리 늙은이들은 그 사실을 순순히 받아들인다네. 그런 사실을 농담거리로 삼기도 하지. 내일 무슨 일이 일어날지는 아무도 몰라. 하지만 유머의 깊은 뜻을 알기엔 자넨 아직 젊은 것 같구먼. 째깍거리는 시계바늘의 움직임을 받아들이는 것만으로, '시간과의 화해'라는 것만으로 유머의 비밀을 알았다고 할 수는 없어. 시간뿐만 아니라……."

조 삼촌은 손으로 입을 가리더니 내 귀에 대고 속삭였다.

"타이밍, 적절한 시기를 알아야 하네."

"타이밍이오?"

"그렇다네. 유머의 비밀은 적절한 시기에 해야 한다는 것이지. 타이밍을 못 맞추면 맥이 빠져 웃을 수가 없지. 내 친구 컬리의 이야기를 봐도 그렇다네. 그 친구가 심각한 표정을 짓지도, 한숨을 내쉬지도 않고 그런 이야기를 했다고 생각해 보게. 우리를 염려하게 만들어 놓았으니까 그 정도로 효과가 났던 게지. 우릴 잔뜩 걱정시킨 다음에 예상치도 못한 이야기를 불쑥 꺼냈으니까. 마음을 조였다가 확 풀게 하려면 타이밍을 적절히 조절해야 하지."

"알겠어요. 삼촌이 말씀하신 그 에피소드는 유머와 관련해 중요한 예가 될 것 같아요. 저는 그때의 웃음을 '시간과 화해'했기 때문에 가능한 웃음이라고 보았고(아님 그 순간에 화해가 이뤄졌든), 삼촌은 '타이밍'이 적절했기 때문에 가능한 웃음이라고 보았어요. 결국 그때의 웃음은 '시간과의 화해'와 '타이밍' 모두가 작용한 것이네요. 희극의 '반전', '시간과의 화해', '타이밍'에서 공통적인 것은 두 상반된 상황의 긴장 관계가 될 테구요. 아, 그 재단사도 예기치 못하게 삼촌의 어깨를 꽉 잡았다면서요?"

조 삼촌은 타이밍을 말하면서 유머에 관한 모든 것을 고려하고 있었다. 그가 시거를 질겅질겅 씹으면서 말을 꺼냈다.

"자네, 골프를 칠 줄 아나?"

"골프요? 학교 다닐 적에 좀 쳐 봤지만……."

"그래? 그럼 골프에 대해 웬만큼 알고 있겠군."

"네."

"골프도 유머와 같아."

"네?"

"자, 이걸 보게."

조 삼촌은 커피 숟가락을 들고 테이블보 위에 둥근 곡선을 그렸다.

"젊고 힘이 넘칠 땐 골프채를 크게 휘두르지. 강하게 얻어맞은 공은 아주 멀리 날아갈 거야. 아마 다음 날까지 계속 날고 있을지도 모르지. 하하! 하지만 나처럼 늙은이가 되면 몸 여기저기가 쑤셔 대서 스윙조차 제대로 하지 못해. 수술자국이 터지면 어떻게 되겠나? 몇 년째 골프를 같이 치는 친구들이 있다네. 루와 허먼도 여기까지밖에 골프채를 쳐들지 못해."

조 삼촌은 커피 숟가락으로 둥근 곡선의 중간쯤을 잘랐다.

"스윙도 제대로 안 되지만, 우리 늙은이들은 골프 티 위에 올려놓은 공을 제대로 맞추지도 못해. 헛스윙하기 일쑤지. 루는 엿가락처럼 몸을 꼬고 허먼은 허리를 뻣뻣하게 편다네. 바로 여기에 비밀이 있는 게야. 그 친구들은 자세가 아무리 나빠도 어떤 자세에서 골프채를 휘두르면 흰 공에 맞는지 그 타이밍을 잘 알고 있어. 골프채 머리가 작고 하얀 공에 부딪칠 때 나는 소리는 정말 예술이지."

"골프나 유머나 모두 타이밍이 중요하단 말이군요."

"굼뜬 노인 셋이서 그린까지도 못 가고 중간쯤에서 맥없이 떨어지는 흰 공을 치려고 쩔쩔매는 꼴이 우습지 않나? 물론 매번 그런 건 아니지만. 하하하!"

"아뇨. 전 우습지가 않은데요?"

"우리 상황은 아리스토텔레스가 말한 서로 반대되는 것들이 뒤섞인 상황이야. 우리 세 사람은 즐겁자고 골프를 치지만 남들이 보면 고통스러워 보이지 않겠나? 손쉬운 여가 생활을 하면 더 나을 거라고 생각들 하겠지. 사실 고통스러운 때도 있거든. 우리 나이에 골프 치는 것은 자연이나 물리법칙과 모순된다고 볼 수 있지. 하지만 우린 약해진 몸뚱이에 적응하는 법을 터득했다네."

"골프공을 맞추는 타이밍도요?"

"그렇지. 자넨 아직 힘이 넘치는 젊은이지만 자네도 타이밍을 맞춰야 하네. 타이밍을 못 맞추고 헛스윙하면 힘없는 늙은이나 마찬가지 신세가 될 테니. 하하하!"

그가 무슨 말을 하려는지 알 것 같았다. 유머가 자신의 한계를 인정함으로써 고통을 극복하는 것을 의미한다면, 삼촌이 예로 든 골프의 경우는, 노년의 육체가 한계, 장애물일 것이고, 쇠약해진 육체로 골프채를 휘두르는 것이 유머가 될 수 있다. 또 맘처럼 움직이지 않는 몸을 어떻게 해서든 뜯어 맞춰 공을 날리는 순간은 '반전', 큰 웃음을 자아낼 것 같았다. 노년에 이른 내가 삐걱거리는 몸으로 공을 치려고 애쓰는 모습을 상상하니 나도 모르게 웃음이 절로 났다. 내 나이엔 공을 맞추는 게 웃을 일이 아니지만, 오히려 그 반대가 웃을 일이지만.

삼촌과 유머의 다양한 모습을 얘기하고 나니, 그의 말대로 유머의 핵심은 내용이 아니라 타이밍이라는 생각이 들었다. 아리스토텔레스가 말한 구조다. 반전의 순간, 웃음이 뱃속부터 터져 나온다. 타이밍만 잘 맞춘다면 세상 어디에서건 웃음을 찾을 수 있다.

조 삼촌은 유머가 긴장을 확 풀어 준다는 것을 구체적으로 보여 주었다. 그의 말을 듣고 나니 코미디 영화를 보는 것이 심각한 질병 치료에 도움이 된다는 노만 커즌스Norman Cousins의 설명이 생각났다. 미국의 유명한 저널리스트인 그는 류머티즘의 일종인 강직성 척추염을 앓다가 웃음과 유머로 병을 이겨 냈다. 강직성 척추염에 특효약이 없다는 사실을 알게 된 그는 병원을 나와 웃음과 유머를 즐겼다. 코미디 영화를 보고 크게 웃고 난 다음에는 진통제를 쓰지 않고도 생활을 할 수 있었다. 이후 그는 강의와 책을 통해 유머의 중요성을 널리 알렸다. 유머 치료법이 주목을 받기 시작하자 일부 연구자들은 양로원을 찾아가 그곳에서 생활하는 노인들에게 코미디를 보여 주었다. 대부분의 노인들은 코미디를 보고 나서 생활에 활력을 찾았는데, 이전보다 더 우울해진 노인들도 있었다. 코미디가 무거운 주제를 다루기도 하는데, 그것이 노인들의 불행했던 기억을 자극한다는 사실을 간과했기 때문이다.

초월로 이끄는 유머

땅딸막한 키에 머리색이 붉은 수지 숙모가 다가왔다. 크고 푸른 안경을 쓰고 있었고 입술에 붉은 립스틱을 발랐다. 그녀는 지갑을 테이블에 내려놓고 팔꿈치로 조를 살짝 밀치며 의자에 미끄러지듯 앉았다.

"론, 아직도 이 양반과 얘기를 하고 있었어? 이 양반이 하는 말은 아무것도 믿으면 안 돼. 알겠지?"

조가 내게 윙크를 했다.

"물론이지. 론은 내가 한 말을 전혀 믿지 않아. 론은 철학자야. 철학자들은 무엇이든 의심하잖아. 내 말이 맞지?"

"네, 맞아요."

"다행이야. 이 양반은 종잡을 수가 없거든."

숙모는 다시 한 번 팔꿈치로 조를 툭 쳤다. 조는 웃었다. 또 한 명의 여성이 테이블로 와서 숙모 옆에 앉았다.

"내 조카야."

소개가 끝나자마자 두 여성은 이야기 꽃을 피우느라 정신이 없었다. 조와 나는 말없이 앉아 있었다.

"조 삼촌, 하나 물어볼게요."

"유머에 관한 것이겠지?"

"네. 삼촌도 철학자 키에르케고르를 아시죠?"

"그 이름은 나도 들어 보았어. 《죽음에 이르는 병》을 쓴 사람이지?"

"맞아요. 실존주의자였지만 유신론자였어요. 모든 인간의 내면에는 유한한 것과 무한한 것, 인간적인 면과 신적인 면이 동시에 존재한다고 했죠. 모든 사람은 살아가면서 그 두 부분이 조화를 이루도록 노력해야 한다고 했지요."

나는 무신론자지만 그동안 철학을 공부하면서 모든 사상가는 결국 동일한 문제를 고민했고, 어떤 이론에서건 얻을 것이 있다는 결론에 도달했다. 그래서 키에르케고르가 말한 유머에 대해서도 이야기를 나누고 싶었다.

"키에르케고르도 인생에 대해 말하면서 유머를 얘기했어요."

"그도 골프를 쳤니?"

나는 키에르케고르가 골프 치는 모습을 상상하며 웃음을 터트렸다.

"그는 중년에 들어선 사람은 존경받는 사람이 되기 위해 사회적 의무를 다하려고 노력한다고 했어요. 젊은이와 달리 더 이상 낭만을 찾지 않지요. 대신 결혼, 직업, 친구, 아이들…… 이런 것들이 인생의 깊이를 더해 주고 삶을 견실하게 만들고, 예기치 못한 상황이나 역경을 만나도 견뎌 나가게 하는 힘이란 것을 깨닫는다고 했습니다."

"인생을 웬만큼 살고 나면 저절로 알게 되지."

"네. 그런데 키에르케고르는 인생을 보는 눈이 달라지고 사회적 책임을 다하고 올바르게 살아가려고 해도 – 이때를 인생의 윤리적인 단계라고 했습니다 – 여전히 불완전하다는 느낌을 지울 수 없다고 했어요. 아무리 채우려고 해도 채워지지 않는 허전함 말이지요. 나이가 들수록 행복한 삶이라는 이상은 아무리 노력해도 도달할 수 없다는 것을 깨닫는다고 말이지요."

"자네가 무슨 말을 하려는지 잘 알겠네. 나도 그런 느낌이 들곤 하지. 아이들이 대학에 간 직후였어. 처음엔 재들이 언제쯤 독립하나 싶었다네. 아이들 없이 조용하고 평화로운 순간을 만끽하고 싶었거든. 그런데 막상 아이들이 집을 떠나고 나니 집이 텅 빈 것 같고 허전하더군. 수지와 나는 멀거니 앉아 서로의 얼굴을 쳐다보았지. 이런 거였나 싶더군. 물론 아이들은 돌아올 테고 결혼해 손자도 안겨 주겠지. 기대할 일들이 많은데도 그게 다인가 하는 생각이 들었네. 내 인생이란 것이 뭔가? 나는 하루 종일 고기를 만지네. 안심, 등심을 잘라 내고 양다리를 다듬고. 내가 할 줄 아는 건 그것밖에 없어. 사실 고기 자르는 건 그리 재미있는 일이 아닐세. 나는 좋은 아버지에 좋은 남편이라고 자처하는 사람일세.

암, 그렇고 말고. 하지만 뭔가 잃어버린 것 같은, 있어야 할 것이 없는 것 같은 느낌이 드네. 이런 걸 일종의 중년의 위기라고 하지 않나? 그래서 젊었을 때 하다 만 종교생활을 다시 시작해야겠다고 생각하고 있지."

"완전하지 못하다는 느낌이시죠?"

"당연하지. 누군들 완전하다고 느끼겠나?"

"키에르케고르도 삼촌이 느끼는 그런 느낌을 어떻게든 해결하고 싶었죠. 그러기 위해서 무한한 신이 필요했어요. 그의 고민은 유한한 인간이 어떻게 하면 신을 온전히 대면할 수 있을지 그 방법을 찾는 거였지요. 그는 인생의 윤리적인 단계에 머물면 불완전한 느낌을 벗어날 수 없다고 했지요. 궁극적으로 종교적인 단계에 가야 불완전한 느낌, 불안한 느낌, 허전한 느낌을 벗어던질 수 있다고 했어요."

"그가 심리학자였나? 사람들을 찾아다니며 설문조사라도 한 거야?"

"아니에요. 심리학자도 아니고 과학적인 태도를 취한 적도 없어요. 사람들과 이야기를 나누고, 책을 읽으면서 자신의 생각을 정리해 나갔죠. 특히 그는 사람들의 내면의 느낌, 감정에 관심을 가졌고, 느낌들, 감정들을 무의미하다고 생각하지 않았죠. 오히려 개개인의 가치와 신념을 더 잘 표현하고 있다고 생각했어요.

또한 그는 소크라테스에게 관심이 많았어요. 소크라테스는 대단히 총명한 사람이죠. 그는 사람들이 확실하게, 혹은 잘 알고 있다고 생각하는 지식들의 한계를 깨닫도록 했어요. 키에르케고르는 소크라테스의 대화를 보면서 힌트를 얻었어요. 그는 유한한 인간이 무한하고 불변적인 지식을 얻으려고 하고, 심지어 알고 있다고 하는 것이 정말이지

우스꽝스러웠죠. 소크라테스는 인간은 확실하고 완전한 지식을 얻을 수 없다는 사실을 알았던 사람이에요. 키에르케고르의 눈에는 소크라테스가 무한한 지식을 찾았다거나 찾을 수 있다고 생각하는 사람을 익살꾼으로, 그런 생각을 익살로 만들고 있다고 생각했어요. 그래서 소크라테스를 유머의 대가라고 했어요.

키에르케고르는 사람들이 인간 유머의 본질을 알아야만 비로소 자신이 유한한 존재란 것을 인정하게 된다고 했어요. 그래서 그는 객관적 지식을 좇는 것, 세계를 설명하는 것, 신에 대해 자세히 논하는 것은 아무 짝에도 쓸모없는 짓이라고 했지요. 인간의 지식은 한계를 지닐 수밖에 없다고 보니까요. 그래서 윤리적인 단계와 종교적인 단계 사이에 유머를 두었어요."

이런 것이 세상의 진리라며 확신을 갖고 격정적으로 연설하던 사람이 뒤돌아서 아주 사소한 문제에 부딪치자 두려워하며 도망친다면 정말 우습지 않겠는가? 또 어떤 숭고한 이야기를 듣거나 읽으면서 감격한 나머지 눈물 콧물 흘리던 사람이 뒤돌아서 부정을 저지른다면 이 또한 얼마나 우스꽝스러운가? 만약 내가 소크라테스에게 이렇게 질문한다면 그는 뭐라고 대답할까?

"그들이 세상의 진리며 숭고한 이야기를 제대로 이해한 것이 맞나요? 아니, 그런 것을 이해한다는 게 가능한 일입니까?"

"이해요? 말도 안 되는 일이죠. 정말 이해했다면 제대로 행동해야지요. 세상을 보세요. 그런 사람들이 있는지."

소크라테스, 소크라테스, 소크라테스여! 정말 나는 당신의 이름을 세 번 부르지 않을 수 없어요. 나는 당신의 기분을 충분히 알 수 있답니다. 당신은 그런 사람들을 익살꾼으로, 해학가로 취급하곤 웃음거리로 만들겠지요!"

- 키에르케고르, 《죽음에 이르는 병》에서

여기까지 말하고 나는 의자에 등을 기댔다. 조의 반응이 궁금했다. 조는 물을 한 모금 마시고는 이렇게 물었다.

"키에르케고르가 유머에 대해 진지하게 생각한 게 맞아?"

"플라톤에게 소크라테스는 자신의 임무에 헌신했던 사람이죠. 너 자신을 알라! 네가 모른다는 사실을 알라! 이것을 깨우치는 임무 말이죠. 하지만 키에르케고르에게 소크라테스는 어떤 완전한 지식을 갖는다는 것이 불가능하다는 것을 알았던 사람이고, 이를 인정하지 않는 인간들의 유머를 알았던 사람이죠. 그에게 유머는 신과 대면하기 위해 거쳐야 하는 아주 중요한 과정이에요. 당연히 진지하게 생각할 수밖에 없지 않겠어요?"

"망할 놈의 키에르케고르. 신앙의 단계에 이르기 위해 유머를 거쳐야 한다고? 그건 아니라고 봐. 키에르케고르는 사람들과 자기 사이에 신을 두려고 했던 거라고. 신하고 사랑에 빠진 거지."

그러면서 테이블을 손으로 쳤다. 수지가 무슨 일인가 하고 고개를 돌려 쳐다보았다. 조를 보고는 웃으면서 손을 내젓고는 다시 고개를 돌려 이야기에 몰두했다.

"그가 왜 틀린 줄 아나? 그는 유머가 뭔지 몰랐던 사람이야. 유머는 타이밍이라고! 먼저 사라의 웃음을 생각해 보게. 사라가 웃었던 것은 불가능해 보이는 일이 실제로 일어날 것이란 걸 알았기 때문이야. 우스개 소리로 생각하고 웃었던 게 아니란 말일세. 실제로 일어난다고 믿었기에 웃었던 거야. 이 경우엔 신앙이 먼저고 유머가 나중이라고. 신앙을 가졌기에 나올 수 있는 웃음이지.

또 유머란 사람들과 함께 웃는 거야. 이 세상의 모든 사람이 유신론자는 아니지. 물론 아니지. 그렇다고 그들이 인간이 유한하다는 것을 모르나? 알고 있어. 신을 믿든 아니든 모두 인간의 유한성을 인정했기에 웃을 수 있는 거야. 또 보게. 노인들의 유머, 그게 어느 한순간에 갑자기 되는 거라고 생각하나? 세월의 무게가 노인들의 유머를 만든 걸세. 진지한 단계를 거쳐야 어떤 것이 정말 유머인지 볼 수 있는 눈이 제대로 만들어지지. 유한함을 깨달아야지 유머를 알 수 있어. 키에르케고르의 유머는 전혀 다른 유머야. 웃음이 없는 유머 같군."

키에르케고르는 유신론자였기 때문에 신을 발견하는 길을 찾고자 했고, 인간의 유한한 지식을 통해서는 그 신을 만날 수 없다고 생각했다. 그는 인간의 유머 – 유한한 인간이 무한한 지식을 알 수 있다고 하는 것 – 를 간파해야 인간의 한계를 깨닫고 받아들이게 된다고 했다. 그래야만 비로소 종교적인 단계에 이르게 되는 것이다. 그가 유머를 종교 앞에 둔 이유가 여기에 있다. 그는 계속하여 인간의 불완전한 지식을 모두 집어던지고 내면으로 깊이 들어갈 것을 요구했다. 그러면 자신이 자유로운 존재라는 것을 깨닫게 되고, 동시에 불안과 마주치게 된다.

자유가 주는 불안, 인간의 지식을 믿을 수 없으니 세상을 어떻게 살아야 할지 불안한 것이다. 여기서 키에르케고르는 결단을 해야 한다고 했다. 신에의 순종.

조 삼촌과 노년의 유머에 관해 이야기를 나누면서 더욱 분명해진 것이 있다. 인간은 혼자서 살아가지 않는다. 태어나 죽을 때까지 주위에는 늘 부모, 가족, 친구, 이웃이 있고, 개나 고양이와도 함께 살아간다. 다양한 나이 대에 있는 사람들과 어울려 살아가면서 서로 영향을 주고받는데도 왜 나이를 먹으면서 인생을 바라보는 눈이 달라지는 걸까? 자기와 다른 연령의 사람들과 친밀한 관계를 유지하지 않아서? 아님 유심히 관찰하지 않아서? 나의 부모님도 젊은 날을 보내고 중년을 거쳐 늙어 가면서 인생을 보는 눈이 달라졌고, 나 또한 그런 과정을 겪고 있고, 나의 자식들 또한 그럴 것이다. 이런 현상을 곰곰이 생각해 보면 태어날 때부터 가지고 있던 인간의 특성들 가운데 인생의 시기마다 좀 더 강하게 발현되는 특성들이 있다고 보아야 하지 않을까?

이상한 커플

나는 인생의 말년에 이르러 기적과도 같은 열정의 파도를, 생각지도 않던 낭만적인 사랑을 경험한 노인 한 쌍이 떠올랐다. I.B. 싱어*의 《시장거리의 스피노자》는 일종의 우화 같은 이야기로, 몇 년 전에 읽었다.

철학박사인 피셸슨은 외롭고 가난한 독신남으로, 시장거리의 다락방에서 쇠약해진 몸을 제대로 가누지도 못하고 은둔자처럼 생활하고 있었다. 그의 애인 블랙 도비는 이웃에 사는 독신녀로 청소부였다. 그녀는 어두운 표정과 칙칙한 분위기 때문에 블랙 도비라는 별명을 얻게 되었다.

피셸슨은 다락방에서 30여 년 동안 스피노자의《에티카Ethics》를 연구했다. 그의 희망은 스피노자를 옹호하는 논문을 출간하는 것이었다. 하지만 이렇다 할 성과 없이 썰물이 빠져나가듯 세월이 흘러가자 보증수표 같았던 그의 이력은 아무짝에도 쓸모가 없어졌고, 그에게 남은 것은 다 해진 책과 위장병뿐이었다. 아마도 암이 아닐까 싶은. 그런 중에도 피셸슨은 스피노자의 객관적인 신에 대한 집착을 버리지 못했다.

하지만 침대에 누워 죽음의 천사를 기다리자니 모락모락 피어오르는 의심 때문에 고통스러워지기 시작했다. 지난날에 대한 후회로 절망감에 빠졌을 때 죽음의 천사가 아닌 이상한 옷을 입은 쪼그랑할멈이 방 안으로 들어왔다. 블랙 도비는 미국에 사는 친척이 보낸 편지를 읽어 달라고 할 요량으로 피셸슨을 찾아온 것이다. 그를 두고 배교자일지도 모른다고 수군대는 소리를 들었지만, 그의 딱한 처지를 직접 보고 나니

★ **I.B. 싱어**(Issac Bashevis Singer, 1904~1991)

1978년에 노벨문학상을 수상한 그는 폴란드 태생의 세계적인 작가다. 1935년 미국으로 이주해 1943년 미국 시민권을 얻었다. 주로 폴란드와 미국 내 유대인들의 삶을 그린 그의 소설은 아이러니와 역설, 유머, 꿈과 몽상, 그리고 초자연적인 세계가 특징이다.《시장거리의 스피노자The Spinoza of Market Street》는 1961년에 발표했다.

도움을 주지 않을 수 없었다.

피셸슨은 신을 갈망해 왔지만 블랙 도비는 너무나 불행한 삶을 살아온 탓에 영적인 면은 아예 포기해 버렸다. 두 사람은 모든 면에서 무력한 사람들이다. 그러니 피셸슨으로서는 청소도 해 주고 요리도 해 주던 블랙 도비가 결혼을 하는 것이 어떻겠냐고 했을 때 흔쾌히 받아들일 수밖에. 그가 청혼을 받아들인 이유는 사랑 때문이라기보다 생활적인 편리함 때문이었다. 물론 블랙 도비도 그런 이유에서 같이 사는 쪽을 선택했다. 이렇게 해서 자식도, 희망도, 돈도 없는 한 쌍의 노인들이 말년에 이르러 불확실한 새 출발을 하게 되었다. 어울리는 구석이라곤 조금도 찾아볼 수 없는 커플이 탄생한 것이다. 하지만 도비의 지극 정성으로 피셸슨은 건강을 회복하기에 이르렀다.

결혼식 하객들은 우스운 상황이 재미있어 어쩔 줄을 몰라 했다. 두 명의 외로운 노인네들이 결혼을 하다니! 하객들이 신랑에게 축하를 보내며 행운을 빈다고 인사하자 그가 이렇게 대답했다.

"나는 아무런 행운도 기대하지 않소."

그 말에 사람들은 다시 한 번 웃음을 터뜨렸다. 미안한 말이지만 책을 읽던 나 역시 웃음을 참을 수 없었다. 다른 독자들도 마찬가지였으리라. 그런데 놀라운 일이 일어났다.

첫날 밤, 블랙 도비가 실크 잠옷을 입고 어깨 위로 머리를 늘어뜨린 채 나타나자 피셸슨은 정신이 아찔해졌다. 남편의 의무를 다하지 못할 것이라 확신했는데, 온몸을 떨면서 침대에 눕는 순간 그토록 소중히 여겨 오던 스피노자의 《에티카》가 그의 손에서 툭 떨어지고 말았다. 그리고 오랫동안 잠자고 있던 힘이 불끈 솟았다. 기적적으로 그는 젊음을 되찾았다. 그는 도비에게 입을 맞추며 사랑을 고백했다. 오랫동안 잊고 있었던 시인들의 시를 떠올리면서. 블랙 도비 역시 크게 감동했다. 황홀하기만 한 그녀는 피셸슨이 알아듣지도 못하는 바르샤바 속어를 쏟아 냈다. 부부는 나란히 누웠다. 나머지는 여러분의 상상에 맡기겠다.

그날 밤 피셸슨은 침대를 살짝 빠져나와 창문 너머로 달빛이 환히 비치는 바르샤바의 지붕들을 바라보며 기도하듯 혼잣말을 했다.

"거룩한 스피노자여, 나를 용서하소서. 이제 나는 바보가 되었나이다."

누군가는 터무니없는 이야기라고 할지도 모르겠다. 그럴 수도 있다. 사라와 아브람의 이야기처럼 이 또한 우화寓話다. 피셸슨과 블랙 도비는 교감의 기적을 경험했다. 진지함이라는 장벽이 허물어져 내린 것이다. 전혀 어울리지 않은 이상한 커플. 스피노자가 말한 '신의 지적 사랑'을 추구하던 피셸슨의 비인격적인 신과 일자무식인 블랙 도비의 신의 부재가 화합을 이루었다.

싱어의 이야기에서 전혀 다른 삶을 살아온 두 사람의 만남이 사라의 임신처럼 또 하나의 기적을 만들었다는 것을 알 수 있다. 보살핌이라는 단순한 행위를 통해 인생이 새로워지고 낭만적인 사랑까지 싹텄던 것이다. 사라의 이야기와 피셸슨의 이야기는 우리에게 버릴 것이 있다고 말한다. 사라의 경우에는 의심을, 피셸슨의 경우에는 진지함을.

신나게 춤을 추며

친척들에게 인사를 하려고 자리를 떴던 조 삼촌이 돌아왔다. 밴드가 전통 음악을 한 곡 더 연주하자 삼촌은 콧노래를 부르며 발장단을 맞추었다. 그리고 나를 보며 물었다.

"자네가 관심을 가질 만한 이야기가 있네."

"말씀하세요."

"필로Philo라고 혹시 아는가?"

나는 고개를 끄덕였다. 알렉산드리아의 필로라고 알려진 그는 1세기에 활동했던 유명한 역사학자다.

"그렇다면 필로가 유머에 관한 이야기를 남겼다는 사실도 알고 있겠군."

고개를 가로젓는 나를 보더니 조 삼촌이 자기 배를 탁 치며 말했다.

"필로는 말일세. 여기서 나오는 지혜를 들을 수 있다면, 유머를 저절로 알게 된다고 했네. 여기가 어디냐, 키쉬카스kishkas, 위가 있는 곳인데, 사람의 깊고 깊은 속을 말하는 것이라네. 자네도 경험하게 되겠지만, 어느 날 웃고 싶은 충동이 아주 강하게 느껴져서 몸과 영혼이 웃음을 터뜨리는 날이 온다는 말일세."

나는 조 삼촌이 무슨 말을 하는지 알 수 없었다.

"이보게, 자네는 노년의 문제들을 극복할 수 있게 해 주는 유머에 대해 알고 싶어 하지 않았나? 유머는 개념도 물건도 아니야. 유머는 삶의 방식이야. 사람들이 살아가는 방식 말일세. 이제 알겠나? 너무 진지하면 유머를 결코 알 수가 없어."

그러곤 자리에서 일어나 내게 손을 내밀었다.

"철학자 선생, 우리 춤을 춰 볼까?"

"춤을요? 저, 지금 좀 피곤해서……."

나는 깜짝 놀라며 손을 내저었다.

"피곤하다고?"

조 삼촌이 웃었다.

"그럴수록 춤을 춰야지. 새 힘이 솟을 걸세."

조 삼촌은 내 손을 잡아당기며 일으켜 세우더니 사람들이 뒤꿈치로 차고, 뛰어오르고, 돌고, 다시 차면서 맞잡은 손을 높이 쳐들고 소리 지르며 음악에 맞춰 빙글빙글 돌아가는 원 한복판으로 데려갔다. 원이 돌아가는 속도가 점점 빨라졌다. 나는 검은 머리칼을 찰랑이며 흥겹게 춤을 추는 젊은 여성의 손과 금장 커프스단추로 조인 소매에서 불쑥 튀어나온 조 삼촌의 부드러운 손을 잡고는 신나게 춤을 추었다.

6 사려 깊은 삶

Chapter 6

사려 깊은 삶

어려움이 닥쳤을 때 극복하려고, 포기하려고 해서는 안 된다

전통적으로 서양철학은 우주의 진리를 찾고자 하는 지적인 명상을 인간의 능력 가운데 가장 위대한 것이라고 줄곧 칭송해 왔다. 이외에도 이와 같은 지적인 명상에 비견되기도 하고 이를 보완하기도 하는 또 하나의 오랜 전통이 있는데, 바로 아리스토텔레스가 《니코마코스 윤리학》에서 언급한 '프로네시스phronesis'다. 이것은 실천적인 지혜practical wisdom 또는 사려prudence로 해석되며, 장사를 하면서, 전문직에 종사하면서, 친구 관계나 가족 관계, 시민생활 등 구체적인 삶 속에서 맞닥뜨리게 되는 문제들을 올바르게 판단하고 대처하는 능력을 말한다.

실천적 지혜는 특히 개개인과 관계되어 있다. 일반인들은 일상적인 삶을 어떻게 하면 잘 이끌 수 있을지 고민을 한다. 이 문제는 가르친다고 해결될 성질의 것이 아니다. 개개인마다 경험도 다르고, 성격도 다르고, 직업도 다르다. 또한 매일 매일 일어나는 사건들 하나하나가 특수하기 때문에 보편성을 따지는 학문의 대상이 될 수가 없다. 실천적 지혜는 아주 구체적인 상황에서 어떻게 하면 올바르게 판단하고 행동할 것인가의 문제다. 무엇보다 경험이 가장 큰 영향을 준다. 그래서 젊은이는 기학학자나 수학자가 되어 전문가가 될 수는 있어도 실천적 지혜를 얻을 수는 없다. 여러 사람과 접촉할 필요도 없고, 온종일 연구실에 틀어박혀 있어도 뭐라 할 사람이 없으니 인생 경험을 어찌 쌓겠는가?

- 아리스토텔레스, 《니코마코스 윤리학》에서

올바르게 판단하고 행동하는 것은 쉬운 일이 아니다. 실천적인 지혜를 얻기 위해 '시간의 양', '인생 경험'은 중요하지만, 시간을 통해 쌓인 개개의 구체적인 경험들이 곧장 실천적인 지혜를 갖추게 하는 것은 아니다. 사려는 해방, 자유, 정의를 포함하고 있다. 사려 깊은 행동은 저절로 되는 것이 아니라 시간을 통해 다듬어지는 것임에 분명하다. 정제의 과정이 없으면 우리는 실수를 반복하게 되고, 인생의 특정 시기나 특정 상황에 적용했던 원칙을 놓지 않고 고집하게 된다. 그렇다면 실천적인 지혜를 어떻게 계발할 수 있을까? 어떻게 하면 사려의 기술을 얻을 수 있을까?

사려의 핵심은 자신이 진정으로 원하는 삶이 무엇인지 숙고하여 현명하게 선택하는 것, 타인에 의해 주어진 것이 아니라 자신을 지배하는 내면의 목소리에서 비롯된 삶을 사는 것이다. 사려는 일상생활 속에서 정제되기 때문에 지적인 지혜를 명상하는 철학자들보다 일상을 살아가는 평범한 사람들에게서 더 많이 발견되는 능력이다. 침착하게 행동하는 것은 누구나 배우고 싶은 이상이라 할 수 있다.

사려 또한 유머처럼 나이가 들면 필연적으로 갖춰지는 능력일까? 나이가 들면 마치 과일이 익듯이 유머라는 특별한 능력을 갖추게 된다. 노년의 유머는 인간의 유한성을 절감하는 것, 인생의 역설을 인정하는 것이고, 시간과 화해하도록 이끈다. 나는 사려 또한 유머와 비슷하다고 생각한다. 나는 백발의 친구들이 하루하루를 어떻게 맞이하는지 내게 들려준 이야기를 통해 이것을 알 수 있었다.

"내게는 삶이 아주 귀중한 물건처럼 느껴져. 나는 인생을 낭비하고 싶지 않아. 내가 뭘 할지, 언제 할지를 신중하게 생각해. 내가 해 낼 수 있고, 성취감을 느낄 수 있는 일을 하고 싶은 거야."

또 다른 친구는 이런 이야기를 해 주었다.

"전에는 무슨 일이든 자청해서 했어. 하지만 지금은 신중하게 선택해. 내가 가장 잘 할 수 있는 일이 무엇인지, 다른 사람의 인생이 아니라 나의 인생을 살려면 어떻게 해야 할지 스스로에게 질문을 하거든."

나는 이런 말들 속에서 친구들이 자신의 삶을 스스로 다스려 나가길 원한다는 것을 알았다. 백발의 친구들이 시간을 어떻게 보낼지 충분히 생각하고 선택하는 것을 보면서, 그들이 삽이나 주걱, 바늘 등을 사용하는 방법, 내게 말할 때의 모습 등 그들의 일상을 가만히 지켜보면서, 나는 이 모든 것이 그동안 살아오면서 키워진 자기 절제, 달리 말해 마음을 다스려 온 결과라고 해석했다.

내가 처음부터 노년의 사려에 주목한 것은 아니다. 거기에는 특별한 계기가 있었다. 그때까지만 해도 나는 노년의 사려를 그 나이 대에 흔히 볼 수 있는 일종의 특성 정도로 생각하고 있었다. 하지만 사려 또한 유머와 마찬가지로 인간의 한계를 인정하는 것과 관련되어 있고, 노년이 되면 어디에서든 웃음을 찾을 수 있듯이, 사려 깊은 행동 또한 어디에서고 드러난다는 것을 알았다. 첫 번째 사건은 가지 썰기였다.

정교한 가지 썰기

우리 부부는 아이들을 보모에게 맡기고 시애틀 교외로 차를 몰았다. 파버 부부와 그의 집에서 점심을 먹기로 되어 있었다. 나는 10년 전에 덴마크에서 파버 부부를 처음 만났다. 그때 나는 규모는 작지만 창의력을 중시하는 국제학교에서 교사 겸 관리자로 일하고 있었고, 파버 부부는 세계 전역을 돌며 반체제 문화 공동체를 방문하고 있는 중이었다.

"나는 사람들이 행복과 자유에 대한 나름의 생각을 공동체를 통해 어떻게 구현하고 있는지 관찰하는 중이라네."

큰 키에 마른 몸, 안경을 쓴 오십대 후반인 그의 목소리는 경쾌했다. 그는 워싱턴 대학의 사회학 교수로 학생들의 존경을 한 몸에 받고 있었고, 그의 아내는 체구는 작았지만 에너지가 넘쳐 났고 어려움에 처한 가족과 노인을 돕는 훌륭한 사회사업가로 활동하고 있었다. 부부 모두 사회 정의와 공동체의 증진을 위해 열정적으로 일하고 있었다.

교외에 있는 그의 집은 아주 근사했다. 덴마크 식 현대 가구들, 추상화들, 그가 손수 만든 목재 조각상들 사이로 화분들과 정원에서 가져온 꽃들이 장식되어 있었다. 우리는 볕이 잘 드는 부엌에서 파버 부부와 이야기를 나누었다. 그는 손에 칼을 들고 도마 앞에 서서 가지와 호박, 토마토를 썰었다. 나는 한 치의 오차도 없이 정확하게 칼질을 하는 그의 솜씨에 혀를 내두르고 말았다. 각도를 계산하기라도 한 듯 잘린 면이 모두 위를 향하고 있는 것이 아닌가. 곧이어 그는 스튜냄비에 올리브 오일을 두르고 냄비가 달궈지자 야채를 넣었다. 그가 만든 요리는 라타투이, 즉 프랑스 프로방스 지방의 야채 스튜다.

나는 와인을 조금씩 마시면서 그들과 우리 부부의 차이점을 평가해 보았다. 파버 부부의 인생은 모든 것이 조화를 이룬 것처럼 보였다. 그들의 삶은 명백한 의도와 일정한 방향을 갖고 있었고, 효과적일 수 있게 강약을 조절하며 활동해 왔다. 훌륭한 무용극처럼 그들의 삶은 아름다움과 완전함이 조화를 이루고 있었다.

반면 우리 부부는 의견이 서로 달랐고, 충동적으로 행동했다. 오늘 무언가를 결정했다 해도 내일이면 없던 일이 되었다. 하루가 다르게 커가는 아이들의 뒤치다꺼리에 정신이 없었고, 최근에는 경제적 어려움을 겪고 있었다. 그동안도 안정된 직업을 갖지 못했지만 갈수록 앞을 내다볼 수 없는 밀림 속을 헤매는 상황이 되었다.

나는 백발의 친구들을 가치르는 일 외에도 잡다한 일을 해야 했다. 화요일에는 전문대에서 강의를 하고, 수요일에는 연방 교도소로 가서

재소자들을 가르쳤다. 학교 친구들은 경제적으로 불안한 우리를 걱정했다. 그러나 긴 안목을 가진 백발의 친구들은 나를 격려해 주었다.

"염려 말게나. 자넨 아직 젊어. 해결해 나갈 수 있는 인생이 많이 남았잖아."

인생이 남았다고? 나는 기다릴 수 없었다. 당장 내 삶을 더 잘 조절할 수 있는 방법을, 가치 있다고 생각하는 일들을 포기하지 않으면서 가족을 더 잘 부양할 수 있는 방법을 얻고 싶었다. 내겐 절박한 문제였다. 나는 사람들의 인생에 관심을 집중했고, 파버 부부처럼 침착하고, 신중하고, 뚜렷한 목표 의식을 갖고 살아가는 사람들의 인생에서 교훈을 얻으려고 했다. 야채를 썰 때 그의 손과 손목은 어떻게 그처럼 절도 있게 움직일 수가 있을까? 바이올리니스트가 활을 켜는 것 같았다. 모차르트 협주곡의 명쾌한 선율이 그의 예리한 칼날에 잘려 나온 가지와 호박, 토마토 조각에서 들려오는 것 같았다. 어떻게 그처럼 능숙하게 자신을 조절할 수 있단 말인가? 흔들림 없는 평정심을 어떻게 갖추게 된 것일까?

나는 시간강사 일이며, 새로 맡게 된 공개강좌며, 미래가 불확실하다는 등의 얘기들을 했다. 나는 앞에 앉아 있는 파버 부부가 나의 불안을 한방에 떨쳐 낼 수 있는 마법 같은 해결책을 제시해 주기를 바랐다. 하지만 나는 미래에 대해 자신한다고 허풍을 떨었다.

나를 보고 있자니 시아버지가 생각난다고 부인이 말했다. 그도 맞장구를 쳤다.

"맞아. 우리 아버지는 현실주의자면서도 창조적인 정신을 갖고 계셨지. 인생을 개척해 나가셨어. 분명히 그렇게 하셨어. 어쩌면 자네의 삶도 나의 아버지와 같지 않을까 싶네. 대단한 용기와 결단력이 필요하네. 자네는 준비가 되어 있다고 생각하나?"

아니라고 대답하고 싶었다. 지금도 그렇지만 앞으로도 절대 그럴 것 같지 않다고. 누군가 내게 붙박이 교수직을 제안한다면 입에 겨우 풀칠이나 할 수 있는 잡다한 강의나 활동을 모두 접고 기꺼이 학생들과 더불어 위대한 사상을 탐구하고 추상적인 철학 문제들과 씨름하는 데 몰두할 용의가 있었다. 그러나 교수가 될 가망성은 없었다. 시간강사라도 할 수 있는 것이 다행이었다. 창조적인 정신? 나는 동의한다는 듯이 막연히 고개를 끄덕였다. 그러는 사이에도 나는 파버 부부의 이야기를 들으면서 그들이 어떻게 인생을 그토록 신중하게 이끌었는지 알아내려고 부러움 가득한 눈초리로 관찰했다.

파버 부부의 집에서 라타투이를 먹은 지 꼭 일 년이 지난 어느 날, 워싱턴 대학교에서 그의 추도식이 열린다는 편지를 받았다. 그가 아내와 함께 박물관을 돌아보던 중 심장마비로 쓰러져 사망했다는 것이다. 몇 년 전에 그의 주치의가 심장판막에 문제가 있다고 했지만 그때 그가 수술을 하지 않기로 했다는 것을 알게 되었다. 당시는 수술을 한다고 해도 생명이 연장될 확률이 그리 높지 않았던 때다. 심장수술이 도박과도 같았던 때였다. 내가 보기에 그는 자연스럽게 생을 마감하는 편을 택했던 것 같다.

맡은 일들이 많아 추도식에 참석할 수 없었다. 아니 솔직하게 말하면

가고 싶지 않았다. 수술의 효과를 기대하기 어렵다 해도 아무런 손도 써 보지 않은 그에게 화가 나 있었다. 사려 깊었던 그가, 내게 영웅 같았던 그가 수술을 포기했다는 것이 비겁해 보이고 실망스러웠다. 이런 내가 이성적이지 않다고 생각했지만, 그는 나를 위해서라도 살아 있어야 한다고 생각했다. 그는 나의 역할 모델이었기 때문에 그의 죽음을 받아들일 수 없었다. 추도식에 가지 않음으로써 그가 여전히 살아 있다고 생각할 수 있을 것이다. 나중에 어리석은 생각이라는 것을 깨달았지만.

그리고 몇 달 동안 나는 그가 인생을 살았던 방식과 그가 수술을 포기한 것에 대해 생각해 보았다. 내 맘 속에서 그와 작별인사도 나누지 않았고, 그의 죽음을 인정하지도 않았기 때문에 나와 그의 관계는 어정쩡하게 남아 있었다. 사려에 대해 그에게서 많은 것을 배웠지만 내겐 여전히 부족한 부분이었다. 그와 대화를 나눌 수 없다는 것이, 그의 우아한 동작을, 그의 사려 깊은 삶을 더 이상 볼 수 없다는 것이 내게 큰 상처였다.

나는 덴마크에서 그와 함께 찍은 사진을 찾으려고 앨범을 뒤적였다. 그의 작지만 균형 잡힌 몸매, 은테 안경, 미소를 머금은 입술, 온화한 눈빛, 성긴 머리를 찬찬히 들여다보았다. 그날은 토요일 오후였다. 아내는 도서관에서 근무 중이었고 아이들은 낮잠을 자고 있었다. 나는 책이며 복사지, 청구서와 아이들 장난감이 흐트러져 있는 부엌 식탁 한쪽에 앉아 있었다. 식탁에 머리를 대고 눈을 감자 그와 함께했던 기억들이 물밀듯이 떠올랐다.

인생의 관리자

나는 그와 소파에 마주 앉아 있다고 생각했다. 그는 체크무늬 반팔 셔츠와 진청색 바지를 입고 있다. 거실의 유리문을 통해 작은 정원과 테라스가 보이고, 새소리가 들리고 은은한 꽃향기를 맡았다. 라벤더 향긴가?

"파버, 도대체 여기가 어디죠? 안경을 벗고 있네요?"

익숙하면서도 어딘가 낯선 장소에 앉아 있는 것 같아 기분이 묘했다.

"자네가 알아챘다니 기쁘군. 나는 더 이상 안경을 쓰지 않아도 되네. 이곳은 기억이 만든 공간이라고 생각하게. 이 집의 다양한 가구들이며 장식물들, 집안 분위기를 좀 더 분명히 느끼게 될 걸세."

"음, 그래도 제가 들리곤 했던 집은 아닌 것 같아요. 어딘가 좀 달라요. 다른 사람 집인가요? 아님, 선생님 집인가요?"

"내 집이냐고?"

그가 재미있다는 표정을 지으며 말했다.

"맞아. 내 집이라고 할 수 있지. 하지만 자네 집이라고 해야 더 맞을 거야. 자네의 기억이니 말일세. 여하튼 긴장을 풀게. 이상할 게 하나도 없다니까. 로널드, 자네가 깨닫지 못했겠지만 자네는 이런 기억의 장소를 빈번하게 방문하고 있다네. 자, 이제 말해 보게나. 자네가 날 부른 이유가 있을 텐데."

그는 소파에 몸을 기대며 나를 똑바로 바라보았다.

"파버, 당신을 보면 매사가 사려 깊게 느껴졌습니다. 저와 달랐지요. 선생님 앞에는 장애물이 없는 것 같았어요. 인생을 어떻게 살아오셨는지 궁금합니다. 어떤 장애물을 만났을 때 그것과 맞붙어 싸워야 할지, 아님 가던 길을 포기해야 할지 어떻게 판단할 수 있나요?"

그는 내 질문을 짐작하고 있었다는 듯 미소를 지으며 대답했다.

"자네는 인생의 장애물을 만나면 싸우거나 포기하거나 둘 중 하나의 길만 있다고 생각하나 보군. 내가 그렇게 살아온 것 같은가? 한마디 함세. 사려 깊게 사는 것은 싸우거나 포기하는 것이 아닐세. 장애물을 깊이 들여다보고 이해해야만 길이 보이는 법이네.

우리 모두에게는 인생이란 것이 주어져 있네. 인간은 자라면서 자신을 보호하는 방법, 행복을 찾는 방법, 다른 사람을 위해 봉사하는 방법을 배우게 되지. 자신의 정체성을 파악하게 되고, 자신의 삶을 찾게 되고, 좋아하거나 싫어하는 대상을 구별하지.

청년 시절에는 자신에게 속해 있는 것에 높은 가치를 두네. 가령 이상이나 열정, 젊음 같은 것들 말이야. 중년이 되면 자신이 속해 있는 것에 가치를 두네. 직장이나 가족, 사회 등이지. 충분하다 싶을 정도로 오래 살게 되면 자신에게 속해 있는 것, 자신이 속해 있는 것보다 자신이 존재한다는 그 순수한 사실이 무엇보다 중요하다는 것을 깨닫게 돼. 왜냐하면 실제로 그 무엇도 소유할 수 없다는 것을 알게 되기 때문이야.

우리는 우리의 인생, 불완전하고 흠이 가기 쉬운 선물을 돌보는 관리자인 셈이야. 이를테면 나의 시원찮은 심장판막이나 인격적인 결함 같은 것들 말일세. 불완전한 자신을 최선을 다해 소중하게 돌보는 것이 우리의 의무라네. 그리고 인생이란 선물이라네. 그 이유도 차차 알게 될 것이네.

심장에 문제가 있다고 처음으로 진단했던 의사는 심장에 무리가 가는 행동은 하지 말라고 했네. 나는 여러 전문가들의 의견을 들었고, 책이며 논문 등 내가 찾을 수 있는 온갖 자료를 읽어 보았네. 그러고는 선택했지. 식단을 저지방식으로 바꾸고, 체중을 줄이고, 명상을 하고, 공동체에 더욱 몰입하고, 무리가 가지 않도록 적당히 운동을 했네.

나도 수술을 신중하게 고려해 보았네. 하지만 의사는 수술을 해도 내가 더 오래 살 가능성은 크지 않다고 했지. 당시는 그랬으니까. 지금은 그때보다 기술이 좋아져 수술을 하면 더 오래 살 수 있지 않나? 그 점은 참 잘 되었다고 생각하네. 여하튼 의사의 얘기를 듣고 나는 어차피 오래 살 수 없을 바에야 생명을 연장하기 위해 고군분투하기보다 차라리 남은 시간을 최대한 잘 활용하는 것이 옳다고 생각했지. 수술 대신에 건강을 가장 잘 유지할 수 있는 방법을 택해 연장할 수 있는 시간만큼만 살기로 한 거야.

그때까지만 해도 나는 자동차를 소유하는 것처럼 육체를 소유한다고 생각했어. 그러다가 점차 몸이 나를 소유한다는 것을 알기 시작했지. 왜냐하면 내 심장 상태에 따라 일상생활이 좌우되었기 때문이지. 소유에서 소속으로 의식이 바뀐 거야. 내가 내 몸에 의존하고 있는 만큼 내 몸을 잘 돌봐야겠다는 생각이 들었지. 동시에 무슨 생각이 들었는지 아나? 물론 나는 그때까지 가족을 부양하기 위해 노력했고, 가족을 무척이나 사랑했네. 그런데 그 순간 말이지. 내가 내 몸에 소속되어 있다는 데 생각이 미친 순간 내가 가족에게 소속되어 있다는 느낌이 확연해지더군. 가족은 경제적으로나 정서적으로 내게 기대고 있었으니, 갑자기 내가 아무런 대책도 세워 놓지 않고 죽어 버리면 어떻게 되겠나? 나는 가족들을 위해 건강을 잘 돌봐야 할 의무가 있는 거야. 내 책임을 다할 수 있도록 건강을 돌봐야 할 의무지. 달리 말해 나의 몸은 나의 가족과 이어져 있다는 것, 세대들과 이어져 있다는 것, 내 인생이 시작과 끝이 보이지 않는 영원에서 영원으로 이어져 있는 거대한 분자 사슬의 일부란 것을 깨달은 것이네.

우리 부부는 여행을 하면서 함께할 수 있는 시간을 많이 가졌네. 또한 내가 없이도 경제적으로 문제가 없도록 해 두었지. 아내가 알아야 할 내용들을 자세하게 일러두었어. 그리고 쌓아 두었던 서류들이나 물건들 중에서 필요 없는 것들을 없앴지. 집안 전체를 정리해 두었다고나 할까. 아내와 함께할 수 있었던 시간은 생애 최고의 순간들이었네."

나는 사람들의 몸과 손이 연결되어 아주 먼 과거로 뻗어 있는 것을 상상해 보았다.

"파버, 당신은 인생은 최선을 다해 관리해야 할 불완전한 선물이기 때문에, 또 다른 사람들에 대한 의무가 있기 때문에 자신을 돌보며 건강하게 살아야 한다고 했습니다. 하지만 더 이상 살고 싶지 않을 정도로 아프거나 불구가 되었다면, 스스로 목숨을 끊을 권리도 있지 않을까요? 인간은 인생이란 선물을 어떻게 할 것인가를 자유롭게 결정할 수 있어야 합니다. 가족을 위해 생계를 책임져야 할 상황이더라도 더 이상 삶을 온전히 살아갈 수 없을 정도로 불구가 되었거나 고통을 겪게 된다면 목숨을 끊을 수도 있지 않겠냐는 거지요. 그런데 선생님의 말씀을 들으면 인간은 자신의 삶을 온전히 결정할 권리가 없는 것처럼 들립니다. 선생님이 수술을 하지 않기로 결정한 것을, 죽음 앞에 삶을 포기한 것을 어떻게 해석해야 합니까?"

"포기라고 했나? 아닐세. 화해라고 해야 하네. 나는 인생을 그냥 놓아 버린 것이 아닐세. 남은 인생에 대해 진지하게 생각했단 말일세. 죽음을 앞당기려고도 하지 않았고, 가족이 내게 의존하고 있다는 것도 회피하지 않았네. 나는 죽음을 선택했고, 나의 한계를 인정했고, 항복했네. 다행히 내게 시간이 좀 더 있었기에 가족을 위한 준비도 할 수 있었고, 아내와 행복한 시간을 보낼 수 있었던 것이네. 죽음을 선택했다는 사실이 관리자이길 포기했다거나 타인에 대한 의무를 버린 것이 아니라네. 인생의 관리자라는 것, 타인에 대한 의무 모두를 고려하여 죽음을 선택한 것이네. 이 두 가지가 모순되는 것이 아니라네. 물론 자네 말대로 누구나 자신의 죽음을 선택할 권리가 있다고 생각하네. 그러나 죽음을 선택했다고 인생을 포기했다고만 해석하면 안 되네.

사려는 항상 한계를 고려해야 하네. 한계 안에서의 최선이네. 한계를 망각하는 순간 문제가 발생하지. 힘에 대한 유혹 말일세. 완전한 독립, 모든 것을 주무르는 지배자가 되려는 욕망에 빠지네. 자네가 장애물과 관련해 싸움이란 표현을 사용했을 때 아마도 이 힘을 얘기하고 있는 것 같아.

자네는 사려와 지배를 동일시하고 있네. 자네처럼 생각할 경우, 자기 자신의 삶이 다른 무엇보다 가장 중요하게 보이네. 외부의 힘에 의해 자신의 삶이 영향 받는 것을 원하지 않아. 그 외부의 힘을 거부하지. 또한 외부의 힘에 영향 받는다고 느끼면 스스로 좀 더 큰 힘을 가지려고 하지. 그러나 모든 것은 의존 관계에 놓여 있네. 이것을 제대로 알지 못하면 자기에게 독립된 힘이 있는 것처럼 착각하게 되네."

"힘이 있는 것처럼 착각한다는 말을 좀 더 설명해 주세요."

"의존의 형태는 다양하다네. 입술과 입술, 가슴과 가슴, 표면에 닿는 물기, 눈과 눈꺼풀, 발 아래의 길, 키 큰 나무를 둘러싸고 있는 공기…… 어디 하나 서로 의존하지 않는 것이 있나? 부부지간, 부모와 자식, 친구, 선후배, 직장의 동료…… 모든 것은 다른 모든 것에 의존하고 있네. 인생을 살아가면서 이 점을 한시도 잊어서는 안 되네. 지금 자네를 보게. 내가 살아 있을 때도 나에게 의존하고 있었는데, 내가 죽은 뒤에도 기억 속의 나를 불러내 지금 이렇게 대화를 하고 있지 않나? 기억이란 것을 생각해 보게. 경험이란 것, 그것 중에 관계를 통하지 않고 이뤄진 것이 있는가 말일세. 자네의 기억은 관계를 통해 얻은 경험으로 채워져 있네. 내면의 경험이든 외부의 경험이든 모두가 그렇지. 관계로부터 독립된 힘을 갖고자 하는 것은 관계의 끈, 서로 의존하고 있다는 사실을 무시하거나 부인하는 것이고, 기억의 끈을 잘라 내는 것이나 다름없네. 인생이, 삶이 선물이란 것도 이런 의미에서 말한 거라네. 자네의 모든 기억, 앞으로 하게 될 모든 경험, 그것은 관계의 선물이네. 그래서 인생을 선물이라고 한 걸세. 선물은 선물일 뿐이야. 그것을 잊고 인생에 온전한 지배력을 행사할 수 있다고 착각해서는 안 되네."

파버가 나를 보고 미소를 지었다. 그러더니 갑자기 머리를 수그렸고 그의 턱이 가슴에 대였다. 그리고 내 뒤에서 기침 소리가 들렸다. 미풍이 목 근처를 지나가자 한 얼굴이 어렴풋이 보이기 시작했다.

"자네가 파버를 저렇게 만들었나? 움직이질 않는군."

한 쌍의 푸른 눈동자가 코앞에 나타났다.

"버질! 여기 웬일이세요?"

나는 놀라서 소리쳤다.

"아니, 다른 사람을 기다리고 있었나?"

버질은 흰 눈썹을 올리며 장난스럽게 되물었다. 그는 예전처럼 새로 구입한 듯한 양복에 밝은 갈색 셔츠를 입었고 옷과 어울리지 않는 화려한 넥타이를 여전히 매고 있었다. 그가 파버와 얘기하고 있는 이곳에 어떻게 왔을까?

"자네가 날 불러내지 않았나? 파버의 얘기를 듣고 맘이 심란해지자 저 친구와 대화하길 포기했잖아. 그때부터 날 필요로 하는 것 같더군."

"저는 파버의 얘기를 이해하려고 노력했어요. 그분은 인생을 관계의 선물이라고 했어요. 그렇기 때문에 어떤 일이건, 그것이 죽음의 문제라 할지라도 관계를 떠나 결정할 수 있는 것은 없다고 했지요. 그 무엇으로부터도 영향을 받지 않는 결정을 할 수 있는 힘이 우리에겐 없다고 한 것이지요. 그러면서 우리는 인생을 사려 깊게 이끌 수 있는 힘을 가지고 있다고 했어요. 그를 보면 난 항상 감탄했어요. 그의 사려 깊음을 말이지요."

파버의 말을 중단시킨 것을 버질에게 변명하는 꼴이었다. 내가 왜 이러지?

"로널드 소년, 설명하려 하지 않아도 되네. 두 사람 얘기를 내가 못 들었을 것 같은가? 자네가 기억 속의 파버를 불러냈을 때 나 또한 대기 중이었다네. 자네가 의식하지 못했을 뿐이야. 그나저나 나 어떤가? 좀 더 멋있어지지 않았나?"

그가 넥타이를 들어 흔들어 보였다.

"아, 정말 그런데요?"

내 대답을 들으며 그는 다정한 미소를 지었다.

"그런데 버질, 얘기를 계속할까 해요. 저는 파버와 사려에 대해 얘기하고 있었어요."

"맞네. 자네는 사리에 맞고 분별 있게 살고 싶어 해. 어떻게 하면 될지 방법이 궁금한 거지. 파버는 자네에게 잡음이 나는 전화선을 건네주고 있었네. 그는 극기니 중용이니 하는 따위의 말들, 듣기에는 얼마나 좋은 말들인가? 그런데 이런 말들이 얼마나 터무니없는 말인지 말하고 있었던 거야. 그런 말들이 어디에서 나온 것인지 알려 주려고 했던 거야. 잡음이야, 잡음."

"전화선? 잡음?"

"이전에는 전화 통화를 할 때 다른 사람들의 대화가 들리지 않았나? 싸우는 소리, 사랑을 속삭이는 소리, 안부를 묻는 소리…… 일종의 잡담들이지. 진리와는 상관없는 잡담들. 파버도 그런 소리들을 들었고, 자네도 똑같이 들었던 소리들. 여전히 재미있고 뭔가 있을 것 같은 환상을 불러일으키는 소리들. 하지만 이런 소리들이, 의지니 극기니, 중용이니 하는 소리들이 자네의 고민을 해결해 주지 않는다네. 파버는 이미 알고 있었어. 자네의 첫 질문이 어땠나? 장애물을 만나면 맞서 싸울 때와 포기할 때를 어떻게 아냐고 했지. 극기니 중용이니 하는 잡음에 둘러싸인 질문이지. 그래서 파버는 전화선을 건네며 자네 기억 속의 잡음을 들어 보라고 한 거야."

"무슨 말을 하는지 모르겠어요. 파버는 내게 사려에 대해 말하고 있었는데요. 사려를 말하면서 세상의 이치란 이런 거라고, 인생에 대해 말하고 있었어요. 잡음이라니요? 버질, 당신도 알 거예요. 파버가 가지를 썰 때의 모습 말이지요……."

"내 말을 아직 모르는군. 자네 왜 갑자기 파버를 말 못하게 만들었나? 혼란스러웠던 거야. 자네가 무엇 때문에 혼란스러운지 아직 정확히 모르고 있어. 파버가 한 말의 의미를 제대로 파악하지 못했으니 그렇겠지. 자, 파버가 가지를 썰 때의 모습이라고 했나? 사려 깊음의 정수를 본 것 같았겠지. 로널드 소년, 문제는 영상이야. 영상. 자네의 마음은 움직이는 영화관이라네. 그리고 자네는 영사 기사고. 사려에 대해 알고 싶지? 그럼 영사기 작동을 멈추게. 잡음을 멈추게. 그런 다음 질문을 하게."

그는 두 팔을 쳐들더니 그의 큰 대머리를 가리켰다.

"자, 사려를 낱낱이 분해해서 핵심을 찾아보세. 날 잘 따라오게. 주의하게나."

그는 손가락을 꼽으면서 술술 말하기 시작했다.

"사려는 영어로 Deliberateness야. 첫째, De는 '의'란 뜻이고, 둘째, Libra는 '천칭'이란 별자리고 균형, 정의란 뜻이지. 셋째, Ate는 '충만'이란 뜻이고, 넷째, Ness는 '호수'란 뜻으로 그곳에 괴물이 살고 있지.

이제 다섯째, 그것들 전부를 종합해 보게. 무슨 뜻이겠나?"

그의 뜻풀이는 완전히 넌센스다. 'deliberate'의 어원에다 다른 것을 혼합시켰다.

"모르겠어요. 완전히 백지 상태입니다."

"사려란 자네 마음속 깊은 곳에 숨어 있는, 자네가 만들어 낸 창조물, 그 괴물을 더 이상 두려워하지 말라는 의미라네. 두려움을 그치면 천칭은 균형을 이루고 별자리는 콧노래를 부르지. 마음이 평온을 찾았으니 콧노래가 절로 나오지 않겠나? 파버는 이것을 말하고 있었던 거네. 그는 죽는 것을 두려워하지 않았네. 그는 호수에 살고 있는 괴물을 보았거든. 그 괴물을 두려워하지 않으니 마음이 별들처럼 밝아졌네. 두려움의 대상 괴물이 바로 죽음이란 것을 알았고, 죽음에 저항하기보다 받아들이면서 그는 자유로워졌네. 죽음을 맞이할 준비가 되었다네.

파버와 자네의 차이가 뭔지 아나? 극기의 속박, 영혼을 지키려는 완강한 집착, 파버는 이것을 벗어던졌고, 자네는 여전히 붙들고 있다네. 이것이 그와 자네의 차이라네. 파버의 사려의 기술은 그 집착에서 자유로워지는 기술이야. 그렇지 않나? 자유로워진 그는 자신과 가족을 돌보았네. 남은 삶을 사람들과 함께 나누었네. 파버의 기술이 그를 사려 깊게 행동하게 만들었지. 우리를 더욱 힘들게 만드는, 훈련된 극기를 벗어던졌네. 그런 잡음에서 그는 해방된 거라네."

"죽음의 두려움에서 벗어난다는 말은 아주 멋진 말이긴 하지만 그 말의 의미가 여전히 구체적으로 다가오지 않습니다. 추상적으로 들립니다."

버질이 인정한다는 듯 한쪽 눈을 찡긋했다. 그러고도 짓궂게 질문을 했다.

"아니, 이것이 추상적이라고? 덜 추상적으로 말해 달라고? 내가 한 말을 그렇게 밖에 대우할 수 없단 말인가?"

"예, 그렇게 들리는데요……."

나는 풀이 죽은 목소리로 대답했다.

"그렇다면 이번에는 내가 자네한테 질문을 하고, 대답을 하게."

"좋습니다."

"파버 교수의 집을 방문했을 때 생각나는 사람이 없었나?"

나는 잠시 그때를 생각했다. 파버 교수가 아버지와 닮은 점이 조금 있다는 생각을 했다. 그의 부드럽고 너그러운 모습에서 아버지의 수동적인 삶의 태도를 연상한 것 같다. 아버지는 뚜렷한 가치관을 가지고 인생을 개척하지 않으셨다. 늘 외부의 환경에 흔들리며 살아오셨다.

"그렇군. 아버지를 떠올렸군. 자네는 자신이 인생을 제대로 살고 있는지 걱정하고 있네. 자네 말고 또 누구를 걱정했나?"

다시 파킨슨병의 맹공에 사정없이 무너지셨던 아버지를 떠올렸다. 아버지는 파버 교수의 집을 방문하기 몇 년 전에 돌아가셨다.

"그렇군. 아버지를 걱정했군. 자네는 마음속으로 자신의 운명과 아버지의 운명을 연결시키고 있네. 그렇다 보니 자네가 힘없이, 수동적으로 살다가 온데간데없이 사라지는 망령처럼 되지나 않을까 노심초사하고 있네. 그래서 정반대의 인물로, 신중하게 인생을 이끄는 축도로 파버 교수를 둔 거네. 불행하게도 그는 돌연 사라져 버렸어. 그래서 두려움이 배로 커졌고. 미스터 사려가 물거품이 되었지. 다시금 단단히 각오를 했지. 아버지처럼 되지 않겠다고 맹세하면서. 그리고 일부러 계획적이고 능동적인 것처럼 행동함으로써 아버지로부터 달아나려고 했어."

나도 그렇게 생각한다. 버질이 정확하게 보았다. 사려에 그토록 매료된 것은 아버지처럼 되지나 않을까 하는 두려움, 나의 수동적인 경향과 에너지를 한 곳에 집중하지 못하는 것에 대한 두려움, 불투명한 미래에 대한 두려움이 낳은 결과였다. 결국 나는 유약함을 부정하는 것이 강해지는 것이라고 단정했다. 아내와 내가 파버의 집을 찾았을 때, 우리 아들은 두 살이었고 아버지가 돌아가신 지 두 해가 지났다. 나의 직업, 가족의 미래 어느 것 하나 확실한 것이 없었다. 많은 문제들이 산적해 있는 데다 죽음에 대한 두려움이 날 감싸고 있었다.

"이번에는 너무 구체적이었나?"

버질이 낄낄거렸다.

"그래요."

울음이 북받쳐 올랐지만 감정을 보이고 싶지 않았다. 잠시 마음을 가라앉히고 버질에게 물었다.

"두려움에서 자유로워지려면 어떻게 해야 하죠? 마음속의 괴물을 발견했다고 해서 자유로워지는 것은 아니지 않습니까? 거기서 벗어나려면, 그래서 사려 깊게 살아가려면 어떻게 하면 되나요? 제게 어떤 문제가 있는 겁니까?"

"자네 그노메gnome에게 부탁해 보지 그러나? 답을 줄 걸세."

"무슨 말이지요?"

"아리스토텔레스를 보면 그노메를 발견할 것이네. 모든 문을 열 수 있는 열쇠지. 영어로 '양식良識'이라고 해석하는데, 자네가 찾고 있는 것일세. 그 부분을 찾아보게."

그는 자신이 필요하면 또 불러 달라고 하면서 사라졌다. 그리고 파버와 집도 사라졌다. 여전히 남아 있는 것은 새들의 지저귀는 소리와 라벤더 향이었다.

너그러운 마음

난로 위의 주전자에서 휘파람 소리가 났다. 주전자를 올려놓은 지 몇 분 지나지 않은 것 같다. 나는 고개를 들고 눈을 비볐다. 그리고 테이블 위에 놓인 빈 컵을 집어 들었다. 컵 안에는 마른 찻잎이 들어 있었다. 라벤더다. 나는 자리에서 일어나 주전자를 들어 뜨거운 물을 컵에 따라 붓고 찻잎이 펴지는 모습을 지켜보았다.

곧 아이들이 깨어날 시간이다. 나는 살금살금 거실로 가서 아리스토텔레스의 《니코마코스 윤리학》을 책장에서 꺼냈다. 이리저리 뒤적이면서 버질이 말했던 '양식'이란 단어를 찾았다. 그동안 내게 이렇다 할 인상을 주지 않았던 말이다.

> 윤리적인 성품이 없으면 올바른 선택을 할 수 없다. 다시 말해 실천적 지혜는 올바르게 판단하고 이를 행동으로 옮기는 것을 전제

한다. 아무런 현실적 목적이 없다면 실천적 사유는 무의미해진다. 구체적인 상황에서 지혜롭게 대처하는 것이기에 결국 관계의 문제를 풀어 나가는 것이다. 이미 일어난 과거는 되돌릴 수 없다. 과거의 일이 아닌 실천으로 옮겨야 할 미래의 일을 판단하고 선택하는 것이다.

– 아리스토텔레스, 《니코마코스 윤리학》에서

나는 양식 부분을 읽기 시작했다. 영어로 '양식good sense'은 그리스어로 그노메gnome인데, '공평하고 올바르게 판단하는 자질'을 말한다. 아리스토텔레스는 그노메를 시그노메sygnome, 즉 문자 그대로 해석하면 '타인의 입장에서 판단하기'와 결합시켰다. 이전에도 이 부분을 읽었는데, 그땐 의미를 정확히 볼 줄 아는 눈이 없었던 걸까? 버질의 말에 따르면, '타인을 너그럽게 이해하고 올바르게 판단하는 것'이 사려 깊게 행동하는 방법이고 어떤 문제에 부딪치든 해결해 나가는 방법인 셈이다. 그리고 내게 부족한 자질이라는 것이다.

버질은 아버지 얘기를 하게 했다. 나는 아버지처럼 살지 않겠다고 줄곧 생각해 왔다. 혹시 아버지처럼 되지나 않을까 두려워했다. 그리고 아버지의 죽음을 보며 나 또한 죽게 되리라는 생각에 두려워졌다. 이런 저런 두려움을 느낄 때마다 감정을 억누르고 겉으로는 태연한 척, 강한 척했다. 그렇다. 내 안의 괴물, 내 두려움의 실체는 아버지였다. 나는 아버지와 달리 강한 의지를 갖고 내 삶을 내 뜻대로 이끌고 싶다. 죽음 앞에서조차 무기력하게 무너지고 싶지 않다. 다짐에 다짐을 더하며 의지를 불태웠지만 나의 두려움은 조금도 사라지지 않았다.

아버지로부터 자유로워지는 방법은 아버지의 입장에서 생각해 보고 넓은 마음으로 아버지를 받아들이라는 말일 터. 그래야 내가 아버지로부터 벗어날 수 있고, 내 안에서 싸움이 멈추게 될 것이다.

아버지를 거부하는 싸움을 계속하는 한, 파버의 죽음을 받아들이지 않는 한, 나는 사려 깊게 내 삶을 이끌 수 없으리란 생각이 들었다. 사려는 한계 안에서의 최선이라는 파버의 말이 귓가에 울렸다.

그러나 타인을 받아들이고 인정하는 것은 순식간에 끝낼 수 있는 일이 아니다. 그것은 하나의 과정이요 목적이다. 시간이 요구되는. 아이들이 깨어나는 소리가 났다.

7 나의 목소리가 듣고 싶다

Chapter 7

나의 목소리가 듣고 싶다

자서전을 쓴다는 것은 자신을 거울에 비춰 보는 것이다

노인복지관에서 백발의 친구들을 가르치기 시작한 지 몇 년 후, 나는 워싱턴 주州의 주립도서관에서 주관하는 프로그램을 하나 맡게 되었다. 크고 작은 역사적 사건들과 개인의 삶이 서로 어떤 영향을 주고받았는지 생각해 보고 자서전을 쓰도록 하는 프로그램이었다. 이 프로그램은 인기가 높아 수백 명이 참여했다. 수백 명의 자서전 작가가 탄생한 것이다. 연령층은 대부분 오십대 이상이었고 서로 다른 다양한 인생 경험을 가지고 있었다. 나는 이들의 자서전에서 인생을 이해할 수 있는 보편적인 진리를 발견해 낼 수 있으리라 기대했다.

자서전의 가치에 대한 논쟁은 아주 오래전부터 있어 왔다. 일반적으로 철학자들은 언제, 어떤 상황에서도 항상 적용할 수 있는 보편적인 진리를 논리적인 명제로 밝혀내려 했기 때문에 개인의 특정한 경험을 진술한 자서전에 큰 가치를 두지 않았다.

항상 그렇듯이 반대 입장도 있다. 우리는 적어도 4세기경부터 시작된 철학적 자서전의 전통을 쉽게 떠올릴 수 있다. 아우구스티누스의 《고백록》은 어머니의 품에서 자랐을 때, 말을 배우기 시작했을 때, 이웃집 배나무에서 배를 훔친 일, 세속적인 성공의 공허함, 당시의 중요한 철학적 문제들…… 개인의 경험과 생각을 솔직하게 서술한 자서전이다. 그로부터 1,400년 후 장 자크 루소는 그의 자서전 《고백록》에서 교육, 자유, 어린 시절에 경험한 부당한 대우들, 변태성욕, 망명, 짝사랑 같은 주제들을 다루었다.

> 나는 한 사람의 모습을 있는 그대로 보여 주려고 합니다. 그 사람은 바로 나이며, 나는 누구보다 나를 잘 알고 있습니다. 수치스러워 남에게 드러내기 싫은 이야기도 감추지 않고 모두 고백할 것이고, 옳다고 판단하여 행했던 일도 모두 적을 것입니다. 하찮고 보잘것없던 시절의 이야기도, 손가락질 받지 않을 정도로 성숙해진 시절의 이야기도 가감 없이 고백할 것입니다. 그 어떤 부분도 의도적으로 꾸미지 않을 것이며, 가끔 적당히 꾸민 부분이 있다면 기억이 나지 않거나, 비어 있는 부분을 채우기 위한 것입니다.
>
> -장 자크 루소, 《고백록》에서

미국의 현대 철학자 스탠리 카벨Stanley Cavell은 자서전을 단지 주관적인 글이라며 평가절하 하는 비판에 맞서 싸웠다. 개개인의 삶은 유일무

이한 동시에 모든 인생의 전형을 보여 주고 있다고 했으며, 더 나아가 철학과 자서전은 동전의 양면과 같다고 했다. 그는 "연구자는 자신의 가장 내밀하고 은밀한 본능적인 느낌에 가까이 다가갈수록 거기서 가장 일반적이며, 보편적인 진리를 발견하고 놀라게 된다."고 한 에머슨 Emerson을 인용하면서 자서전의 가치를 증명하는 데 온 정력을 쏟았다.

프로그램이 끝나 갈 무렵 나는 수천 페이지에 달하는 자서전을 읽으면서 카벨의 말을 깊이 생각해 보았다. 대부분의 글들은 태어났을 때의 상황, 부모와 형제의 성격, 성장 과정, 학교생활, 결혼, 자녀가 태어났을 때, 직업, 사랑하는 이들의 죽음 등에 대해 일어난 순서대로 서술했다. 이런 글들은 정보를 제공하고 있지만 인생의 여러 사건들이 자신에게 어떤 영향을 미쳤는지 전달하는 데는 실패했다. 어떤 사람들은 주체할 수 없는 감정의 파도 속에서 허우적거렸다. 그들은 일어난 사건들에서 어떤 느낌을 받았는지는 전달했지만, 그 같은 느낌을 받게 된 정황을 이해시키지 못했다. 하지만 어떤 글들은 자신의 과거를 조명하는 틀을 제공함으로써 인생의 전환점이 된 사건들을 성공적으로 재구성했다.

나는 카벨과 에머슨의 주장이 옳다고 확신하기까지 십여 년의 시간이 더 필요했다. 그 당시 우리 가족은 노스캐롤라이나에 살고 있었다. 아이들은 십대에 접어들었고 나는 대학에서 주관하는 노인 교육 프로그램의 책임자로 일하고 있었다. 당시 고등학교 졸업반이던 맏딸 에스더가 입학할 예정인 대학에서 짧은 자서전을 보내 달라고 한다면서 내게 도움을 청했다.

자서전과 인생의 방향

나는 베란다의 흔들의자에 앉아 반딧불이가 짝짓기를 하려고 반짝반짝 불빛을 내며 돌아다니는 모습을 지켜보고 있었다. 그때 딸아이가 문을 힘껏 열어젖히면서 불평을 해 댔다. 그녀 뒤로 쾅 하고 문이 닫혔다.

"도대체 이해할 수가 없어."

무릎까지 자른 청바지와 로큰롤 스타가 새겨진 티셔츠를 입고 맨발로 운동화를 신은 에스더가 내 옆에 털썩 주저앉았다. 딸아이는 가을에 대학에 진학할 예정이었다. 그런데 그 대학에서 짤막한 자서전을 제출하라고 요구했다.

"〈나의 인생목표〉라는 글도 써서 보냈는데, 또 뭘 써내라는 거야. 도대체 원하는 게 뭐냔 말이야."

딸아이는 자서전에 쓸 이야기를 골라 달라고 졸라 댔다. 하지만 내가 누군가. 명색이 선생이 아니던가. 나는 그렇게는 안 된다고 딱 잘라 말한 다음 자서전에 대해 궁금한 것이 있으면 물으라고 했다. 하지만 에스더는 막무가내였다. 계속 듣고 있자니 짜증이 나서 건성으로 답했다.

"그냥 있는 대로 쓰면 되잖아. 변호사가 되고 싶은 이유는 변호사로 살고 싶기 때문이라고 말이야. 동기는 충분하네. 부모의 법망을 빠져나갔던 일 있잖아. 몰래 2층 창문의 홈통을 타고 빠져나가 밤새도록 친구들과 놀면서 어떻게 자신을 변호할지 궁리했던 일을 쓰면 되겠네."

에스더는 새쭉한 표정을 짓더니 이내 웃음을 터뜨렸다.

"하하! 그때 분명히 인종차별 반대시위에 참가했어요. 거기에 초점을 맞춰 쓸래요. (시위는 핑계고 실은 친구들과 놀기 위해서였다) 음, 아니면 대법원에 갔던 일을 쓸래요. (나는 딸아이에게 대법원을 구경시키려고 데려갔었다. 하지만 그때 딸아이는 온종일 노점상에 걸려 있던 인기 록그룹을 새겨 넣은 티셔츠를 사 달라고 조르기만 했다. 물론 사 주지는 않았다) 정말 미치겠네. 겨우 열여덟 살밖에 안 되었는데, 자서전이 웬 말이냐고요. 쓸 만한 인생 이야기가 없잖아요. 아빠가 도와주세요. 네? 아빤 그런 종류의 글을 어떻게 써야 할지 잘 알잖아요."

"에스더, 넌 재미있는 경험도 많이 했고, 자기 생각도 있고, 기억력도 좋고, 글재주도 있고, 감수성도 예민하잖아. 글 쓰는 데 필요한 중요한 요소들을 모두 갖추고 있는데, 무슨 걱정이야. 대학 측에서는 인생의 목표를 좀 더 숙고해 볼 수 있는 기회를 주려는 것 같아. 대학생활을 알차게 보낼 수 있도록 말이야. 재미있는 건 말이지. 지난 이야기를 쓰다 보면 앞으로 어떻게 살아야 할지 삶의 방향이 좀 더 분명해진다는 거야. 너의 인생 이야기가 바로 너의 인생철학이거든."

"아빠, 전 아직 어린애예요. 인생철학이란 게 없단 말예요. 그건 아빠가 전문이잖아요. 아빠가 만날 했던 말 기억 안 나요? '대부분의 사람은 자기 철학이 없고 의견만 가지고 있어. 자신의 의견을 논리적으로 설명할 수 있는 사람만이 자기 철학이 있지.'"

에스더는 내 목소리를 흉내 내고는 까르르 웃었다.

"내 목소리가 그랬단 말이야? 에스더, 넌 어떤 때는 자기를 어린애라고 하고, 또 어떤 때는 다 큰 숙녀라고 하고. 아빠가 어느 장난에 맞춰야 할지 모르겠다. 아빤 말이다. 네게도 인생 이야기가 있고, 세상의 온갖 관념들이 네가 겪은 경험들을 바라보는 시각에 영향을 주었다고 생각해. 먼저, 너는 옳은 행동과 잘못된 행동에 대한 일정한 관념을 가지고 있어. 그건 윤리학이지. 둘째, 넌 음악이나 미술에 대한 선호도가 분명해. 그건 미학이야. 셋째로, 넌 진실한 사람과 그렇지 않은 사람, 사랑과 정욕의 차이에 대해서도 일정한 관념을 가지고 있어. 그건 인식론이야. 철학자 에스더 맨하이머 양, 자기 철학을 이미 가지고 있는데, 뭐가 더 필요한 거지?"

차라리 말을 말자는 듯 쳐다보던 에스더의 얼굴이 갑자기 밝아졌다.

"아빠, 사람들의 인생 이야기를 많이 들어 보셨죠? 자서전 프로그램도 진행하셨잖아요. 그 자서전들이 철학적이었나요, 아님 그냥 의견들만 늘어놓았나요? 사람들이 자서전에다 뭘 썼는지 얘기해 줘요. 도움이 될 것 같아요."

진지하게 물어보는 건지 새로운 작전을 쓰는 건지 알 수 없었지만 일단 내가 읽은 자서전들에 대해 들려주기로 했다.

"그럼, 인상 깊었던 자서전 몇 개를 소개해 줄게. 그 자서전들은 개개인의 철학이 일상생활 속에 어떤 모습으로 담겨 있는지 알 수 있게 해 주었어. 꺼내 와야겠네."

나는 서재로 가서 책장 한 줄을 온통 차지하고 있는 자서전들 가운데 포스트잇을 붙여 놓은 몇 개를 꺼냈다. 가장 인상 깊게 읽었던 글들이다. 프로그램 참가자들이 자신의 글을 낭독하던 때가 눈에 선했다. 어린 시절을 떠올리며 의미를 찾으려고 했고, 경험들을 분류하고 엮기도 하면서 인생을 정리해 보려고도 했다. 낙관론자도 있었고 비관론자도 있었다. 나는 베란다로 와서 흔들의자에 편안히 앉아 가져온 책자들을 무릎 위에 놓고는 하나를 골랐다.

"이 자서전의 제목은 〈마침내 인정하다〉구나."

마침내 인정하다

찰리 힐의 자서전은 열 살 때 아버지가 인종차별이 심한 미시시피 주의 한 병원 지하실에서 호흡기 질환으로 죽어 가는 장면을 회상하면서 시작된다. 그 병원은 흑인이 이용할 수 있는 곳이었다.

"아버지는 평생 동안 백인이 마시는 샘물을 단 한 번도 마셔 보지 못했고, 늘 백인들에게 '예, 선생님.'이라고만 대답했다. 단 한 번도 '예.', '아니오.'라는 선택을 해 보지 못하고 돌아가셨다."

아버지가 돌아가시자 지독한 가난에 허덕여야 했고, 인종차별로 인한 폭행의 두려움에 떨어야 했으며, 친구들로부터도 외면당해 좌절감에 빠졌고, 백인과 흑인 모두에게서 학대와 폭행을 당했으며, 경찰들이 끊임없이 그를 괴롭혔다. 그는 하루빨리 외로움과 고통에서 벗어나고 싶었다. 힐은 사춘기와 청년기에 겪었던 심리적, 육체적 고통과 법적인 차별 등을 자서전에 낱낱이 기록했다.

그는 열다섯 살이 되자 고향을 떠나 일리노이로 가서 창고 일을 했다. 그러다가 열일곱 살에 세상으로부터 도망치듯 군에 자원입대했다. 한국전쟁에 참전하면서 미시시피의 툼수바에 사는 한 아가씨와 14개월

동안 편지를 주고받았다. 파병 근무를 마치고 귀국한 그의 손에는 '빵 한 덩어리와 고향으로 가는 버스표 한 장'뿐이었다. 그는 편지를 주고받았던 레나를 만나기 위해 32킬로미터를 걸어서 툼수바로 찾아갔다. 그리고 얼마 지나지 않아 청혼을 했고 몇 주 후 두 사람은 결혼을 했다.

힐의 자서전은 아우구스티누스가 개척한 '고백' 형식의 자서전이라 할 수 있다. 힐은 자신을 구원한 사랑을 찾기까지 있었던 수많은 사건들을 모조리 고백했다. 레나와의 만남, 30년 넘는 결혼생활은 자신을 인정하기 위한 몸부림이었고, 무조건적인 사랑에 대한 갈망이자 그 사랑을 경험하는 과정이었다.

힐이 레나를 처음 만났던 순간을 묘사한 부분은 시간이란 매 순간의 연속이면서 동시에 과거, 현재, 미래가 심리적으로 하나로 통합되어 있다는 것을 일깨웠다.

"나의 오늘이 내일을 향해 손을 뻗었을 때, 나의 내일이 어제를 가득 채웠다."

처음 이 대목을 읽으면서 정말이지 멋진 표현이라고 생각했다. 우리가 알지 못하는 미래가 우리를 부르며 가까이 오라고 손짓을 한다. 그 손짓을 따라가면 어느 사이 과거는 새로운 빛으로 물들고, 고통스러웠던 기억은 즐거운 기억으로 바뀐다. 파편 조각처럼 부서진 인생이 갑자기 환하게 빛을 발하면서 과거가 새롭게 해석되고 새로운 의미로 가득 찬다.

그가 마지막 장의 제목을 왜 '마침내 인정하다'라고 했는지 미리 알 수 있다. 모든 이야기가 현재의 삶, 즉 레나와 함께 시작한 새로운 인생

(가족과 직업을 가지게 된 일)으로 향해 있기 때문이다.

그의 이야기는 소외와 화해라는 극적이고 포괄적인 틀 속에서 진행된다. 아버지의 죽음, 따돌림, 고향을 떠난 일, 전쟁에 참여한 일 등은 소외고, 귀향, 레나를 찾아가는 여정, 결혼, 아이들의 탄생, 직업, 과거를 받아들이고 자신을 긍정한 일 등은 화해다.

자서전의 주제 '인정받고 싶은 갈망'은 레나의 사랑, 과거의 인정, 사회 정의와 인종 차별 철폐에 대한 갈망이다. 힐은 고독과 피해의식에 사로잡힌 자신이 누군가에게, 어딘가에 속하게 되고, 다른 이를 돌보게 됨으로써 공허하기만 했던 인생의 미래가 구원의 시간으로 바뀌게 된 이야기를 들려주고 있다.

"에스더, 힐의 이야기는 러브 스토리란다."

"아주 멋진 이야기예요. 더구나 해피엔딩으로 끝나요. 그런데 아빠, 힐이라는 분이 자서전을 쓰면서 아우구스티누스의《고백록》을 따라 한 건 아닐까요?"

"글쎄다. 힐이《고백록》을 읽었는지도 모르지. 그런데 그의 글이《고백록》을 흉내 낸 것 같지는 않아. 아우구스티누스가 아주 사적이고 세속적인 일에서부터 종교적인 일에까지 일생 동안 겪었던 일들을 아주 자세하게 기록했기 때문에 힐의 이야기에서《고백록》을 떠올렸을 거야. 두 사람 모두 많은 일들을 겪었으니까."

아우구스티누스의 고백

아우구스티누스는 당시에 로마제국에 속했던 북아프리카의 작은 마을에서 태어났다. 그는 매우 총명한 학생이었다. 아들을 더 큰 세상으로 보내고 싶었던 그의 부모는 한 푼 두 푼 돈을 모아 아들을 대도시 카르타고로 보냈다. 그들의 투자는 헛되지 않았다. 아우구스티누스는 수사학 선생으로 이름을 크게 떨쳤고, 마침내 밀라노에서 중요한 직책을 맡게 되었다. 그는 모든 것을 가진 듯 보였다. 돈, 명성, 아름다운 애인, 잘생긴 아들, 큰 저택…… 그곳에서 어머니와 어릴 적 친구들과 함께 살았다. 그의 삶은 '아름다운 인생'의 모델처럼 여겨졌다.

이 모든 성공에도 불구하고 아우구스티누스는 《고백록》에서 자신은 '상처받고 피 흘리는 영혼'이었다고 털어놓았다. 다른 사람들을 도와 힘을 얻도록 했지만, 정작 자신은 공허하고 무기력했다고. 그는 플라톤과 아리스토텔레스 같은 위대한 철학자들처럼 진리에 도달함으로써 마음의 평화를 얻고 싶었다. 하지만 그는 철학적 역설에 부딪치고 말았다. 유한한 육체에 갇힌 정신이 어떤 방법으로 무한하고 변하지 않은 진리를 경험할 수 있단 말인가?

육체적인 욕구를 억제하고 절제된 생활을 하는 등 여러 가지 방법을 써 보았지만, 아우구스티누스는 애인과 관계를 끊을 수 없었고, 맛난 음식과 향기로운 술, 세련된 도시생활이 주는 편리를 포기할 수 없었다. 그러는 가운데서도 계속해서 철학적 명상을 시도했고, 플라톤이 말한 내면의 길에 집중했다. 플라톤을 따르는 철학자들은 이렇게 조언했다.

"기억을 들여다보라. 기억은 사실들, 개념들, 이미지들, 단어들의 거대한 궁전이고, 그 속에 모든 시간이 공존하고 있다. 지난날의 경험들과 상상했던 미래들이 기억 속에 온통 저장되어 있다. 그뿐이 아니다. 기억의 궁전을 산책하다 보면 세상의 개념들이 생겨나기 시작한 최초의 지점까지 거슬러 올라갈 수 있다. 그렇기 때문에 태어나기 이전의 일도 기억할 수 있다. 정의, 평등, 공평, 수학적 공리 등을 최초의 지점에서 발견할 수 있으며, 이것들은 우리가 태어날 때 이미 기억 속에 저장되어 있었다."

하지만 아우구스티누스는 우주의 진리에 대한 철학자들의 비인격적이고 차가운 개념들에 만족하지 않았다. 그는 어머니를 세상에서 가장 사랑했는데, 어머니의 평온함과 신앙심에서 강렬한 인상을 받았다. 어머니는 그에게 그리스도 신을 받아들이라고 간청했지만, 신을 받아들이면 지금까지 누리던 모든 것을 포기해야 했다.

그러면서도 전능한 신이 우주의 힘 속에서, 혹은 개념의 세계 속에서, 혹은 기억의 궁전 속에서 발견될지도 모른다고 생각하며 명상을 계속했다. 그에게 신은 어딘가에 존재해야만 하는 것이었다.

《고백록》에는 웃음을 주는 대목도 있다. 아우구스티누스는 자신이 마치 자연철학자인 것처럼 식물이며, 동물이며, 사람들에게 마음속으로 질문을 던지곤 했다.

"당신이 신이오?"

그는 그들의 대답을 들을 수 있었다.

"아니오."

"그럼 신은 누구요?"

"우리를 만든 분이오."

갑자기 멀리서 천둥소리가 들렸다.

"곧 폭풍우가 닥칠 것 같구나."

고양이를 쓰다듬던 에스더도 하늘을 물끄러미 올려다보았다. 내 말을 듣고 있었던 것일까? 갑자기 아이가 나를 돌아보더니 이렇게 물었다.

"아빠, 아우구스티누스가 혹시 마마보이였던 것 아니에요? 엄마의 강요 때문에 원치 않던 신을 받아들인 게 아니냐고요."

"어머니가 아우구스티누스에게 큰 영향을 준 것은 사실이다. 하지만 마마보이라니. 하하!"

"그리고 또 궁금한 게 있어요. 찰리 힐이나 아우구스티누스는 모두 고통에 대해 말했어요. 한 사람은 과거의 고통에 대해, 한 사람은 진리에 도달하지 못한 고통에 대해 말이에요. 그런데 힐은 레나라는 여인을 찾았는데, 아우구스티누스는……? 여하튼 그의 애인은 어떻게 되었나요? 나중에 결혼을 했나요?"

"아우구스티누스에게는 애인이 있었지. 하지만 흔히들 말하는 결혼 상대로는 적합하지 않았던 모양이야. 유복한 가정에서 자란 어린 소녀와 약혼을 하고 애인과는 헤어졌단다. 《고백록》에 보면 '그녀를 내 옆구리에서 뜯어냈다.'는 구절이 있지. 마음이 무척 아팠던 것 같아."

"아빠, 그런데 아우구스티누스의 이야기가 저와 무슨 상관이 있죠?"

"음, 아빠가 아우구스티누스의 이야기를 들려준 건 네가 자서전을 쓰는 데 도움이 될 것 같아서야. 《고백록》은 사람들이 자신의 인생을 바라보는 시각 내지 방법적인 측면에서 많은 영향을 주었거든. 찰리 힐이 사랑을 통한 정신적인 구원에 대해 썼듯이 영적인 측면에서 자서전을 서술하는 전통은 중세를 거쳐 지금까지 이어져 내려오고 있단다. 그러다가 어느 순간부터인가 종교적인 색채를 거두고 자신의 의지, 친구나 가족, 선생님 혹은 다른 중요한 사람의 영향을 받고 삶이 변화된 이야기를 쓰기 시작했어."

이제야 에스더가 흥미를 갖는 것 같았다.

"그런 글도 갖고 계세요? 여자들 이야기면 좋겠는데…… 제 이야기처럼 느껴지는 자서전 말예요?"

"그래?"

나는 다른 글을 집어 들었다. 표지에는 잔디 마당에서 찍은 한 가족의 사진이 붙어 있었다. 집 뒤로 광활한 평야가 멀리 지평선까지 펼쳐져 있었다.

한 가족이 걸어온 길

노르웨이에서 태어나 캐나다를 거쳐 미국으로 이민 온 앤의 자서전은 힐의 자서전과 마찬가지로 치열한 삶의 여정과 함께 내면의 변화 과정을 보여 주고 있다. 1910년 여덟 살이 된 앤은 노르웨이의 고향 마을 발드레스를 떠나 캐나다로 향하는 아버지와 작별인사를 나눈다. 캐나다에서 이민자들에게 땅을 불하한다는 정보를 얻은 아버지가 먼저 가서 자리를 잡은 후 가족들을 불러들이기로 결정한 것이다.

"문간에 서서 우리를 하나하나 바라보던 아버지의 눈빛이 아직도 기억이 난다. 아버지는 잘 해낼 수 있고, 자신 있다는 표정을 지으려고 했지만 아버지의 얼굴은 그 어느 때보다 어두웠다."

앤은 아버지가 떠난 후 2년 동안 어머니, 두 동생과 함께 보낸 뼈저리게 가난했던 시절을 회상했다. 그리고 마침내 캐나다 서스캐처원의 외딴 마을에 정착한 아버지를 만나러 간다. 그곳은 가장 가까운 도시에서도 112킬로미터 이상 떨어진 오지였다.

노르웨이에서 태어난 형제자매들 중에서 유일하게 살아남은 앤은 가족들이 겪었던 고통을 미국에서 태어난 여섯 명의 동생들과 나누고자 자서전을 쓰게 되었다고 했다. 자서전에서 앤은 7년 동안의 일들을 이야기했다. 그녀는 자신의 어린 시절 이야기가 수천 명에 달하는 여느 캐나다 이민자들의 경험담과 다르지 않으리라 생각했다. 하지만 그녀는 자신의 이야기를 할 필요가 있었다. 아니 꼭 해야만 했다. 그녀의 인생이 그 7년 동안에 크게 바뀌었기 때문이다. 가난했기 때문에 받았던 굴욕감, 살아남았다는 자부심, 그리고 자신을 무겁게 옥죄던 숙명이란 믿음을 깨부수고 거머쥔 자유에 대해 이야기해야만 했다.

그녀는 고향 마을에서 보낸 2년을 상세하게 기록했다. 노르웨이 전통 음식을 준비하고, 옷을 짓고, 한 마리밖에 남지 않은 소를 돌보던 일상 이야기다. 핼리혜성이 나타났을 때 마을 사람들은 모여서 용서를 구하는 기도를 올렸다. 그들은 혜성의 출현을 세계 종말의 징후라고 확신했다. 노르웨이에서의 삶을 그녀는 한마디로 이렇게 얘기했다.

"아버지는 거의 하루 종일 일을 해야 했고, 한 조각의 땅도 소유하지 못한 조부모님처럼, 땅주인에게서 집을 세내었다. 세는 주인이 시도 때도 없이 시키는 일들을 모두 하면서 대신했고, 일의 양은 주인이 정했다."

아무리 발버둥 쳐도 생활은 조금도 나아질 것 같지 않았다.

"가난한 사람들에게는 여행을 한다거나 교육을 받을 기회가 없었다. 살고 있는 마을과 지역이 그들이 아는 세상의 전부였다. 야망이 있는 사람에게는 답답한 일이 아닐 수 없었다."

가난한 마을 사람들은 숙명론적인 믿음에 빠져 있었고, 사회적 학대가 그 믿음을 더욱 강화시켰다. 그러던 어느 날 미국으로 이주한 사람들이 고향을 방문하기 위해 들렀는데, '신세계'에서 어떻게 살고 있는지 들려주었다. 그들의 이야기를 듣는 순간 더 나은 삶에 대한 꿈을 꿀 수 있었고, 그 길이 열리게 되었다.

그러나 그 꿈이 현실이 되기까지 고난의 연속이었다. 앤의 가족은 캐나다에서 아버지와 만났지만, 유행성 전염병 장티푸스로 가족을 잃었고, 농사를 지었지만 재해가 잇달았고, 풀을 뽑느라 고통이 이만저만이 아니었으며, 겨울이면 오지에 고립되었다. 영어를 못해 소통에도 큰 문제가 있었다. 메마른 초원은 이민자들의 희망과 의지를 시험하는 냉혹한 시험대와도 같았다.

앤은 3년간의 학교생활 이야기를 했다. 등교 첫날 그녀는 노르웨이 출신의 젊은 여선생의 모습에 충격을 받았다. 내가 표시를 한 부분이 있어 에스더에게 읽어 주었다.

"선생님은 목 부분에 초록색 장식이 달려 있고 치맛단이 살짝 트인 눈부시게 아름다운 붉은 원피스를 입고 있었다. 그녀를 보자 내가 색깔이며 예쁜 것들에 얼마나 굶주려 있었는지 깨닫게 되었다. 이후로 선생님은 나의 우상이 되었다. 나도 선생님처럼 교사가 되고 싶었다. 내게도 미래의 꿈이라는 것이 생긴 것이다. 나는 내 꿈을 이루기 위해 영어 공부에 매달렸고, 모든 단어의 뜻을 알려고 했다. 마치 영어가 정복해야만 하는 적敵이기라도 한 듯이."

여선생은 인습에서 해방된 자유로운 영혼의 소유자였고 앤에게는 역할 모델인 동시에 빛과 색의 등불이었다. 여선생의 행동과 옷에 대한 앤의 놀랍도록 섬세한 묘사는 마치 역사적인 변혁의 순간을 보는 듯했다. 그녀의 세계가 완전히 탈바꿈되었던 것이다. 모든 권리를 박탈당한 소작농에게 유일하게 허락된 것은 가난에 대한 체념이었다. 그러나 이민자가 되자 가난에서 벗어나는 꿈을, 더 나은 미래에 대한 꿈을 꾸게 된 것이다. '목 부분에 달린 초록색 장식'은 숙명 같은 인생의 굴레에서 벗어났다는 것을 상징했고 동시에 어린 소녀가 자신의 미래를 스스로 개척하겠다고 결심한 것을 사방에 알리는 팡파르였다.

"나는 미래의 꿈을 가졌다."

그러나 열네 살이 된 그녀는 5학년 공부를 시작하지도 못한 채 학교를 그만두게 된다. 부모님의 지시로 남의집살이를 하러 8킬로미터 떨어진 곳으로 떠나게 된 것이다. 돈 때문이 아니었다. 네 명의 아이를 돌보아야 했지만 대가는 없었다. 집에는 식구가 너무 많았기 때문에 앤은

'잠잘 침대와 먹을 것'을 해결하기 위해 집을 떠나야 했던 것이다.

앤의 자서전은 고통과 굴욕으로 점철된 과거 이야기다. 하지만 숙명의 느낌은 없다. 신앙이 아닌 개인의 의지가 그의 자서전을 관통하며 환하게 빛을 발하고 있다.

에스더가 나를 보며 물었다.

"어떻게 끝이 나나요?"

나는 페이지를 넘겨 마지막 장을 펼쳤다.

"앤은 흥미롭게도 에필로그 같은 짧은 글을 덧붙였단다."

"훌륭해요!"

에스더가 기대에 차서 소리쳤다.

"뭐라고 썼나요?"

마지막 장에서 앤은 많은 세월이 흐른 뒤 혼자가 된 늙은 아버지를 만나러 서스캐처원을 찾아갔다. 아버지는 지난날을 떠올리며 자식들에게 좀 더 나은 환경을 만들어 주지 못한 것을 자책했다. 그러나 앤은 죄책감과 슬픔에 젖어 있는 아버지를 위로하며 이렇게 말했다.

"희망이 없던 노르웨이에서 가족을 기회의 땅으로 데려온 것은 정말이지 너무도 용감한 결단이셨어요. 이민 와서 몇 년 동안 갖은 고생을 다 했지만 부모님의 희생으로 자식들은 더 나은 삶을 살아가고 있잖아요."

앤은 아버지의 힘으로는 더는 어쩔 수 없었던 상황을 이해했고, 학업을 그만두게 하고 멀리 떠나보낸 것을 용서했다. 그것은 그녀에게 일어난 두 번째 변혁의 순간이었다.

앤의 자서전에서 볼 수 있는 한 가족의 강인함은 그녀의 힘과 인격이 불러낸 특징이다. 노르웨이의 음식과 전통, 언어는 부모님에 대한 생생한 묘사와 결합되어 있고, 대초원에서 보낸 이민 초기의 삶은 가족 여행을 상징하는 지도다. 가족 여행은 노르웨이에서 캐나다로 이주했다는 지리적인 여행만으로 끝나지 않는다. 가족 여행은 한 어린 소녀가 아버지를 떠나는 여행으로, 세월이 흐른 뒤 그녀가 아버지에게 돌아오는 여행으로, 그리고 죄책감과 슬픔에 싸인 아버지를 이해하고 용서하는 여행으로 이어진다. 가난 때문에 학교와 집을 떠나야 했던 한 소녀의 절망과 소외, 분노가 용서와 화해로 변하기까지 그 여행은 계속되고 있는 것이다.

소외와 화해라는 주제는 앤뿐만이 아니라 '자서전 프로그램'에 참여한 많은 사람들의 글에서 공통적으로 등장한다. 자서전은 한 인간으로 성장하는 과정과 시간이 지난 뒤 고통스럽고 어려웠던 과거와 화해하는 과정을 보여 준다. 비록 앤이 그녀의 형제자매들에게 들려주기 위해 자서전을 썼다고 했지만, 한편으로 그녀는 어려웠고 고통스럽던 7년 동안의 시간과 어떻게 화해했는지 기록하지 않으면 안 되었다. 그만큼 그녀의 인생에서 대단히 중요한 시기였다.

나는 앤의 자서전을 덮으며 에스더를 바라보았다.

"아빠, 혹시 이 이야기를 선택한 것은 내가 곧 집을 떠나 대학으로 가기 때문이 아니에요?"

나는 고개를 흔들었다.

"아니, 그런 생각은 하지 않았어. 적어도 의식하지는 않았다. 하지만 가족과 익숙한 환경을 떠나는 것은 나중에 돌아왔을 때, 과거를 재평가하는 데 도움이 될 거야."

"음, 아무튼 이 이야기는 마지막 부분이 정말 좋아요. 사람들은 자서전을 쓰게 되면 분명 행복하게 끝을 맺을 것 같아요."

"어째서? 행복한 인생을 살지 않았는데도? 좋았던 상황이 나쁘게 돌아갔는데도? 사람들이 그런 얘기를 쓰지 않을 것 같아?"

"슬픈 이야기가 무슨 소용이 있어요? 자기 이야기가 우울하다면 처음부터 왜 쓰겠어요? 그런 이야기가 도대체 누구한테 도움이 되겠어요?"

"자서전을 쓰는 목적이 무엇이라고 생각하니? 자신의 인생을 최대한 진솔하게 생각해 보기 위한 걸까? 아님 자신과 다른 사람을 안심시키려고 모든 일이 결국에는 좋게 끝났다고 아름답게 포장하기 위한 걸까?"

"제 경험이 짧아서 그런지 모르지만, 후자라고 생각해요. 가장 멋진 이야기를, 사람들이 듣길 원하는 이야기를 써야지요. 제가 쓰려는 자서전도 그런 거예요."

에스더가 일어나 집 안으로 들어가며 어깨 너머로 말했다.

"아빠, 고마워요. 이제 자서전을 어떻게 써야 할지 알았어요."

그리고 현관문이 닫혔다. 다시 천둥이 쳤고, 폭풍우가 다가오고 있는 것 같았다. 바람이 불자 층층나무 이파리가 뒤집히며 은빛을 발했고, 반딧불이들이 나뭇가지에 앉아 여전히 빛을 내보내고 있었다. 나는 비에 젖은 도로 위로 방금 켜진 가로등 불빛이 반사되는 것을 바라보았다. 에스더에게 무슨 이야기를 쓸 건지 물어볼 수가 없었다. 내가 다소 냉소적으로 반응했지만 제대로 받아들였겠지?

자서전을 쓰는 이유

빗방울이 떨어지기 시작했고, 나는 행복하게 끝나지 않는 자서전이 무슨 소용이 있겠냐는 에스더의 말을 생각하며 앉아 있었다. 이따금 나는 아우구스티누스, 루소, 존 스튜어트 밀, 시몬 드 보부아르 같은 사상가들의 성찰적인 자서전들을 읽어 보곤 했다. 나는 무엇을 기대하며 그들의 자서전을 읽는 것일까?

나는 그들이 자신들의 이상을 어떻게 실천에 옮기며 살았는지 알고 싶었다. 머리로만 생각하는 경향이 있는 나 같은 사람들은 자신의 이상을 실천하면서 다른 사람과 세계에 깊이 관여했던 사상가들을 역할 모델로 삼으려고 한다. 물론 나는 자서전에 쓰인 내용이 모두 진실하다고 믿을 만큼 순진하지는 않다. 경험을 진술할 때 자기기만과 자기 정당화라는 강력한 필터를 거치기도 한다는 것을 알고 있다. 그리고 사건을 경험했을 때와 나중에 그 일을 떠올리며 기록할 때는 항상 차이가 있다. 그럼에도 불구하고 나는 상상력이 풍부한 언어를 사용해서 저자들이 느꼈던 감정을 독자들도 느끼도록 하는 자서전에 끌린다. 반대로 해설이나 각주처럼 과거를 단지 기록하거나 설명하는 자서전에는 매력을 느끼지 않는다.

나를 매료시킨 자서전들은 소중한 신념을 상실하고 혼란과 불안 속에서 헤매다가 마침내 자신의 경험을 새롭게 통합시키는 데 성공한 인생 이야기들이다. 이런 자서전들은 역경과 저항의 충돌을 보여 준다. 내게 이와 같은 모험, 고통, 상실, 혼란은 자선전의 신뢰성을 판단하는 기준이 되었다.

아우구스티누스는 어머니와 다정하게 지내기도 했고, 때때로 갈등을 겪기도 했다. 또한 자신의 직업에 실망한 일이며, 욕망을 숨김없이 털어놓았고, 신을 받아들이기 위해, 또 자신이 신에게 받아들여지기 위해 몸부림쳤다. 나는 그의 인생 모험에 찬사를 보냈다. 또 루소는 성적 혼란과 탈선, 방황, 자기기만과 망상, 그리고 자연 상태의 인간, 사회, 그리고 이상적인 교육에 눈 뜨는 과정을 솔직하게 고백했고, 나는 그런 루소를 경탄하며 바라보았다.

이러한 열정적인 자서전에서 독자는 저자가 자신들에게 완전히 노출되어 있다는 것을 느끼는 동시에 독자들 자신도 저자에게 완전히 노출되어 버렸다는 느낌을 받는다. 자서전 작가들은 그 솔직함 때문에 그들의 적들에게 공격의 빌미를 제공하기도 하고, 때때로 그를 지지하는 사람들조차 당황하게 만든다. 독자들은 자서전을 읽으면서 작가의 사상을 공격하기도 하고, 그 사상을 통해 자신의 삶을 새로운 시각에서 바라보기도 한다. 하지만 이따금 어떤 대목은 독자를 실망시키기도 한다.

유명한 철학자들은 자신의 인생 이야기를 자신의 사상과 결부시킨다. 그렇다면 보통 사람들의 경우는 어떨까? 철학자 찰스 테일러Charles Taylor는 어떤 행동이나 선택을 할 때 생각하고 느끼고 판단하는 틀 혹은 관점을 가지고 있지 않으면 '정신적으로 무감각한' 삶에 빠져 있는 것이라고 했다. 그는 우리 시대의 병폐를 이와 같은 무감각이라고 간주했다. 반대로 생각하고 느끼고 판단하는 틀을 가지고 있는 사람은 일정한 목표, 즉 그것이 인간 존엄성이든, 신의 사랑이든, 자유든, 사회 정의든, 개인적 구원이든 간에 살면서 어떤 목표를 수행하고 있는 것이라고 했다.

사람들은 자신의 자서전을 쓰면서 혹은 다른 사람의 자서전을 읽으면서 자신의 경험과 인생을 해석하거나 해석할 수 있는 틀 또는 관점을 찾으려고 한다. 그런데 자서전에는 어느 정도의 진실이 담겨져 있을까? 연관성 없이 흩어져 있는 인생 경험들을 마치 어떤 일관된 목표와 연관이 있는 양 의미를 부여하고, 행복으로 포장하고, 자신의 인격을 신화처럼 꾸미고, 어떤 사건을 소임인 양 미화시키고 있지는 않을까? 우리는 어떤 이야기가 진실을 말하고 있는지 판단할 수 있는 기준을 가져야만 한다.

그런데 이런 질문도 가능하다. 과연 자신의 이야기든 다른 사람의 이야기든 진실을 담고 있는지 여부에 관심을 기울여야 하는 것일까? 테일러는 '그렇다'고 단호하게 말한다. 그는 현대에는 불확실성과 불신, 우유부단함이 지배하기 때문에 기꺼이 받아들일 수 있는 틀을 찾기란 어려운 일이라고 했다. 그렇기 때문에 모든 사람은 인생의 의미를 발견하는 것을 최우선의 목표로 삼아야 한다고 했다. 예전 같으면 도덕적 권위를 쉬 거부할 수 없었을 테지만, 현대는 그 반대의 상황이다. 어쩔 수 없이 따라야 하는 도덕은 없다. 오늘날 사람들은 스스로 정신적 틀을 찾아 견고하게 만들거나 아니면 그런 틀을 찾는 것을 포기하고 정치적, 사회적, 혹은 종교적 이데올로기에 자신을 내맡긴다고 했다.

오늘날 우리는 자서전을 쓰는 의미에 대해 다시 생각해 보아야 한다. 자신에게 중요한 문제를 중심으로 구성하든, 의미 있었던 과거를 다시 조명해 보든, 자신의 정체성을 다시금 확인하기 위한 것이든, 작은 에피소드든 큰 줄거리를 지닌 이야기든 자서전은 자신의 도덕적인 틀을 명료하게 말할 수 있는 기회를 갖는다는 점에서 대단한 가치가 있다고 할 수 있다.

에스더의 자서전

천둥소리가 멀어졌다. 빗줄기가 가늘어지더니 물방울들이 가로등 불빛 속에서 안개처럼 피어올랐다. 현관문이 열리는 소리가 들렸고 에스더가 곁으로 다가왔다.

"아빠, 여태 여기 계셨어요?"

에스더의 손에는 종이 한 장이 들려 있었다.

"네 얘기를 적은 거니?"

"넵. 컴퓨터에서 방금 뽑아 따끈따끈합니다. 첫 장만 프린트했어요. 나머지 부분은 윤곽만 잡았구요."

"그래, 사람들이 듣고 싶어 하는 이야기를 썼니?"

딸아이가 고개를 가로저었다.

"그렇지 않아요. 정말 신기해요. 제가 뭘 썼는지 아세요? 예전에 가게에서 스웨터를 하나 훔쳤을 때 엄마가 그걸 돌려주라고 했던 이야기예요. 그때 코라에게 얼마나 화가 났는지 몰라요. 엄마가 가게에 전화를 했고, 주인은 훔친 물건을 돌려주면 배상하지 않아도 된다고 했지요. 엄마가 저더러 돌려주라고 할지는 생각도 못했어요."

기억이 났다. 에스더가 열네 살 무렵이었을 것이다. 에스더는 동생 코라에게 도둑질을 자랑삼아 말하는 실수를 했다. 그 일을 알았을 때 나는 어떻게 해야 할지 당황스러웠다. 에스더를 전과자로 만들기는 싫었다. 그렇다고 그 일을 사춘기 아이들의 의례적인 모험으로 생각하게 놔둘 수도 없었다. 아우구스티누스도 그 나이에 배를 훔쳤다. 그는 그것을 도덕적 타락의 징후였다고 밝혔다. 훔친 배는 맛도 없었다고 하면서. 나와 달리 애들 엄마는 어떻게 해야 할지 분명히 알고 있었다. 아내는 가게에 전화를 걸었고, 에스더에게 가게에 가서 물건을 돌려주고 사과하라고 했다. 아내는 도덕적인 틀을 분명히 갖고 있었다.

"어떻게 그 이야기를 쓸 생각을 했니? 너에겐 좋은 기억이 아니잖아?"

나는 에스더를 올려다보며 물었다. 녀석은 어깨를 으쓱해 보였다.

"모르겠어요. 글을 쓰려고 했더니 그때 일이 가장 먼저 떠오르던 걸요. 힐과 앤을 생각하고 있었어요."

"두 사람의 이야기가 마음에 들었나 보구나?"

에스더는 고개를 가로저었다.

"내용보다는 그들의 목소리가 맘에 들었어요. 두 사람 모두 자기 방식대로 이야기했어요. 누군가의 생각이나 느낌, 누군가가 한 말을 흉내 내거나 하지 않았어요. 그들이 느꼈던 것, 그들이 생각했던 것을 말하고 있었어요. 남이 흉내 낼 수 없는 그들만의 목소리 말이에요. 그래서 내 방식으로 말할 수 있는 일이 무엇일까 생각했지요. 그러자 저절로 떠오르더군요. 내 목소리로 말할 수 있는 경험, 스웨터를 훔친 사건 말이에요. 당시에 느끼고 생각했던 것이 제 머릿속에 뚜렷하게 각인되어 있어요. 제 목소리가 생각할 틈도 없이 곧장 튀어나올 수 있는 경험이니까요. 나는 내가 사용하는 언어의 주인이잖아요. 그런데 내용을 보고 대학에서 오지 말라고 하면 어떻게 하죠?"

"그럴 리가 있겠니? 만약에 그렇다면 그 학교는 갈 필요가 없어."

에스더는 아무 말이 없었다. 나는 딸아이가 너무나 대견했지만 그 말을 차마 할 수 없었다. 참 이상한 일이다. 뭔가를 가르치려고 하면 대체로 실패했다. 그런데 가르치려고 하지 않으면 때때로 예상치 못한 결과를 낳았다. 그랬던 아이가 어느 사이 이렇게 커 버리다니! 에스더는 이제 곧 집을 떠날 것이다. 배울 것은 너무 많고, 시간은 너무 없다. 에스더가 그렇다는 걸까? 아님 내가 그렇다는 걸까?

8 하얀 무지개의 의미

Chapter 8

하얀 무지개의 의미

오색 무지개는 젊음을, 하얀 무지개는 노년을 상징한다

나는 워싱턴의 올림피아와 타코마의 도서관에서 백발의 친구들을 가르친 뒤 미국노인협회NCOA에서 새로운 일자리를 제의 받았다. 나는 그곳에서 아서 플레밍Arthur Fleming 박사를 만났다. 그는 팔십 세가 넘었지만 여전히 활기가 넘쳤고 정력적으로 일했다. 그는 자기 자신이나 업적, 재산에 더 이상 관심을 두지 않았고, 노인복지가 더욱 진척되어야 할 이유와 미래 세대의 복지에 초점이 맞춰져 있었다. 플레밍 박사에게 노년이란 미몽에서 깨어나는 시기도, 행복이 불가능하다는 것을 깨닫는 시기도 아니었다. 오히려 그의 노년은 모든 연령대의 삶의 질을 더 높이기 위해 사회가 힘을 쏟아야 하는 이유를 더 많이 발견하는 시기였다. 그는 아동의 권익을 위해 활동하는 단체와 노인의 권익을 위해 활동하는 단체의 정치적 연합을 강력하게 지지했다.

미국노인협회에서 4년 동안 일한 후, 나는 애시빌에 있는 노스캐롤라이나 대학에서 주관하는 55세 이상 사람들을 대상으로 한 교육 프로그램을 총괄하게 되었다. 그곳에서 10년 동안 일하면서 인생 전체를 하나의 과정으로 보지 않고 단편적으로 이해하려는 시각에 특히 민감하게 반응하게 되었다.

이따금 동료 교수들이 젊은이의 교육을 우선시해야 하는 대학이 왜 노인들을 받아들여야 하는지 그 이유를 내게 물었다. 노인들은 수업료를 냈으며, 수업은 자원자들에 의해 무료로 진행되었고, 대학의 강의실, 주차장, 도서관, 헬스장을 사용했다. 또 어떤 동료들은 미래가 얼마 남지 않았고, 그 미래조차 언제 끝날지 모르는 노인들에게, 또 경제 활동 시기가 끝났거나 현재 하고 있다 해도 그 기간이 얼마 남지 않은 노인들에게 대학이 왜 시설을 개방해야 하는지 이유를 물었다.

물론 청년들을 생각하는 그들의 마음을 이해 못하는 것은 아니다. 하지만 대학이 노인들에게 개방되어야 하는 이유는 너무나 많다. 노인 학생들이 내는 수업료는 대학이 장학제도를 유지할 수 있도록 재정적인 기여를 하고, 사회에서 쌓은 전문적인 지식이나 기술이 필요한 수업에 노인을 강사로 초빙할 수 있고, 지역 사회에 봉사해야 한다는 대학의 임무를 실천하는 것이기도 하다. 또한 노인들은 대학생들에게 평생 교육의 역할 모델이 될 수 있으며, 여러 세대들을 대상으로 하는 수업에서는 훌륭한 파트너가 될 수 있다. 또한 노년이 되어도 지적인 활동을 계속하면 육체적이고 정신적인 건강을 유지하는 데 도움이 된다는 연구 결과들을 강조했다. 사회봉사나 건강관리 등 노인에게 드는 공적 비용을 줄여 다른 곳에 사용할 수 있기 때문이다.

노인 학생들이 대학을 이용함으로써 얻게 되는 실용적인 이득을 나열하면 동료들은 대개 수긍을 했다. 사실 나의 대답은 좀 더 중요한 문제와 닿아 있었다. 20년 후 젊은이들이 대학을 졸업하고 중년이 되었을 때, 다섯 명 가운데 한 명은 65세를 넘긴 나이일 것이다. 지금의 대학생들은 미래에 겪게 될 인구 통계상의 큰 변화에 어떻게 적응할 것인가? 노인의 자아실현과 사회의 이익 사이에 어떤 관련이 있는지 우리 모두 관심을 기울여야 한다.

이런저런 문제들로 마음이 복잡한 가운데 나는 서스캐처원의 리자이나로 향하는 비행기에 몸을 실었다. 리자이나에서 평생교육에 관한 흥미로운 국제회의가 열리는데, 나는 다른 나라의 전문가들과 함께 초청되었다.

와스카나 호수의 아침안개

리자이나에 도착한 다음 날 아침, 나는 늘 하던 습관대로 해 뜰 무렵에 조깅을 시작했다. 우리 일행이 머물고 있는 리자이나 대학교의 기숙사를 나서자 자욱한 안개가 나무와 관목들을 감싸고 있었다. 나는 주차장 옆 잔디밭에서 태극권을 하고 있는, 중국 대표로 참석한 노신사를 향해 손을 흔들며 인사말을 건넸다. 그는 동작을 멈추지 않은 채 뒤돌아보며 고개를 끄덕였다. 나는 자그마한 와스카나Wascana 호수를 빙 둘러싸고 있는 오솔길을 향해 달렸다.

호수가 가까워지자 짙은 안개 때문에 호수와 길을 구분하기 어려웠고, 주인과 함께 나온 개들, 자전거 바퀴, 조깅하러 나온 사람들의 신발과 다리만 언뜻 언뜻 보였다. 서서히 호수 건너편에 있는 소나무 꼭대기가 보이기 시작했다. 그 순간 환영 같은 것을 보았다. 수면 위로 안개가 아치 모양으로 공중에 떠 있는 것 같았다. 저게 뭐지?

처음에는 일종의 신기루라고 생각했다. 그러나 호수의 남쪽 끝을 돌아 서쪽으로 향했을 때 내 뒤로 태양이 떠오르고 있었고, 나무들 사이로 그것을 다시 한 번 분명히 보게 되었다. 아치의 꼭대기는 안개를 뚫고 나온 붉은 햇살을 받아 엷은 청동 빛을 띠었다. 보기 드문 기상 현상을 목격하고 있다는 생각이 불현듯 들었다.

호숫가의 전망대가 가까워지자 그것을 좀 더 자세히 관찰하고 싶었다. 나는 전망대에 올라가 한쪽 발을 바위에 올리고 빛을 머금은 둥그런 하얀 안개를 관찰했다. 하얀 안개 아치는 호수에 비친 또 하나의 아치와 연결되어 둥그런 원을 완성시켰다. 나는 그 자리에서 천상의 건축물 같은 하얀 무지개를 홀린 듯이 바라보았다. 몇 분이 흘렀을까? 뺨에 습기가 차는 느낌과 함께 하얀 무지개는 사라져 버렸다.

'맞아. 저건 하얀 무지개일 거야. 아니야. 세상에 하얀 무지개가 어디 있어.'

나는 속으로 이런저런 상상을 하면서 좁은 오솔길을 다시 달리기 시작했고 언덕 꼭대기에 이르러 다시 발을 멈추었다. 하얀 무지개가 저 아래 들판에 다시 모습을 드러냈다. 무지개의 양끝은 지면에 다가갈수록 점점 가늘어지면서 투명해졌다. 나는 언덕을 내려와 오솔길을 달려 대학 캠퍼스로 돌아왔다.

숨이 찼고 이마에서 땀이 흘러내렸다. 그때 체크무늬 셔츠를 입은 혈색 좋은 남자가 나를 향해 걸어오고 있었다. 전날 공항에 마중 나온 자원 봉사자 마이런 세버트였다. 그는 도시로 차를 몰면서 고등학교에서 생물을 가르쳤고, 지금은 은퇴했다고 했다. 그는 리자이나와 근방에서 평생을 살았다.

"로널드, 벌써 조깅을 했습니까?"

"네. 방금 돌아왔습니다. 그런데 하얀 무지개라고 할까, 그런 것은 난생 처음 보았습니다. 혹시 그것에 대해 알고 있나요?"

나는 그에게 내가 보았던 것을 자세히 말해 주었다.

"음, 환일幻日이나 빙무氷霧는 본 적이 있지만 그런 것은 본 적이 없는데…… 환일과 빙무는 정말 대단하죠. 겨울에 오시면 볼 수 있을 겁니다. 하얀 무지개에 관해서는…… 아무튼 멋진 걸 보셨습니다."

나는 고개를 끄덕였다. 그게 하얀 무지개가 맞구나 싶었다.

"나는 때때로 기상 과목을 가르치기도 했는데, 당신이 본 건 아마도 무지개 색들이 아침 안개와 뒤섞이며 흩어지는 바람에 불투명한 흰색으로 돼 버린 무지개라고 생각됩니다. 우리가 흔히 보는 무지개 색깔은 태양빛이 공기 중의 물방울을 통과하면서 굴절될 때 하얀 빛을 구성하던 여러 색의 빛들이 갈라지면서 생겨나는 것이지요. 하지만 오늘 아침의 안개는 물방물이 너무나 작아요. 물방울이 너무 작으면 빛을 분산시

켜서 빛의 색이 뿌옇게 흐려지거나 부분적으로 서로 겹치게 되지요. 당신이 본 것은 색색의 빛들이 완전히 겹쳐진 것이에요. 그래서 하얀 무지개를 보게 된 겁니다. 구름 무지개 혹은 안개 무지개라고도 해요. 그것을 보셨다니 행운아입니다."

마이런은 손목시계를 들여다보았다.

"나중에 더 이야기하도록 합시다. 오늘 아침 행사 준비를 도와야 해서요."

나는 와스카나 호수 주변을 소개해 놓은 팜플렛을 찾아 한참을 살폈지만 어디에도 하얀 무지개에 대한 설명은 없었다. 나는 샤워를 하고 옷을 갈아입고 아침 식사를 한 뒤 그날의 첫 강연을 들으러 회의장으로 갔다.

하얀 무지개의 의미

첫 강연은 아침에 태극권을 하고 있던, 중국에서 온 그 노신사가 하기로 되어 있었다. 사람들은 그를 류 씨라고 불렀다. 중국의 노인들은 만성적인 질병과 외로움, 우울증으로 고생하고 있었고, 자녀들이 결혼을 하면 집을 떠나는 바람에 전통적인 대가족 제도가 붕괴되고 있었다. 따라서 공동체에 대한 관심도 힘을 잃어 갔다. 부모 세대는 지금껏 고생하며 살아왔지만 남은 것이라곤 식탁의 쌀밥과 누빈 무명 재킷 한 벌뿐이고, 양철 지붕 아래서 살아야 했다. 당시 중국의 노인들은 여가 시간에 취미 생활을 한다거나 관심 있는 분야를 공부한다거나 하는 일은 생각도 못했다. 노년의 시간은 무거운 짐처럼 노인들을 내리눌렀다.

류 선생은 중국말로 강연을 했으며, 정장 차림의 젊은 남자가 통역을 했다.

"중국에서는 정부 정책에 따라서 55세 혹은 60세에 은퇴해야 하는 사람들을 노인이라고 합니다. 노인으로 분류되지만 그들 중 대부분은 여전히 일도 할 수 있고, 여러 가지 방법으로 사회에 기여할 수 있습니다. 그런 상황을 고려하여 중국 정부는 노인을 대상으로 하는 특수 대학을 설립했으며, 현재 그 수가 5천 개가 넘습니다."

나는 류 선생의 강연을 들으면서 중국과 미국의 노인 교육 프로그램과 노인에 대한 시각 등을 비교해 보았다. 비슷한 점도 있었고 다른 점도 있었는데, 무엇보다 중국의 노인 교육 철학은 나를 놀라게 했다. 류 선생은 노인들이 자기 자신을 돌보는 것은 다른 사람을 돌보는 것이기도 하다고 강조했다. 자신의 건강을 돌보는 것은 사회에 대한 신성한 의무고, 노년의 생활은 동년배뿐 아니라 다른 세대와의 연대감 속에서 이뤄져야 한다고 했다. 또 류 선생은 노년에 이르면 서로의 차이는 중요하게 여겨지지 않는다며 노인들은 사회의 통합을 위해 노력해야 한다고 했다. 미국의 노인들은 류 선생의 말을 받아들일 것 같지 않았다. 미국의 교육 프로그램은 자발적이고 자유로운 활동을 무엇보다 중시하며, 교육 참가자들은 프로그램이 개인적으로 맘에 들고, 자신을 만족시키기 때문에 참여했다.

"예순 살쯤 되면 인생의 성숙기라 할 수 있습니다. 지식과 경험을 풍부하게 쌓았기 때문이지요. 그런 노인들을 방치하고 소외시킨다면 큰 손실이 아닐 수 없습니다. 은퇴가 공동체에 기여하기를 그친다거나 아무것도 하지 않는다는 것을 의미하지 않습니다. 노인들은 어려움이 닥쳤을 때 대처하고 해결할 수 있는 지식과 경험이 풍부할 뿐 아니라 문화와 사회, 철학을 어느 세대보다 폭넓게 이해할 수 있습니다. 공자는 오십 살에 고대 중국의 지혜서인《역경易經》을 공부하기 시작했고 여생을 세상의 이치를 깨우치기 위해 열심히 노력했습니다. 마오쩌둥은 일흔 살에 처음으로 영어 공부를 시작했고 죽을 때까지 손에서 책을 놓지 않았습니다. 노인들은 지식을 많이 쌓았지만 더 많은 지식을 얻고자 바랍니다. 중국은 전통적으로 '중단 없는 배움'을 미덕으로 여겼습니다. 배우는 것을 결코 멈춰서는 안 된다는 말이지요."

그날 저녁 회의 참가자들은 대학 총장의 집에서 열린 야외 파티에 초대되었다. 나는 손에 맥주를 들고 서서 마이런과 함께 와스카나 호수의 역사와 하얀 무지개에 대해 이야기를 나누고 있었다.

그때 류 선생을 통역했던 젊은 친구가 다가와 말을 건넸다.

"실례합니다만 맨하이머 선생님이시죠?"

"네. 맞습니다. 당신은 류 선생을 통역했지요?"

"네. 미국에서 저는 베니라고 불리죠."

"베니?"

"맞아요. 베니요. 멋진 이름이라고 생각하지 않으세요?"

"네. 그래요."

나는 미소를 지으며 베니를 마이런에게 소개했다.

"그런데 다름이 아니라 류 선생이 당신이 한 얘기를 들으셨나 봅니다. 무지개에 관한 이야기라는데요."

"저도 처음 보는 무지개였어요. 그런데 류 선생이 그걸 어떻게 아셨지요?"

그때 마이런이 수줍게 웃고 있는 것을 보았다. 그가 다른 사람들에게 내 이야기를 한 모양이다. 회의장은 마치 작은 마을 같아서 누가 무슨 말을 하면 잠깐 사이에 모든 사람이 알게 되었다.

"류 선생이 당신과 무지개에 대해 이야기를 나누기를 바랍니다. 어떠십니까?"

"좋습니다."

나는 활짝 웃으면서 대답했다. 류 선생과 대화할 기회가 생긴 것이다.

"잘 되었네요. 류 선생이 아주 재미있는 분이라는 걸 알게 될 겁니다."

나는 베니를 따라 큰 상수리나무 아래로 갔다. 류 선생은 야외용 바비큐 기계를 열심히 살피고 있었고, 그 둘레에 중국인 몇 명이 담배를 피우며 이야기를 나누고 있었다. 베니가 다가가 말을 건네자 류 선생은 고개를 끄덕이며 미소를 지었다.

우리는 동양식으로 허리를 굽혀 반갑게 인사를 나누었다. 베니는 곁에서 열심히 류 선생의 말을 통역해 주었다.

"류 선생은 중국의 여러 지역에서 무지개를 보았지만 하얀 무지개는 한 번도 본 적이 없다고 하십니다. 당신에게 무지개에 관해 전해 오는 중국인의 믿음을 들려주고 싶다고 하시네요. 서양에서 무지개가 행운을 의미한다는 것을 알고 있다고 하십니다. 무지개를 본 사람에게 큰 행운이 온다는 것을요. 하지만 중국의 무지개는 의미가 다양합니다. 어떤 사람에게는 행운을 상징하지만 어떤 사람에게는 불행을 상징하기도 하지요. 또 중국에서는 여러 종류의 무지개가 있습니다. 붉은 무지개, 초록 무지개, 회색 무지개, 하얀 무지개, 구부러진 무지개, 직선 무지개 등이 있지요. 암 무지개, 수 무지개도 있답니다."

베니의 통역이 끝나자마자 류 선생이 말을 이었다. 베니는 그의 말을 들은 다음 곧장 통역을 했다.

"류 선생 말씀이 무지개는 앞으로 일어날 정치적인 사건을 예언하기도 하고, 그리고 미국에서는 결혼 서약이라고 하나요?"

"부부간의 정절 말인가요?"

"네. 맞습니다. 정절과 관련된 일도 예견한다고 하네요."

나는 베니의 표정을 살폈지만 무표정했다. 그리고 계속해 통역을 했다.

"혹시 이중 무지개라고 들어 보셨습니까?"

"무지개 안에 무지개가 들어 있는 것 말입니까?"

"맞아요. 이중으로 겹쳐진 무지개지요. 새들도 화려한 놈이 수놈이듯, 밝은 무지개가 수 무지개고 덜 밝은 무지개가 암 무지개라는군요. 중국의 고대 시에 그런 내용이 있다고 합니다. 그리고 선생님이 하얀 무지개를 어디서 얻게 되었는지 물으시네요."

내가 무지개를 얻었다니, 무슨 말을 하는지 이해가 되지 않았다. 여하튼 나는 와스카나 호수를 가리키면서 내가 보았던 하얀 무지개를 자세히 설명했고, 마이런에게서 들은 과학적 지식도 함께 알려 주었다.

베니의 통역을 들은 류 선생은 눈을 여러 번 깜빡거리면서 아무 대답이 없었다. 우리 세 사람은 조용히 서 있었다. 마침내 류 선생이 나를 쳐다보며 몇 분 동안 계속 말을 했다. 나는 베니를 흘끗 보았다. 그는 윗입술을 깨물기도 하고 입을 오므리기도 하면서 류 선생의 말을 충분히 이해했다는 듯 고개를 끄덕였다.

"하얀 무지개는 여성, 음이랍니다. 당신은 음양에 대해 알고 계십니까?"

"조금은 알고 있습니다."

베니는 통역을 계속했다.

"하얀 무지개는 특별하기 때문에 많은 사람들이 볼 수 없답니다."

맞는 말이었다.

"또한 그 무지개를 본 사람에게는 특별한 의미가 있다고 합니다."

류 선생의 설명은 온통 시적이고 상징적이었다. 마이런의 과학적인 설명과 정반대였다. 베니는 적절한 단어를 찾으려는 듯 잠시 말을 멈추었다.

"하얀 무지개는 분리를 극복하고 마음을 하나로 합쳐서 노력한다는 의미입니다. 예로 들면 전쟁에서 뭉치면 살고 흩어지면 죽는다는 말이 있잖습니까? 류 선생은 하얀 무지개를 본 사람은 화합을 어떻게 이루는가가 가장 큰 문제이며, 당신이 그 무지개를 보았으니 이 문제는 당신의 문제라고 합니다. 왜냐하면 하얀 무지개가 당신에게 속하기 때문이랍니다."

하얀 무지개를 어디서 얻었냐고 하더니 이제는 하얀 무지개가 내게 속한다고 했다. 그때 마이런이 했던 말이 떠올랐다. 그는 무지개는 그걸 보는 사람의 숫자만큼이나 다양하다고 했다. 대기의 조건, 태양광의 각도, 보는 사람의 위치에 따라 무지개가 다르게 보인다는 것이다. 보는 사람의 눈에 도달하는 빛의 투영, 혹은 굴절이 달라지기 때문이다. 마이런이 설명할 때에는 이 말이 인상적이지 않았는데, 류 선생의 설명을 듣고 나니 비로소 마이런이 말하려고 했던 핵심을 이해할 수 있었다. 그렇다. 무지개를 '얻는다'는 표현이 맞다. 또 '속한다'는 표현도 맞다. 위치에 따라 눈에 보이는 무지개가 달라지기 때문이다. 나는 마이런과 류 선생을 통해 무지개를 해석하는 두 가지 방식, 즉 과학적인(경험적인) 방식과 감성적인 방식 모두를 접했다. 이들 방법 중 어느 하나를 선택하는 것은 의미가 없어 보였다. 두 방법은 보완적이라고 할 수 있다. 그러나 그들을 어떻게 통합해야 할까?

류 선생은 호수 쪽을 바라보고 있었다. 역사의 격변 속에서 살아남은 그는 노년에 이르러 고요하고 평온해 보였다. 호수를 바라보던 류 선생이 나를 보며 이야기를 하기 시작했다. 베니는 굳은 표정으로 그의 이야기를 들으면서 나를 몇 번 흘끗 쳐다보았다. 선생이 말을 마치자 입을 열었다.

"류 선생이 하얀 무지개의 숨은 뜻을 설명해 주셨습니다."

숨은 뜻이라…….

"오색 무지개는 햇빛이 구름 속에서 여러 가지 색깔을 만들어 낸 것이고, 보는 이에게 행복한 느낌을 선사합니다. 젊음은 오색 무지개와 같습니다. 젊은이의 눈에는 수많은 가능성이, 수많은 다양성이 보입니다. 나중에 무지개는 색이 바뀌면서 붉은 무지개 또는 녹색 무지개가 됩니다. 모두 강렬한 감정을 의미합니다."

베니가 머리를 가로저었다.

"아니, 강렬하다는 말보다 더 강한 감정을 말합니다."

그는 눈썹을 올리며 소리쳤다.

"열정. 이해할 수 있나요? 엄청난 열정을?"

나는 고개를 끄덕였다.

"열정은 인생의 강물을 이루는 행복과 고통을 말합니다. 그런 다음 하얀 무지개가 나타납니다. 하얀 무지개는 노년을 상징합니다. 하얀 머리처럼 하얀 무지개는 어떤 사람에게는 슬픔을, 어떤 사람에게는 행복을 가져다주고, 어떤 사람에게는 분노를, 어떤 사람에게는 평안을 주지요.

오색 무지개의 색들은 모두가 다르다, 분리되어 있다는 착각을 하게 합니다. 하지만 하얀 무지개는 아주 간단한 진리를 말해 줍니다. 서로 다르다 해도 이들 모두는 필연적으로 하나로 통합된다는 진리를 말이지요."

다시 류 선생이 말을 했고 베니가 통역했다.

"하얀 무지개는 또한 사람들의 화합을 보여 줍니다. 사람들이 함께 일하는 다양한 형태의 협동을, 협동의 위대한 아름다움을 보여 주지요."

베니는 긴장하고 있었다.

"일체감? 음, 연대감?"

내가 본 하얀 무지개에 대한 류 선생의 진지한 설명을 숙고해 보았다. 류 선생은 다양성의 통합이라는 사회철학을 내가 이해해야 한다고 말하고 있었고, 동시에 하얀 무지개라는 물리적 현상 속에서 자연 법칙

뿐 아니라 사회 법칙 또한 깨달아야 한다고 말하고 있었다.

나와 류 선생이 계속 말을 주고받고 있을 때 한 여성이 다가왔다. 아마도 대학 총장의 아내일 듯싶었다. 그녀는 식사와 음악이 준비되어 있다면서 텐트로 들어와 달라고 부탁했다. 류 선생은 허리를 굽혀 나에게 인사를 했고, 나 또한 그렇게 했다. 그리고 나는 베니와 악수를 하며 통역을 해줘서 고맙다고 말했다. 그리고 다른 사람들과 함께 텐트로 향했다.

다시 호수로

다음 날 깨어나니 술기운이 남아 있었다. 나는 밖으로 나와 기숙사 잔디밭을 가로질러 걸었다. 해가 나무 위로 높이 떠 있었고, 안개도, 태극권을 하던 그도 없었다. 나는 조깅 대신 와스카나 호수의 오솔길을 따라 걸었다. 호수는 잔잔했다.

하얀 무지개는 실제로 볼 수 있는 자연 현상이다. 하지만 과학자들은 하얀 무지개 같은 자연 경관이 인간 심리에 어떤 영향을 미치는지 설명하지는 않는다. 하얀 무지개는 내게 깊은 인상을 남겼고, 마치 축복을 받았다는 느낌마저 들었다. 하얀 무지개가 신성하게 느껴지듯이 인생 또한 그렇게 느낄 수 있지 않을까?

나는 마음속으로 아서 플레밍을 떠올렸다. 그가 하얀 무지개를 보았다면, 나처럼 류 씨와 하얀 무지개에 대해 이야기를 나눴다면 무슨 생각을 했을까? 나는 플레밍과 함께 테이블에 앉아 있다는 상상을 했다. 그는 내 이야기를 귀 기울여 들었고, 생각에 잠겨 고개를 끄덕이더니 내게 말을 했다.

"무지개가 영감을 주었다니 멋진 일이네. 우리 모두는 영감을 기대하지. 누구는 자연에서, 누구는 종교에서 말이네. 나는 가족에게서 영감을 받았지. 중국인과 만났다고 했나? 중국의 젊은이들은 자본주의를 경험하면서 돈과 개인의 삶에 관심이 많아졌네. 하지만 노인들은 좀 다르네. 그들에게 사회적 의무는 여전히 신성하고, 특별한 의미가 있지. 우리 서양에도 신성한 의무가 있다네. 중국과는 좀 다르지만 말일세. 그 뿌리를 찾아가면 아테네와 스파르타에 이르지. 시민의 의무. 시민의 의무는 젊은이부터 노인에 이르기까지 모든 사람은 다른 사람에게 의무가 있다는 것이네. 이런 것을 황금률이라 하지. '남에게 대접받고자 하는 대로 너희도 남을 대접하라.'처럼 말일세. '다른 사람을 도와주면 도움이 필요할 때 그들이 도울 것이다.'도 황금률에 해당하는 상식이야. 황금률은 나이와 상관없이 누구나 마땅히 해야 하는 본분이라 할 수 있지.

성숙한 시민들이 자기 정체성을 잃지 않고 타인을 위해 무언가를 할 수 있으려면 새로운 지식을 쌓고, 자극을 받아야 하네. 그러기 위해서 우리 주변에 대학교보다 더 나은 곳이 있는가? 자네 같은 사람들이 나서서 노인들이 사회의 일원으로 계속 살아갈 수 있도록 도와야 하네. 사회와 계속 소통하도록 말일세. 알겠나? 소통의 중요성은 아무리 강조해도 지나치지 않아. 사회와 단절되었다고 느끼면 관심을 잃게 되네. 생각해 보게. 자네가 자신의 의지와 상관없이 그런 상황에 처했다면 어떻겠나? 지금 한창 일하고 있는 젊은 사람들이 과연 그런 상황을 상상이나 할까? 왜 청년들만 대학을 다녀야 하나? 노인들은 소통의 즐거움, 공부의 즐거움이 뭔지 어느 세대보다 더 잘 알고 있네. 사회 구성원으로서 당연히 누려야 할 권리를 사회가 외면하고 있다면 마땅히 되찾아야 하지.

'이제 나이가 들었으니 사회와 멀어지고 싶다.' 혹은 '이제 나이가 들었으니 뒤떨어지고 싶다.' 이렇게 말하는 사람이 있는가? 우리 중 누구도 원하지 않아.

경제 활동을 할 수 있는 사람들만 사회에 뭔가를 기여할 수 있다고 보나? 노인들도 그들과 마찬가지로 누군가에게, 지금까지보다 더 많이 기여할 수 있네. 보게. 노인들은 시간도 있고, 동기도 있네. 이 두 가지는 노인들에게 배움의 공간이, 교육이 왜 그토록 중요한지 말해 주네. 노인 교육은 사회를 변화시키고, 개선시키는 엔진 역할을 할 것이네. 노인들은 공부를 하면서, 다른 사람을 지도하면서 직업과 상관없이 가지고 있던 독자적인 생각을 수십 년 만에 처음으로 밖으로 끌어낸다고 생각해야 하네.

물론 사람들은 여가를 즐기고 싶어 하지. 더없이 좋은 거야. 당연히 즐겨야 하고. 몸과 마음을 쉬게 하여 원기를 회복해야 하네. 그러나 쉬는 것이 여가의 목적이 아니라네. 휴식은 긴장을 풀어 주고, 새로운 에너지를 충전하는 시간이네. 그런 다음 사람들은 다시 창조적인 작업을 시작하지."

플레밍이 말을 멈추고 입술을 적셨다. 오랫동안 말하는 그의 능력이 감탄스러울 따름이다.

"자네에게 조언을 하겠네. 자네가 하는 일이 가치 있다고 생각해야 하네. 다른 사람들이 어떻게 생각하든 너무 신경 쓰지 말게. 인생과 관련된 문제들은 쉽게 해결되는 법이 없지. 어떤 사람은 인간은 사회를 위해 일할 수 있는 시간이 한정되어 있고, 다음 세대가 일할 수 있도록 뒤로 물러나야 한다고 말하네. 또 어떤 사람은 노인들은 다음 세대를 위해 희생했기 때문에 젊은 사람들이 노인을 돌보아야 한다고 말하네. 둘 다 일리 있는 말이야. 하지만 내 생각은 말일세."

박사는 테이블 위의 바구니에서 빵 하나를 집더니 반으로 잘라 한 쪽을 내게 건넸다.

"우리가 해야 할 일은 이런 것이네. 자신의 삶을 풍요롭게 만들고 싶으면, 다른 사람의 삶도 풍요롭게 할 수 있는 방법이 무엇인지 생각해야 한다는 것. 계획을 세울 때 이 원칙을 잊지 말게. 추상적인 생각은 버리게. 현실에 적용할 수 있는 계획을 세우게. 자네의 신념이 옳다는 것을 입증할 수 있는 현실적 방법들에 대해 생각하게. 꿈을 갖되 그 꿈이 실현 가능한 것인지 계속 점검해야 하네."

맞는 말이다. 나는 대학이 노인들에게 문을 여는 것을 정당화하는 포괄적인 이론을 세우려고 했다. 플레밍 박사는 나에게 방향을 바꾸라고 말하는 것 같았다.

"청년과 노인이 함께 공동 연구에 참가하고 서로 칭찬할 수 있는, 작지만 실현 가능한 계획들을 세우게. 늙음을 이해하기 위해서 과학도 필요하고, 인생을 이해하기 위해서 신화도 필요하네. 중국의 현자로부터 충돌이 화합으로 가는 길이란 것을 배울 수 있을 거네. 자네 앞에 많은 문제들이 기다리고 있네. 자네는 그것들이 조화를 이루도록 해야 하네. 중요한 것은 내가 말한 원칙을, 생각의 방향을 잃지 않는 거네. 사람들은 너무 쉽게 포기하지. 생각해 보게. 개개인은 각자의 무지개를 가지고 있네. 하지만 이들이 하나로 통합된 하얀 무지개가 가능하다면, 기적이 일어날 수도 있지 않겠나?

9 거꾸로 보는 인생 지도

Chapter 9

거꾸로 보는 인생 지도

인생의 끝에 이르면 과거가 시작된 출발점에 이른다

나의 친구 오기 닐센은 바로 '지금' 이 순간에서 영원과 만날 수 있다고 말한다. 빵 한 조각에서 영원을 맛보고, 누군가와 포옹하며 영원을 느끼고, 코냑 한 잔에서 영원의 향기를 맡는다고. '현재'의 순간에서 충만을 느낄 때 시간이 정지된 것 같은 영원을 경험한다는 의미일 것이다.

오기는 자신만의 독특한 방식으로 이야기하는 사람이다. 또한 아주 흥미로운 생각이나 문득문득 떠오르는 의문들에 대해 대화를 나눌 수 있다. 이것인 내가 그를 찾아갔던 이유고, 공동묘지가 대화 나누기에 가장 좋은 장소로 보였던 이유다.

똥똥한 체격의 오기는 긴 흰머리를 갈기처럼 늘어뜨리고 가죽을 덧씌운 덴마크 전통 나막신을 신고 다녔다. 평상시에 신는 나막신과 특별한 날에 신는 나막신을 따로 둘 정도로 좋아했다. 하기야 나막신을 신으면 키가 좀 더 커 보이기는 했다.

그는 덴마크의 림 협만 북쪽에서 자랐는데, 그곳에는 작은 농가와 어촌, 교차로들이 여기저기 흩어져 있었다. 그곳 사람들은 완고한 데다 자부심과 독립심이 강해 지난날에는 왕과 성직자의 권력에 맞서 싸웠고, 최근에는 정부의 권한을 무시할 정도다.

엄격한 집안에서 태어난 오기는 모험심이 워낙 강해 고향에서 '악의 소굴'이라 일컬었던 코펜하겐으로 공부하러 가겠다고 고집을 피웠다. 집안에서는 미운 오리새끼였던 셈이다. 이후에도 타고난 방랑벽 때문에 뉴욕과 인도를 비롯해 세계 여러 곳을 돌아다녔다. 기발한 생각이 끊이지 않는 오기는 교육 개혁가였고, 진보적인 단체들을 설립하는 데 앞장섰다. 하지만 그가 세운 단체들은 유명해지면서 점점 보수화되었고, 설립 초기에 그가 구성했던 집행부로부터 쫓겨나는 수모를 여러 차례 겪어야 했다.

나는 대학을 졸업한 후 몇 년 동안 오기와 함께 일했다. 당시 그는 인간의 내면 탐구에 초점을 맞춘 교육을 실시하기 위해 자신이 설립한 대학교의 총장으로 있었다. 그의 지칠 줄 모르는 열정에 사람들은 감탄해 마지않았고, 학생들과 선생들은 그를 존경했다. 처음에 대학교는 코펜하겐 교외에 있었는데, 나중에 오기의 고향에서 그리 멀지 않은 곳으로 옮겨 농가를 개조해 강의실과 기숙사로 사용했다. 그리고 20여 년이 지난 뒤에 나는 그를 만나러 덴마크로 갔다.

일흔두 살의 오기는 덴마크 정부에서 지급하는 연금으로 생활하고 있었다. 그의 작은 아파트에는 왕성하게 활동했던 지난날의 문서와 편지를 보관한 캐비닛과 책장이 꽉 들어차 있었다. 오기는 조금도 달라진 것이 없었다. 예전과 마찬가지로 여전히 야심 찬 계획을 세우느라 여념이 없었다. 사람들은 그의 식을 줄 모르는 카리스마에 매료되었고, 그를 찾아오는 방문객들도 많았고, 편지가 끊이지 않았으며, 전화 또한 수시로 걸려 왔다. 그런데 요즘 들어 오기는 이런 일들이 낮잠에 방해가 된다고 불평을 했다. 나이가 든 탓에 이제는 낮잠을 좀 자야 하기 때문이다. 지금까지 그는 다른 사람들의 꿈과 문제들을 두고 이 이상 더 어떻게 관심을 기울일까 싶을 정도로 고민했고 함께 해결책을 찾기 위해 노력해 왔다. 나이도 나이지만 지칠 만도 했다. 하지만 그는 불평을 하면서도 찾아오는 사람들을 마다하지 않았다.

오기는 유틀란트 반도 서쪽에 있는 링쾨빙Ringkøbing 외곽에 살고 있었다. 그곳은 전통과 현대의 이기가 조화를 이루고 있는 아름다운 마을이다. 마을 중앙에는 자갈이 깔린 광장이 있고, 그곳에는 시계탑을 가진 18세기에 지어진 시청건물이 있다. 시계탑 안에는 접시 모양의 위성 안테나가 설치되어 먼 곳에서 보내는 신호를 수신했다. 오기를 만나러 가던 날 갈매기 한 마리가 풍향계 위에 올라앉아 광장에서부터 미로처럼 구불구불 뻗어 있는 집들의 주황색 지붕을 내려다보고 있었다. 그 아래로 사람들이 가게 유리창 너머로 신선한 고기며 주렁주렁 매달린 소시지며 갓 구워 낸 빵, 먹음직스런 케이크, 시가, 파이프 등을 구경하고 있었다. 코펜하겐에서 유행하는 물건들이며 현대식 덴마크 가구, 최신식 가전제품도 눈길을 끌었다. 평소 같으면 갈매기들이 항구의 고깃배 옆에 쌓여 있는 대구나 가자미 궤짝에 몰려드는데, 그날은 먹을거리가 영 마땅찮았던 모양이다.

오기와 나는 마을 어귀에 있는 교회의 공동묘지를 거닐며 대화를 나누었다. 공동묘지는 돌담과 넝쿨장미, 짧게 자른 풀, 회양목 울타리가 잘 어우러져 있었고, 햇살이 교회당과 공동묘지를 밝게 비추고 있었다.

영원의 맛

"오기, 이 비문은 무슨 뜻인가요?"

나는 어느 묘비 앞에 서서 덴마크어로 쓰인 비문을 손가락으로 가리켰다.

"Det Er Fuldbragt."

'끝났다'는 뜻일까? 아님 '이루었다'는 뜻일까? fuldbragt의 동사원형 fuldbringe은 '끝내다', '완성하다'라는 의미다.

"'다 이루었다'는 뜻이네. 예수와 부활에 관한 말이라네."

"이곳에 묻힌 사람이 예수처럼 인생 여정을 완수하고 부활해서 신의 곁으로 갔다는 의미인가요?"

나는 갑자기 장난을 치고 싶었다.

"그런 뜻이 아닐 수도 있지 않나요? 그냥 단순히 인생이 끝났다. 몸과 마음이 할 일을 다했다는 것을 의미할 수도 있잖아요."

오기가 고개를 끄덕였다.

"자네가 그렇게 생각하고 싶다면 그럴 수도 있겠지."

이것은 오기 특유의 대답이다. 자신의 의견을 말하기보다 질문을 던진 사람에게 그 질문을 되돌려 주는 방식이다. 그러나 나는 그의 의견을 듣고 싶었다.

"이 비문들이 지금 여기에 서 있는 우리를 위한 것이라고 생각지 않나요? '완성'이란 말로 죽음에 대한 두려움을 덜어 주고, 삶이 죽음을 향해 가는 디딤돌이라는 걸 이해하라는 의미에서 말입니다."

"틀린 말은 아니네. 자네 같은 철학자나 요즘 젊은이들은 거의 다 그렇게들 생각하지. 하지만 늙은이들은 별다른 생각 없이 쓰여 있는 그대로 받아들이고 있어. 우리 같은 늙은이들은 영원 근처에 매달려 있는 셈이니까. 우리 교회 목사님을 보게. 주일마다 몇 안 되는 신자들 앞에서 꾸준히 지루한 설교를 하잖나. 뭐, 목사님이라고 별 수 있겠어? 목사님도 늙은이들처럼 죽음이 찾아와 영원과 만나길 그저 기다리는 처지인걸."

"하지만 오기, 당신은 예수의 이야기를 사실이라고 믿고 있잖아요. 선생님은 '다 이루었다'라는 비문이 먹고 살기 위한 고생이 끝이 났다. 집도 차도 끝이다. 시민으로서의 의무도 다했다. 뭐 이런 의미라기보다 한 단계 더 높은 완성을 의미한다고 생각하시잖아요."

오기가 웃었다.

"그야 생전에 무슨 차를 탔느냐, 어느 등급의 포도주를 마셨느냐, 고급 시가를 피웠느냐, 싸구려를 피웠느냐에 따라 다르겠지."

오기의 말은 농담이 아니었다. 그는 나이를 먹으면서 쾌락주의자가 되었다. 고급 스포츠카를 몰고 다니는가 하면 고급 시가를 피우고 적포

도주뿐 아니라 스카치위스키와 브랜디를 즐겨 마셨다. 여러 번 끝이 좋지 않은 경험을 했으면서도 여전히 지적이고 능력 있는 젊은 여자들을 골라 사귀었다. 오기가 먼저 관계를 그만두기도 했지만 대부분 여자 쪽에서 관계를 그만두었다. 그는 지혜나 행복을 좇는 것이 얼마나 어려운지를 보여 주는 산 증인이었다. 어쨌거나 그의 사는 모습을 보면 그의 묘비에 '다 이루었다'라는 비문이 적힐 거라고는 상상할 수 없다.

몇 년 전, 그는 심각한 병에 걸려 여러 차례 위험한 수술을 받았고, 두 주 동안 혼수상태에 빠져 있었다. 그는 육체에서 혼이 빠져나가는 경험을 했고 신과도 대화를 나누었다고 주장했다. 어두운 죽음의 터널 저편의 밝은 빛을 따라가다가 발길을 돌려 산 자의 땅으로 되돌아와 보니, 다섯 명의 여인이 사랑하는 연인의 죽음을 애도하기 위해 모여 있었다고 했다. 죽음을 퇴짜 맞은 격인데도 전혀 아랑곳하지 않고 오기는 삶을 기꺼이 받아들이고 더욱더 쾌락에 열중했다. 죽을 수도 있었는데, 아무것도 얻은 게 없는 것일까? 오기는 다른 묘비를 가리켰다. 그 묘비에는 '영원까지'라는 비문이 새겨져 있었다.

"가게 문에 달린 '점심시간은 오후 두 시까지'라는 문구와 비슷한 느낌이네요."

오기는 내 대답이 재미있다는 듯 웃으며 말했다.

"영원까지 갔으니 곧 돌아오지 못한다는 뜻이겠지."

"영원이란 말은 너무 추상적이어서 이해가 가지 않아요. 영원을 이해하라고 강요하고 있지만 직접적으로 다가오지 않아요. 영원을 경험할 수 없으니 말이죠. 여기 5년 전에 죽었다는 라우리센 씨의 비문을 보세요. '빵집 주인이었던 그가 지금은 예수의 길을 따라 영원으로 갔다'라고 되어 있군요. 이 비문은 두 가지 스토리를 갖고 있죠. 빵집 주인과 구세주. 이 둘은 아무리 봐도 비슷한 점이 없는데, 어떻게 연결이 되는 거죠?"

오기가 웃으며 말했다.

"빵집 주인과 구세주라. 멋지군. 영화를 만들어도 좋겠어. 자네는 어떤 역을 맡고 싶나?"

"오기, 전 농담하는 게 아닙니다."

"알아. 너무 심각하게 생각하는 것 같아서 그러네. 여전하군. 전체가 명백히 밝혀지지 않으면 그 무엇도 받아들이지 않는 자네의 그 성격."

"궁금하니까 그렇죠. 영원의 의미를 분명히 알고 싶거든요."

"영원이란 좀 무서운 말일 수 있지."

"죽음 때문이죠?"

그는 고개를 가로저었다.

"아니, 그 반대야. 삶 때문에 그래. 자네 영원에 대한 이야기를 듣고 싶지 않나?"

"듣던 중 반가운 소리네요. 얘기해 주세요."

"십 년쯤 전 어느 날 밤이었네. 아마 아홉 시쯤 되었을 게야. 나는 한 학생을 시내에 있는 역까지 바래다주었지. 그날 밤 막차를 타야 했어. 그는 코펜하겐으로 가서 비행기를 타고 집으로 가야 했지. 작별인사를 한 뒤 그가 기차에 올랐네. 그리고 기차가 서서히 조용히 움직이기 시작했지. 새로 만든 현대식 열차라 그런지 아주 조용했어. 나는 항상 그랬던 것처럼 손을 흔들었고, 그 학생도 차창 밖을 내다보며 손을 흔들었지. 기차가 점점 멀어져 갔네. 밤늦은 시각, 플랫폼에는 나 혼자뿐이었다네. 아니, 나 혼자뿐인 줄 알았지. 그런데 아니었어. 날씨가 꽤 포근한 밤이었는데, 레인코트에 트위드 모자까지 챙겨 쓴 사내가 서 있었다네. 물론 비도 오지 않았지. 그땐 며칠째 비가 내리지 않았거든. 나는 그 학생이 나를 보지 못할 정도로 기차가 멀리 갔지만 계속 손을 흔들고 있었지. 기차 뒤에 달린 등에서 나오는 불빛밖에 보이지 않았네. 그러니 그 사내가 누굴 배웅하러 나왔다고 볼 수 없지. 그 시각에 누굴 마중하러 나왔다고도 볼 수 없고. 그저 기차가 도착하고 떠나는 것을 보러 오는 외로운 사람일 거라 생각했지. 그게 전부네.

그런데 기분이 묘해지기 시작하더군. 어떤 느낌이랄까? 섬뜩하다고나 할까? 등골이 오싹해지더군. 늘 보았던 기차역조차 낯설게 보이고, 모든 것이 그림자 같다고나 할까? 그때 그 사내가 내게 다가와 날 쳐다봤지. 너무나 슬픈 표정을 한 늙은 농부였네. 아마도 결혼을 한 적이 없는 사람 같았어. 시골에서 사람들이 만나면 인사를 나누듯이 나는 평소와 다름없이 명랑하게 인사말을 건넸지. '안녕하시오. 친구.' 그 사내도 모자를 벗고 고개를 까딱해 보이더니 뒤돌아서 걸어가기 시작했네. 그리고 휘파람을 불더군. 휘파람을 불면서 플랫폼으로 걸어갔지. 그의 휘파람 소리에 섞여 기차역의 호각 소리를 간신히 들을 수 있었지.

그리고 난 갑자기 힘이 빠지는 느낌이 들더군. 독감에 걸린 것처럼 말일세. 자네는 그 상황을 이해할 수 있겠나? 나는 모르겠네. 나는 집을 향해 천천히 차를 몰았는데, 무엇인가 내게서 빠져나가는 느낌이 들었네. 그러곤 얼마동안 멈춰 서 있었는지 모르겠네. 몇 초였는지, 일 분이었는지, 더 오래였는지."

오기는 대답을 기대하는 것처럼 나를 바라보았다. 그는 뺨을 문지르며 계속 말을 이었다.

"이후로 그 일에 대해 여러 번 생각해 보았네. 그날 밤, 모자를 쓴 사내, 휘파람, 기차. 그럴 때면 나는 느낀다네. 아니 입 안에서 쓴맛이 느껴져. '영원'이란 단어의 맛이 말이네."

오기는 이야기의 우울함을 털어 내는 것처럼 한순간 눈을 번뜩이며 올려다보았다.

"철학자 선생, 이 이야기가 무엇을 뜻하는지 설명할 수 있겠나?"

"오기, 당신이 한 경험인데, 저보고 의미를 말하라는 거예요?"

"의미를 찾아내는 일은 나보다 자네가 더 잘 하잖나?"

전형적인 오기의 말투에 난 웃지 않을 수 없었다. 나에게 질문을 되돌려 주었다. 하긴 그의 이야기를 들으면서 머릿속에 떠오른 생각이 있었다.

"외로움과 관련된 것 같은데요. 선생님은 어둔 밤 속으로 누군가를 떠나보냈고, 기차는 마치 선생님에게서 떨어져 나가는 것처럼 무한 속으로 사라지고 있었죠. 그런 뒤 말없는 사내를 만났고. 선생님은 텅 빈 영원, 시간의 공허함 같은 것을 경험한 거예요. 선생님은 영혼에서 생명이 빠져나가는 것을 느꼈어요. 그러곤 분리되는 느낌도……."

오기는 내 어깨에 손을 얹었다.

"로널드, 나도 그렇게 생각해 보았지. 그런 의미일 거야. 재미있군. 사람은 말일세. 느낌을 쉬게 할 수가 없네. 의미는 느낌을 붙들어 두려고 하지. 마치 야생동물을 우리에 가두는 것처럼. 하지만 느낌은 잠자는 법이 없네. 항상 그 플랫폼에 머물러 있네. 나 또한 거기에 있지."

그리고 그의 표정이 밝아졌다.

"환상적이지 않나? 우리가 그런 경험을 한다는 것이 정말 놀라워. 그리고 더 멋진 일은 지금 자네는 이 경험을 나와 나누어 가졌네."

우리는 천천히 거닐고 있었다. 나는 오기를 바라보며 물었다.

"하지만 오기, 영원이 그렇게 쓴맛이라면 어째서 묘비에 영원이라는 말을 새겨 넣었지요?"

"왜냐하면 묘비의 영원은 쓴맛의 영원이 아니라 달콤한 영원이야. 텅 빈 영원이 아니라 충만한 영원 말일세. 사람들이 충만해지고 싶을 때는 달콤한 영원을 찾는 것이네."

"달콤한 영원에 관한 이야기도 있나요?"

"달콤한 영원에 관한 이야기라……."

오기가 웃었다.

"아니, 그런 이야기는 떠오르지 않네. 하지만 키에르케고르가 그 비슷한 말을 했지. 시간의 충만함에 대해서 말이야. 기억하고 있나?"

"물론이죠."

키에르케고르는 신과 인간 사이에는 신앙으로만 건널 수 있는 심연이 놓여 있다고 했고, 그 심연을 건너려면 개인의 자유 의지로 '신앙의 도약'을 해야 한다고 했다. 오기가 한 손을 내 어깨에 다시 얹었다.

"키에르케고르는 우리가 영원히 충만을 향해, 완성을 향해 나가고 있다고 말했다네. 그렇게 생각해야만 시간이 다 지나가고 있다는 두려움에서 벗어날 수 있다는 거지. 그의 말을 따른다면, '영원까지'라는 비문의 의미는 우리가 준비를 해야 한다는 것일세. 다시 말해 영원에 대한 준비가 되어 있는지 질문하는 거라네. 그래서 '영원까지'라는 비문은 죽음이 아니라 삶에 대해 말하고 있는 거야. 우리의 삶은 영원에 이르기 위해 준비를 하는 시간이지. 이 점을 이해하고 나면 매 순간이 '영원까지', '영원을 향해' 나아간다는 것을 경험할 수 있어. 젊었을 때는 그 사실을 잊으려고 하지만, 나이가 들면서 심장마비를 겪거나 친구가 죽거나 머리가 허옇게 세는 것을 보면서 그것을 기억하게 된다네. 나이를 먹으며 경험하는 것들은 우리가 잊어버린 것이 무엇인지 암시하고 있네. 영원에 이르는 준비를 해야 한다는 사실을 말일세."

> 영원이 존재하지 않는다 해도 순간이라는 것은 영원이 존재하는 것과 별로 다르지 않다. 그러나 불안은 순간을 하나의 추상으로 만들어 버린다.
>
> \- 키에르케고르, 《불안의 개념》에서

> 인생이 얼마나 헛되이 흘러가고 있는가라는 말을 자주 듣게 된다. 인생을 헛되게 보낸 사람들은 인생의 기쁨이나 슬픔에 속아서 이도저도 아닌 세월을 보낸 것이다.
>
> \- 키에르케고르, 《죽음에 이르는 병》에서

"결국 키에르케고르에게 삶이란 완성을 위해 죽음을 기다리는 셈이지요. 삶을 부정하는 신학은 종교를 우울하게 만들어요."

"삶을 부정하는 거라고? 오해를 하면 그렇게 생각들 하지. 완성을 위한 과정이라는 말도 애매하게 들리고. 이 세상에서 아무리 노력한들 완성에 이르지 못할 거고, 죽음을 생각하니 불안해지고, 죽음 뒤에 어떻게 될지도 걱정되니 영원을 자동차 보험이나 치약처럼 상품으로 생각하기 시작하네. 영원에 상표를 붙여 영원이란 상품을 사 두면 죽어서 영원의 세계에 이를 테니 사는 동안 애써서 영원을 맞이할 준비를 할 필요가 있겠는가?"

"상표를 붙인다고 했나요?"

"그래. 영원에 특허를 내는 거지. 아스피린이나 강장제처럼 작은 병에 담아 영원을 팔고 살 수 있다는 거야."

"달콤한 영원을요?"

"하지만 영원이란 것은 팔 수 없네."

"대화를 하다 보니 잉그마르 베르히만 감독의 〈산딸기〉가 생각나네요. 잉그리드 버그만이 주연을 했던 고전 흑백 영화죠. 기억나시죠? 영화 시작 부분에 나이 든 의사 보르흐가 꿈을 꾸는 장면이 나오잖아요. 감독이 직접 꾼 꿈을 삽입했다고 하더군요. 보르흐는 작은 마을의 인적 없는 길에 서 있어요. 자기가 사는 동네인데도 의사는 길을 잃었지요. 시계 수리점의 문에 걸린 둥근 시계를 올려다보았지만 시계바늘이 없었어요. 회중시계를 꺼내 보았더니 거기에도 바늘이 없었고요. 보르흐는 두려움을 느꼈어요. 자기 심장이 쿵쿵거리는 소리가 들릴 정도로.

그것 역시 또 다른 종류의 영원이겠죠? 절망의 영원 말이에요. 두려움과 불안 속에서 느끼는 영원."

오기가 고개를 끄덕였다.

"나도 그런 느낌을 느껴 본 적이 있네. 그런데 영화에서는 산딸기가 있었다는 사실을 잊지 말게. 의사가 어린 시절에 맛보았던 산딸기를 기억해 냈지. 근사한 맛이었어. 아주 강렬하고도 향긋한 맛. 그렇지?"

"그래요."

"'텅 빈 시간'은 키에르케고르가 말한 '충만한 시간'과 반대되는 것일세. 그건……."

적절한 말이 떠오르지 않아서인지 오기가 말을 멈추고 주위를 둘러보았다. 그의 시선이 저 멀리 돌담 가까이에 있는 배나무에 멈췄다.

"그래. 그건 익은 것과 썩은 것의 차이와 같네. 영원을 맞을 준비를 하며 살아가면 인생이 잘 익은 과일처럼 되고, 준비를 하지 않고 버티면 썩어 버리게 되지. 이해할 수 있겠나?"

나는 천천히 고개를 끄덕였다.

"우리의 삶이란 예수의 가르침을 따르고 그의 생을 본받아 신에게 더 가까이 다가가는, 완성에 이르는 과정이라는 말씀이시죠? 그런 영적인 길을 가자면 우리 모두는 충만한 시간을 찾아 길을 떠난 순례자인 셈이네요. 구원을 위해 인생을 100퍼센트 헌신하여 우리의 유한한 삶과 불완전함을 극복해야 한다는 뜻이네요. 인생의 목표가 구원이 되는 건가요?"

오기는 잠시 동안 나를 쳐다보더니 천천히 고개를 끄덕였다.

"그 비슷한 의미라네. 하지만 이보게. 만일 예수가 그런 말을 하고 돌아다녔다면 성공을 거두었을 것 같나? 자네 말을 들으니 이 순례의 길이 무척 힘들게 느껴지는군. 예전에 우리 덴마크 사람들이 키에르케고르에게 별 관심을 기울이지 않았던 이유가 바로 그 때문이라네. 나중에는 그를 고급 치즈나 햄이나 맥주처럼 전 세계로 수출했지. 이젠 외국 사람들이 키에르케고르를 연구하러 덴마크로 온다네. 키에르케고르는 죽은 지 50년 정도 지나 세계적으로 유명해졌는데, 왜 그런 줄 아나? 그를 발견하고 널리 알린 사람은 독일 신학자 그룬트비*였어. 우리 덴마크 사람들은 키에르케고르보다 그룬트비를 더 따랐지."

"그룬트비에게는 혹독한 순례의 길이 없었나요?"

"그룬트비는 키에르케고르보다 삼십 년 먼저 태어났고 십칠 년을 더 살았네. 그는 덴마크의 루터교 신자가 되는 것이 얼마나 즐거운 일인지 노래로 표현했지. 반면에 키에르케고르는 두껍고 어려운 책을 썼다네. 그의 책을 읽으면 기독교인이 된다는 것이 정말이지 불가능해 보여. 사람이 할 수 있는 일이 아닌 것처럼 느껴질 정도야. 그러니 사람들이 누굴 선택했겠나?"

오기는 말을 하다 말고 콧노래를 흥얼거리더니 아예 노래를 부르기

★ **N.F.S. 그룬트비**(Nikolai Frederik Severin Grundtvig, 1783~1872)
19세기 덴마크의 시인이자 종교가이며 역사가였고, 평생 덴마크를 부흥시키기 위해 헌신한 농민 교육자였다. 영국의 교육과 사람들이 살아가는 모습을 본 뒤 덴마크의 교육 개혁을 주창했으며, 일하는 국민을 위한 학교를 세워야 한다고 주장했다. 그로 인해 전국에 세워진 국민고등학교에서 교육 받은 농촌 청년들은 덴마크가 세계적인 농업국으로 발전하는 데 초석이 되었다.

시작했다.

"'오, 은총이 충만한 날이여. 우리가 그날을 바라보노라.' 로널드, 이 노래 알고 있나?"

그 노래는 그룬트비가 작곡한 유명한 찬송가 중에서도 가장 유명한 것이다. 교회에서는 물론이고 결혼식장이나 무슨 기념일 행사나 생일 파티에서 반드시 듣게 된다.

오기는 노래를 계속했다.

"'이제 부드럽게 떠오르네. 이 땅 위에 하느님의 통치가 시작되는 도다. 온 백성아, 기뻐하라. 온 나라에 속한 빛의 자녀들아, 이제 밤이 끝났음을 우리에게 보여 주소서.' '온 백성아 기뻐하라'는 말은 하늘나라가 바로 지금, 여기에 있다는 것을 의미하는 것이네. 그룬트비는 말일세. 구원되기를 원했지만 창조된 이 세계가 그리 나쁘지 않다는 사실을 깨달았던 거야. 원래 그는 순례자 같은 삶을 살아야 한다는 강박관념에 시달리던 루터교 목사였는데, 한 여성과 만나면서 변화를 하게 되었네. 그녀의 영향으로 그룬트비는 먼저 인간이 되고 그 다음에 기독교인이 되어야 한다고 주장했지."

"그 여인이 누구였나요?"

"볼튼 부인이라고 아주 우아한 영국 여인이었네. 그룬트비는 런던에서 그녀와 함께 며칠 밤을 함께 보냈지. 이후로 그녀는 그의 뮤즈, 창작의 근원이 되었다네. 볼튼 부인은 그에게 살과 피를 부인하지 말고 신이 창조한 세계를 실패작이 아니라 있는 그대로 받아들이라고 조언했다더군. 자연 그대로의 남자, 여자인 것이 얼마나 멋진 일이냐면서. 두 사람이 무슨 말을 했는지 자세히 전해지지 않지만 그룬트비는 볼튼 부인에 대한 글을 남겼지. '마음의 문제는 여인들만이 알려 줄 수 있다.' 요즘 세대에는 잘 맞지 않는 이야기지만 그룬트비는 마음을 열었고, 그 후로는 덴마크 서민들의 생활을 좀 더 낫게 할 수 있는 헌법 제정에 헌신하기로 마음먹었네.

또 편협하고 전통적인 루터 교회에 신앙의 실천이 얼마나 다양할 수 있는지를 보여 주기로 결심했지. 교회가 민중의 것이 되어야 한다고 주장했어. 우선 교회를 새롭게 하기 위해 오늘날까지도 즐겨 부르는 수백여 곡의 찬송가를 썼다네. 문화와 종교를 분리해서 좀 더 인간적인 사회, 즉 종교의 지배로부터 자유로운 사회를 건설하는 것이 그의 비전이었지. 그가 덴마크 사회를 세속적으로 타락시키려 한다고 비난하는 사람들도 있었네. 하지만 그건 오해였어. 그가 원했던 것은 가난한 농부나 가게주인이나 은행원이나 어린 학생들을 비롯해 모두가 다함께 잘 살 수 있는 사회를 건설하는 것이었다네."

"교회와 국가를 분리하겠다는 의도였나요?"

오기가 고개를 가로저었다.

"어찌 보면 그렇기도 하지. 종교의 자리에 인간을 놓았으니 말이지. 종교보다 사람 사는 게 더 중요하다고 주장한 셈이었으니까. 하지만 그룬트비의 의도는 그게 아니었어. 매일 매일 살아가면서 맞닥뜨리는 문제들을 기독교적으로 해결할 수 있기를 바랐던 것이지. 뭐랄까? 초대교회의 형태인 소 공동체의 영적인 이상들을 덴마크의 각 마을에 되살려 놓고 싶었던 것이라고 해도 좋겠네. 그런 생각에서 그는 덴마크에 영국의 협동조합 운동을 도입하고, 서민들이 다닐 수 있는 국민고등학교를 설립하고자 했으며, 덴마크는 작은 나라지만 사람들에게 미래에 대한 희망을 갖도록 비전을 제시했던 것이지. 당시 덴마크는 전쟁에서 패하는 바람에 노르웨이와 슐레스비히홀슈타인을 빼앗기고 소국이 되어 있었거든."

"그러니까 키에르케고르가 시간의 충만함을 신과 하나가 되는 것에서 찾았다면, 그룬트비는 지상에서 천국을 실현함으로써 당시 사람들이 필요로 하는 것을 충족시키려고 했던 것이군요."

"그렇다네. 하지만 제대로 길을 가려면 키에르케고르와 그룬트비가 모두 필요하지. 키에르케고르는 기독교인들이 흔히 말하는 타락한 인간으로 사는 것에 만족하지 않았어. 시간에 얽매여 있는 유한한 존재로 살고 싶지 않았던 거야. 그걸 어떻게 설명해야 할까?"

오기는 잠시 생각을 하더니 옷소매를 걷어 올렸다.

"이 손목시계를 보게. 좋은 시계지? 말하자면 키에르케고르도 이런 시계를 가지고 있었다고 할 수 있네. 굉장히 크고 무거운 손목시계를. 얼마나 무거웠는지 팔이 아플 정도였네. 또 어찌나 손목에 단단히 매어 있는지 도저히 풀 수가 없었지. 운명처럼 그는 시계바늘이 움직이는 소리를 들어야만 했네. 자신은 너무나 고통스러운데, 다른 사람들은 시계소리에 괴로워하지 않는 것이 이상했어. 그래서 사람들에게 시계를 보여 주면서 어떤 느낌이 드는지 물었지. 하지만 다들 별다른 반응을 보이지 않았네. 그는 어떻게 하면 그 시계를 손목에서 풀어낼 수 있을까 고민하고 또 고민을 했지. 시계소리 때문에 사람들로부터, 세상으로부터 소외된 느낌을 받았거든. 그런 뿌리 깊은 고독을, 신과 자신의 진정한 자아로부터 소외된 느낌을 떨쳐 버릴 수 있다면 뭐라도 할 수 있을 것 같았다네."

"그래서 그가 찾은 해결책이 있지요."

"신과 하나가 되는 것으로 해결이 된다고 생각했네. 그런데 비슷한 길을 걷던 그룬트비는 자네 나이 무렵에 방향을 바꾸었네. 그때 나이가 쉰 살 정도였지. 그는 자신이 신과 분리되어 있는 유한한 존재라는 것을 받아들이기로 했다네. 그 상태로 만족하기로. 인간은 나름의 존엄성을 가진 특별한 존재라고 결론 내렸지. 그의 목표는 인간의 존엄함을 최대한 구현하는 것이었네. 그래서 덴마크를 작은 낙원으로 만들기로 결심했어. 좋아졌든 나빠졌든 간에 그룬트비는 성공을 했네."

"맞아요. 덴마크는 훌륭한 나라예요. 그런데 왜 '좋아졌든 나빠졌든 간에'라는 표현을 했나요?"

"왜냐하면 나라가 너무 좋아지다 보니 사람들이 인간이 유한한 존재라는 사실을 까맣게 잊어버렸어. 지금은 몸이 아프거나 이가 아프거나 집이 없으면 국가가 모두 알아서 돌봐주지. 덴마크에서는 건강하지 않거나 노숙자가 되거나 불행하게 사는 것이 다 불법이야. 정말이지 대단한 일을 이룩한 거네. 하지만 사람들의 영혼은 깊은 잠에 빠져 버렸어. 무슨 얘기냐 하면 안락한 삶을 제외하고 다른 무엇도 바랄 줄 모르게 되었다는 거야. 그러니 '완전한 삶'에 대한 입장이 극과 극이라 할지라도 두 사람 모두 필요하다는 말일세."

"천국을 지상에서 실현하고 싶었던 그룬트비는 공동체적인 해결책을 제시했고, 사회복지국가를 탄생시켰죠. 키에르케고르는 신 앞의 복종을 선택했고, 그 결과로 사람들로부터 자신을 고립시키고 말았지요. 방법은 달랐지만 두 사람 모두 인간의 유한한 삶을 충만하게 만드는 방법을 고심했어요. 선생님은 두 사람이 덴마크의 역사에서 길이 남을 존재들이라고 생각하시는 거죠?"

"그렇다네. 그 둘은 우리의 영원한 존재들이네. 마치 에스컬레이터와 같아. 한 쪽은 올라가고 다른 쪽은 내려오고."

"물질적인 풍요 속에 살더라도 정신적인 풍요를 잊어서는 안 된다는 말씀이네요. 물질적인 풍요가 곧 정신적인 풍요를 보장하는 것은 아니니까요. 인간은 언제든 텅 빈 영원을 경험할 수 있으니, 정신적인 풍요를 위한 노력 또한 놓치지 말라는 말씀으로 이해하겠습니다. 정신적 풍요를 위해서는 쓰디쓴 영원과 달콤한 영원을 잊어서는 안 된다는 것이구요."

"맞네. 그룬트비와 키에르케고르의 사상에 동의하든 안 하든 인간은 물질적인 조건과 정신적인 조건 둘 다 중요해."

"그런데 볼턴 부인은 어떻게 되었나요?"

오기가 웃었다.

"그렇지. 그룬트비에게 볼턴 부인은 아주 중요하지. 그 이후로 그룬트비는 그녀를 다시 볼 수 없었네. 아마도 그 때문에 볼턴 부인은 그에게 강력한 뮤즈가 될 수 있었을 거야. 참 내게도 볼턴 부인 같은 매력적인 여자 친구가 있네. 자네를 소개시켜 주고 싶다네. 자네가 괜찮다면 오후에 커피를 마시러 그녀의 집으로 함께 가세. 멀지 않은 곳이야."

"볼턴 부인과 비슷한 분이라고요?"

호기심을 불러일으키는 소리다. 오기와 함께 있으면 늘 깜짝 놀랄 일이 생겼다. 아마도 그에게 생기를 불어넣는 또 한 명의 젊은 여인이리라. 오기는 낡은 양복 안주머니에서 종이 상자를 꺼냈다.

"시가 피우겠나?"

나는 눈을 동그랗게 뜨고 쳐다보았다.

"공동묘지에서 담배를 피워도 되나요?"

"물론, 안 되겠지."

오기가 문 쪽으로 가자고 몸짓을 했다. 우리는 공동묘지와 교회를 에워싸고 있는 돌담과 붙어 있는 나무 벤치에 앉았다. 우리는 시거에 불을 붙였다. 두 줄기 연기가 공기 속으로 퍼졌고, 바다 냄새가 나는 미풍이 불어와 담배 연기를 나무들 사이로 날려 보냈다.

키에르케고르는 기독교 왕국의 문화를 거부했다. 왜냐하면 영적인 성장이 너무 쉽게 그리고 완벽할 정도로 중산층 문화로 흡수되었기 때문이다. 그는 아브라함과 예수의 희생에서 볼 수 있는 위대한 고통을 되살리고 싶었다. 신앙을 실천한다는 것이 만만치 않고 어렵다는 사실을 상기시키고 싶었던 것이다. 그의 목표는 고된 영적 성장의 과정을 거쳐 신 앞에 단독자가 되는 것이었다

이와 달리 그룬트비는 덴마크 루터교회의 편협하고 보수적인 입장을 거부했다. 그는 교회가 능동적인 역할을 하길 원했으며, 농업협동조합 운동을 토대로 교회와 공동체가 오병이어伍餠二魚의 기적을 재현하기를 바랐다. 그의 목표는 덴마크를 행복하고 풍요로운 지상의 낙원으로 만

드는 것이었다.

반면에 인생에 대한 나의 관점은 종교를 배제하고 있고, 발달 심리학에 대한 20세기의 연구와 미국 철학자 데이비드 노턴의 사상에 영향을 받았다. 노턴은 유년기에서 노년기에 이르기까지 발달 단계들을 추적했는데, 나는 이 발달 단계들에 대해 오기와 이야기를 나누고 싶었다.

그와 산책을 하며 텅 빈 영원-쓴맛의 영원, 충만한 영원-단맛의 영원을 발견했다. 그밖에 어떤 영원이 있을지 궁금했다.

인생의 피라미드

오기는 만족스런 표정으로 자신의 시가를 바라보다가 고개를 나에게 돌렸다.

"로널드, 난 영원을 찾는 연습을 하고 있네."

"그런 것도 연습할 수 있나요?"

"그럼. 지금까지 나는 영원을 찾을 수 있도록 나를 훈련시키며 살아왔지. 자네도 알다시피 나는 두 번을 거의 죽다가 살아났지만 영원을 완전히 이해하지 못했네. 난 매일 명상을 한다네. 때때로 코냑을 마시기도 하고 낮잠을 즐기기도 하지. 그런 식으로 영원을 연구하고 있지. 영원을 연구하는 일은 노인에게 쓸모 있는 작업이야. 안 그런가?"

그가 무슨 말을 하는지 확실히 알 수 없었다.

"자네는 영원에 대해 알고 싶어 하네. 아마도 자네가 영원을 거의 찾았기 때문일 거라고 생각하네."

내가 알지 못하는 것에 가까이 접근했는지를 어떻게 알 수 있단 말인가? 아무런 의미 없는 말이다. 아니면 천천히 생각하는 평소의 습관을 버리고 키에르케고르처럼 정신적 도약을 하라고 말하고 있는 건가?

"오기, 당신처럼 저도 인생의 끝에 무엇이 있는지 알고 싶습니다."

오기가 웃었다. 그러고는 진지해졌다.

"인생의 끝이라…… 그렇지. 그것이 내가 '진짜 물음'이라고 부르는 것일세."

오기의 말에 힘을 얻어 진짜 물음 속으로 뛰어들었다.

"노인들과 지내다 보니 인생의 끝에 관해 생각하게 되었습니다. 인생의 맨 마지막 단계에 바짝 다가가 살피면 인생의 목적을, 다시 말해 인생의 끝에서 무엇을 발견하게 되는지 알 수 있지 않을까요?"

"소설을 읽다가 맨 마지막에서 열쇠를 발견하는 것처럼 말인가?"

"네."

"그렇다면 사람들은 왜 소설의 끝을 처음부터 읽지 않나?"

"극적인 사건들도 재미가 없어지고, 줄거리에서 긴장감도 느낄 수 없게 되니까요."

"정확하게 말했네. 결말을 이미 알고 있으면 전체 이야기가 쓸모없어지지. 도스토예프스키도 따분하고, 톨스토이 책은 펼치지도 않을 걸세. 너무 길잖아. 셰익스피어도 보잘것없어져. 그의 연극을 보러 가기보다 집에 있는 게 나아. 어쩌면 인생의 끝에 이르러도 인생의 목적을 발견하지 못할 수도 있네. 단지 끝이라는 것 외에는."

"물론 인생의 끝에 이르러도 아무것도 발견하지 못할 수도 있어요. 그러나 장 피아제Jean Piaget가 말한 아주 흥미로운 이야기가 기억나요."

"자녀들의 노는 모습을 관찰하느라 엄청난 시간을 소비한 사람 말인가?"

"네. 스위스의 심리학자에요. 피아제는 발달 단계들을 그림으로 그리면 피라미드가 된다고 말했어요. 맨 아래 단계는 유아기와 아동기죠. 피라미드는 밑바닥에서 위로 올라간다고 하더라도 인간 발달에 관한 모든 이론은 사실은 맨 꼭대기, 즉 피라미드의 정점에 있는 단계에 의존한다고 했어요."

"그럼, 그 피라미드는 실제로는 꼭대기에 매달려 있는 것이로군."

"네. 바로 그래요. 저도 그게 옳다고 생각해요. 많은 학자들은 노년기를 정점에 두고 거기에서 인생의 단계들을 명백히 설명하는 데 도움이 되는 어떤 주요한 인생의 목표를 발견했어요."

"묘비에 '영원'이나 '완성'이라고 새겨 넣는 것처럼 말이냐?"

오기는 한쪽 어깨로 공동묘지 쪽을 가리키며 놀리듯이 말했다.

"묘비는 피라미드의 축소 모형이라 할 수 있지요."

"인생의 끝에다 최선의 것을 두었다니 훌륭하군. 달리 말해 인생을 사는 동안 항상 기대할 것이 남아 있다는 것 아닌가? 만약에 우리가 이십대 혹은 삼십대에 모든 것을 완성한다면 어떻게 될까? 더 살아야 할 이유가 없어지지 않겠나? 죽으면 어차피 놓고 가야 할 것들을 움켜쥐고 있으려고만 할 것이네."

"그렇게 생각하면 안 된다고 봐요. 사람들은 인생을 쭉 뻗은 일직선처럼 생각하는 경향이 있어요. 시간을 화살처럼 앞으로 나아가는 것이라고 생각하는 것 말이에요. 꼬리 쪽은 과거, 화살촉 쪽은 미래라고 생각하면서."

"질주하는 시간의 화살이라. 자네는 그렇게 생각하는 것이 잘못되었다는 건가?"

"완벽하게 틀렸다는 것은 아니구요. 오해하게 만든다는 거지요. 시간을 쏜 화살과 같다고 생각하면 과거의 경험들을 고려할 필요가 없어집니다. 오기, 당신이 그날 저녁 역에서 했던 경험을 자꾸 떠올릴 이유도 없고, 키에르케고르나 그룬트비나 삶의 충만함을 기리는 이 비문들이나 모두 의미가 없게 되지요. 철학자들이 영원한 진리를 애타게 찾아 헤맬 이유도, 물리학자들이 무한한 시간성을 탐구할 이유도, 역사학자가 과거를 뒤적일 이유도, 자연학자가 화석을 찾을 이유도, 가족앨범이나 학생앨범을 다시 볼 이유도 없어져요. 시간을 날아가는 화살처럼 생각하게 되면 과거는 지나간 시간 이상도 이하도 아닌 것이 되죠."

오기가 웃었다.

"하지만 로널드, 만일 자네가 피라미드의 꼭대기에 올라가 제일 높이 솟은 돌에 새겨진 글귀를 보게 된다면, 그 다음엔 무슨 희망이 있을까?"

"만약 피라미드의 정상에 올라가 인생의 목표를, 인간 발달 단계들의 목표를 확고하게 거머쥔다면, 내가 백발의 친구들과 철학을 공부하는 것의 가치를 더 잘 이해할 수 있고, 내가 실제로 친구들을 돕고 있는지 여부를 알 수 있을 거예요."

"정말 자네에게 도움이 될까?"

"내 앞에 무엇이 놓여 있는지 알게 되니 미래를 더 잘 준비할 수 있고, 나의 삶을 백발의 친구들과 더 잘 연결시킬 수 있을 거예요. 제가 인생의 지도를 갖게 되는 것이니까요."

"그 지도는 시간의 끝, 인생의 끝에 이르는 지도가 되겠군."

그는 목의 늘어진 피부를 힘껏 끌어당기며 생각에 잠겼다.

"나 또한 그런 지도를 가지고 싶네. 왜냐하면 자네도 잘 알다시피 나는 인생의 쾌락을 포기하느라 곤욕을 치르고 있네. 나도 경건한 사람이 되고 싶네만 죄악을 저지르는 게 너무 재미있네."

오기가 쑥스러운 듯이 말했다. 오기가 자신의 행동을 회개하는 모습을 거의 보지 못했다. 곧이어 그의 표정이 밝아졌고, 시가를 한 모금 빨고는 공기 속으로 내뿜었다.

"자네, 나의 애창곡인 '아침의 노래'를 기억하고 있나? 가사 중에 '마음으로 받아들이면 혼란도 달콤하다.'라는 구절이 있지."

"저도 좋아하는 구절입니다."

오기는 그룬트비의 전통을 이어받아 온갖 종류의 덴마크 전통 노랫가락에 가사를 지어 붙였다. 우리는 그의 대학에서 '아침의 노래'를 자주 불렀다.

"지금까지 자네나 나나 인생의 끝에 관해 궁금해 했네. 자넨 인생의 끝에 대해 많은 생각을 했고 책들도 많이 읽었을 것이네. 부탁함세. 늙은이의 청을 들어주기 바라네. 자네가 발견한 것이 무엇인지 내게 말해주게나. 나는 따뜻한 햇살을 즐기며 듣겠네."

오기는 벤치에 등을 붙이고 눈을 감고는 머리를 돌담에 기댔다.

“알겠습니다.”

오기가 자신을 ‘늙은이’라고 굳이 표현한 것은 내가 거절하지 못하게 하려는 속셈임에 틀림없다.

“내가 노인에 대해 발견한 것을 말할 때 노인들이 시간을 다 써 버렸다는 사실을 확실히 인정해야 합니다.”

“그렇군. 출발점이 맘에 들어.”

“또 시간을 경험하는 방법, 그러니까 과거와 현재, 미래를 우리가 어떻게 경험하는지, 다시 말해 변화를 이해하는 방법을 마음속으로 그려 보아야 합니다.”

“나의 영원.”

오기가 혼잣말로 중얼거렸다.

“나이가 들어 노인이 되면 영원 또는 불멸의 느낌을 받습니다. 어쩐지 나의 인생이 다른 사람 속에서 계속되고 있다는, 내가 횃불을 건네주고 있다는, 통찰력과 기술의 유산을 양도하고 있다는, 내 인생이 존재의 무한한 사슬의 부분이라고 느끼거나 그런 생각을 하게 됩니다.

또는 심리학자 E.H. 에릭슨*이 말한 것처럼, 지금까지의 모든 경험이 합쳐져 하나의 전체가 되는 느낌을, 경험들이 하나로 통합되는 느낌을 받지요. ‘나의 인생은 내가 이끌 수 있었던 유일한 인생이란 것을 인정한다.’라고 말할 수 있는 지점에 도달하는 거지요.”

오기가 오른쪽 눈을 갑자기 뜨더니 내 쪽으로 굴렸다. 그리고 성경 구절을 읊었다.

“‘신은 일곱째 날 휴식을 취하면서 그가 창조한 것이 보기 좋았다고 말했다.' 심리학자들은 신 역할을 할 수 있으니 좋겠어."

"인생의 최종 단계들에 대한 글들에는 대체로 정신적인 요소가 스며 있어요. 모든 사람은 해답을, 어떤 종결을 원합니다."

"인생의 최종 단계에 이르러 도대체 무슨 답을 얻고 싶은 것인가?"

"영원을 기대하죠. 바로 당신처럼요."

오기는 웃으면서 말했다.

"정말인가?"

"실제로 인간의 발달 단계를 인생의 과정으로 여기는 이론가들은 인생의 목표와 끝을 일치시키고 싶어 합니다. 데이비드 노턴**은 인생의 과정과 윤리적 지성의 문제를 결합시키려고 했지요. 그가 쓴 흥미로운 책이 있어요. 《개인의 운명》이라는 책인데, 그는 인생의 발달 과정을 철학적인 관점에서 설명했어요. 선생님도 읽어 보시면 책이 맘에 들 거예요. 그는 영원한 과거를 경험할 수 있는 방법에 대해 말하고 있어요."

★ E.H. 에릭슨(Erik Homburger Erikson, 1902~1994)

에릭슨은 정신의학은 물론 사회학, 교육학, 심리학 등 여러 분야에 광범위하게 영향을 미치고 있다. 독일에서 태어났으며, 지그문트 프로이드의 딸 안나 프로이드와 아동정신분열을 연구하는 한편 자신에 대한 정신분석을 받기도 했다. 1933년 히틀러의 등장으로 미국에 정착하면서 정신분석을 본격적으로 연구하기 시작했다.

★★ D.L. 노턴(David Lloyd Norton, 1930~1995)

미국 철학자. 1976년에 출간된《개인의 운명Personal Destinies》은 대단한 관심을 불러일으켰다. 이 책에서 그는 '인간에게 가치 있는 삶이란 무엇인가?'라는 문제를 제기했고, 개인들이 계발해야 할 인격적 특성들을 고찰했다. 인간은 사회적 동물이면서 동시에 윤리적 개인주의자라고 했으며, 최선을 다해 사회에 봉사하는 사람은 자신의 고유한 장점을 충실히 따르는 사람이라고 믿었다.

영원한 과거

오기가 한쪽 눈을 살며시 뜨고는 깜빡이더니 다시 감았다. 흥미가 있다는 표시다.

"노턴이 무슨 이야기를 했나?"

"인간은 어떤 놀라운 사건을 통해 인생의 한 단계에서 다음 단계로 넘어간다고 했어요. 놀라운 사건을 통해 자신이 이전과 다르다고 생각하게 되는 거죠. 성적인 변화와 육체적인 변화에 놀라면서 아동기에서 청춘기로 넘어갑니다. 또 무거운 책임을 받아들여야 한다는 사실을 깨닫고 청춘기에서 성인기로 넘어가죠. 성인기에 사람들은 자신의 능력을 충분히 발휘하려고 애쓰고, 자신이 선택한 것과 약속한 것을 지키기 위해 고군분투하면서 미래는 아직 완료되지 않은 것이고 과거는 완료된 것이라는 관념을 확립합니다.

노턴에게 인생은 단순한 연대기적 시간, 시계의 째깍거리는 소리가 아닙니다. 인생은 완료된 것과 아직 완료되지 않은 것 사이의 긴장이죠. 인생의 전 과정은 가능한 것을 현실화시키려는 요구를 통해 진행되어 간다고 말했어요."

"그 다음에 오는 놀라운 사건은 무엇인가?"

나는 잠시 머뭇거렸다. 나이 많은 오기에게 해당되는 얘기였다.

"……늙었다는 사실, 다시 말해 미래가 없다는 사실을 깨닫는 거죠."

"미래가 없다!"

오기는 만족해 하며 싱글거렸다.

"맞아. 나는 시간을 다 써 버렸어."

오기는 팔을 들어 손목시계를 바라보았다.

"오기, 여기서 미래는 연대기적인 시간을, 정확히 그런 시간만을 의미하는 것이 아니에요. 노턴이 말하려는 미래는 좀 달라요. 그는 노인이 되면 어떤 동기를 찾는다거나, 능력을 발휘해야 한다거나 하는 생각을, 지금까지 해 온 종류의 생각들을 멈춘다고 했어요. 이런 의미에서 미래가 없다고 한 것이죠. 대신에 노인들은 인생의 종점에 와 있다는 것을 명확히 실감하면서 모든 것이 용납되는, 모든 것이 받아들여진다는 느낌을 강렬하게 받는다고 했어요. 이 말은 정말 사실이죠. 이전의 생각을 멈추었으니 지금까지 적용시킨 인생의 규칙들을 더 이상 적용시키지 않게 되는 것이지요. '아니다'고 했던 것이 '그럴 수도 있다'거나 '그래야 한다'고 했던 것이 '꼭 그렇지는 않다'고 한다거나…… 규칙이 사라진 상태에서 자신이 모든 것을 있는 그대로 용납하고 받아들이고 있다는 것을 강하게 느낀다는 거죠."

오기가 얼굴을 찡그렸다.

"노턴은 노년이 되면 이제 특별한 가치와 미덕, 책임을 옹호하게 된다고 했습니다."

이제 오기는 아예 눈살을 찌푸렸다.

"이제 영원에 대한 그의 생각을 말하겠습니다. 다른 세대와 비교해서 노인의 특별한 임무는 과거를 도로 찾아 그것을 현재와 미래의 삶의 토대로 만드는 것이라고 했습니다. 노인들이 도로 찾은 과거는 지금 현재의 과거가 아니고, '영원한 과거'입니다. 개인의 과거만이 아니라 모든 세대의 과거, 인류의 과거 말입니다. 역사적 존재의 과거를, 세계를 말이지요. 그게 어떤 종류의 과거냐 하면……."

오기는 고개를 끄덕이며 '영원한 과거'라는 말을 반복했다.

"저는 인생의 각 단계를 설명하려는 사람들은 인생 전체를 바라볼 수 있는 어떤 유리한 지점, 어떤 우세한 관점을 갖지 않으면 안 된다고 생각합니다. 그런 관점을 갖고 있지 않으면 문제가 발생합니다. 인생의 단계들이 서로 비교할 수 있는, 상대적인 관계로 연결되어 있는 것이라면 전체 과정에 대한 이론은 있을 수 없습니다. 왜냐하면 이론가는 전체를 보기 위해 각 단계들에서 벗어나 외부에 있어야 하기 때문입니다. 하지만 이론가 또한 인생의 어느 단계에 속해 있기에 그럴 수가 없습니다. 이 말은 앞서 말한 어떤 유리한 지점, 어떤 우세한 관점을 갖지 않으면 단지 어느 한 관점에서만 단계들을 바라보게 된다는 것이지요. 그래서 우리는 시인 엘리엇이 '변화에 변화를 거듭하며 회전하는 세계에서 정지된 지점'이라고 불렀던 것을 상상해야만 하고 생각해 보려고 해야 합니다. 인생의 어느 한 단계에 속해 있으면서 동시에 전체를 볼 수 있는 그 지점, 그 시각에 대해 말이지요."

"아이들 장난감인 팽이가 떠오르는구먼. 그 정지된 지점이란 것이 돌고 있는 팽이의 심 같은 건가? 그러니까 노턴의 관점이 엘리엇이 말한 그 '정지된 지점'이란 말인가?"

"네. 노턴은 '영원한 과거'라는 '정지된 지점'을 발견했기에 이론의 틀을 세울 수 있었어요."

"영원이 여러 곳에 사용되니 참 쓸모가 있군. 어서 말해 보게."

"노턴의 '영원한 과거'를 이해하려면 세대가 바뀌면 사람들의 생각도 바뀐다는 것을 주목해야 합니다. 여성의 권리, 여러 나라의 독립, 언론의 자유 등에 대한 입장이 세대가 바뀌면서 달라진 것을 생각해 보세요. 입장이 달라지는 것은 선택이 달라진다는 거죠. 노턴은 이렇게 달라지는 이유를 설명해야 했습니다. 물론 환경이 변한 데서 이유를 찾을 수 있습니다. 기존의 틀을 적용시킬 수 없게 되었으니 생각이 바뀐다고 말이지요. 새로운 가치의 발견이라고 할까요? 노턴은 새로운 가치의 발견, 새로운 선택을 하게 되는 내적 토대가 무엇인지 찾고 있었습니다. 그는 중년의 단계에 도달한 사람들 중에는 노인들이 개인의 과거의 의미뿐 아니라 보편적이고 '영원한 과거'에 뿌리를 둔 가치를 도로 찾는 능력이 있다는 것을 발견한다고 했습니다. 인생의 온갖 규칙들에서 자유로워진 상태에서 발휘되는 능력이지요. '출발점'으로 되돌아가는 능력 말입니다. '출발점', 이것이 노턴이 찾은 '정지된 지점'이고 사람들의 사고에 거듭 영향을 준다고 보았습니다."

"노턴이 말하고 싶은 것은 인생의 마지막 단계는 끝나는 단계가 아니라 처음으로 되돌아가는 단계라는 거냐?"

"바로 그겁니다. 노년에 이르면 시간의, 인생의 긴장을 풀게 됩니다. 왜냐하면 더 이상 꿈이나 목표를 이룰 필요가 없어지기 때문입니다. 노인들은 자신의 개인적인 발전을 이루기 위한 수단으로서 관계를 맺는 데 시간과 정력을 더 이상 투자하지 않게 됩니다. 다른 사람을 변화시킬 필요 없이 다른 사람의 삶을 있는 그대로 받아들이고 긍정함으로써 융화와 연대감을 경험합니다. 노인들은 자신들의 공통된 인간성을 재

발견하는 것이지요. 공통된 인간성인 융화 또는 연대감이 결국 인간 역사의 출발점이자, 세계의 출발점이고, 역사 속에서 계속 되풀이되는 영원한 과거인 셈이지요."

"뭔가를 잃고, 뭔가를 얻는다…… 거래로구먼."

"그렇게도 볼 수 있군요. 노턴은 노인이 되면 개인의 능력을 실현시키려는 목표를 실제로 놓아 버려야만 한다고 생각합니다. 노인에게 그런 류의 목표는 더 이상 삶의 에너지를 제공하지 않습니다. 노턴은 노인들은 인생길이 (끝에서 처음으로 돌아가는) 되풀이되는 순환이란 것을 보여 준다고 여겼고, 그렇기 때문에 노인들은 순환되는 보편적인 과거를 보여 주면서 다른 세대들을 도울 수 있다고 믿었습니다."

오기는 머리를 흔들면서 말했다.

"과거가 현존한다! 노인들이 옛날 노래를 부르며 시간을 보내고 싶어 하는 이유를 알겠네. 노인이 영원의 대표자라는 말이군. '영원한 과거'를 온몸으로 보여 주는 대표적인 인물. 그러나 노턴이란 사람은 이 모든 것을 어떻게 알고 말한 걸까? 그도 나이가 많은가?"

"그가 《개인의 운명》을 집필했을 때는 중년이었어요. 그는 이 모든 것을 그의 할아버지의 일상 속에서 관찰했다고 말하지요. 그가 묘사한 그의 할아버지는 파이프 담배를 피우고, 주머니칼을 사용하고, 매일 정오에 차를 몰고 가게에 가는 신사였죠. 할아버지의 몸짓과 습관이 노턴에게는 의미심장한 반복을 상징했어요."

아무 말 없이 눈을 감고 있던 오기가 눈을 떴다.

"좋은 이야기네. 노턴이 할아버지를 존경한 것은 훌륭하네. 그런데 중년에는 죽기 전에 흡족하게 보낼 수 있는 시간이 있을 거라고 기대하지. 그런데 말일세. 노턴이 보지 못한 게 있는 것 같아."

"네?"

"그의 영원을 들어 보면 그가 미국 사람일 필요가 있겠나 싶어. 프랑스 사람, 노르웨이 사람이라 해도 상관없는 영원을 얘기했네. 하지만 덴마크 사람들은 영원이 땅에, 구름에, 협만에…… 덴마크 구석구석에 있다고 생각하지. 우리에겐 강력한 신들이 있어. 오딘(Odin, 게르만 민족이 숭앙한 신-옮긴이), 토르(Thor, 북유럽 신화에서 천둥, 전쟁, 농업을 주관하는 신-옮긴이), 프리야(Freya, 북유럽 신화에 등장하는 사랑, 미, 풍요의 여신-옮긴이) 그리고 예수가 있지. 이들이 우리를 지켜주고 있네."

"무슨 말씀을 하는 거죠? 민족주의에 대한 이야기인가요?"

"그게 아닐세. 곧 만나게 될 아름다운 여인과 내가 나눈 이야기를 들려줌세."

나는 벤치에 깊숙이 앉아 돌담에 머리를 기대고 눈을 감았다. 햇볕이 따스했다.

탄테 잉어

"우리가 만날 볼턴 부인은 내 어머니의 친구일세. 난 항상 잉거 이모라고 부르네."

그가 날 또 한 번 놀라게 했다. 나는 그의 여자 친구일 거라고 쉽게 생각했는데.

"잉거 이모의 여든 번째 생일날 이야기를 들려주고 싶네. 몇 년 전에 라르와 제트 부부의 커다란 농장 주택에서 생일파티를 열었지. 자네도 덴마크의 전통 생일파티를 알고 있겠지?"

그렇다. 덴마크 사람들은 생일날을 국경일처럼 거하게 지낸다. 교외의 한적한 야외에서 열리는데, 깃대에 덴마크 국기를 꽂고 노래와 연설을 들으며 커피를 마시고, 이것저것 많이 먹기도 하고 담배도 피운다.

"집 안으로 들어갔더니 큰 거실에 사람들이 가득 모여 있더군. 잉거 이모와 나는 케이크, 과자, 커피를 마시며 이야기꽃을 피웠지. 그녀가 나를 한동안 쳐다보더니 고개를 끄덕였어. 내게 뭔가 할 말이 있는 것 같았지."

"정말로 할 말이 있었던 건가요?"

"그래. 이모가 내 의자를 당기며 가까이 오라고 몸짓을 했어. 나는 그녀가 청력이 약해졌나 보다고 생각했는데, 그녀는 몸을 기울이며 마치 나만 듣게 하려는 것처럼 작은 목소리로 말했어.

그녀가 기억하고 있는 과거 어느 날 이야기였지. 수년 전 있었던 이모의 생일날 일이야. 그날 할아버지가 말을 타고 마을회의에 참석하러 가셨다고 해. 그녀는 할아버지의 말과 날씨, 할아버지가 돌아와서 해준 이야기들을 자세히 설명해 주었어. 그 이야기는 정말 대단히 길었다네. 그녀는 마을회의에 대해 얘기를 했는데, 그곳에 누가 있었는지, 토의한 안건은 무엇이며, 어떤 결정을 내렸는지 등등 정말이지 세세한 부분까지 아주 상세히 기억하고 있었어. 참석한 사람들 가운데는 혁명을 계획하고 있는 소작농들도 있었어. 그들은 왕의 지방 사유지를 불태우자고 했지. 그러나…… 그때 이모의 종손녀가 다가와 그녀의 아이들을 인사시키며 자랑하는 바람에 이모는 더 이상 얘기를 할 수 없었지."

"이모님의 기억력이 정말 놀랍군요. 그런데 오기, 그 이야기가 노턴이 말한 '영원한 과거'와 무슨 관련이 있나요?"

오기는 양손을 무릎에 놓았다.

"내가 자네에게 말하려고 하는 것은 말일세. 잉거 이모의 기억력이라네. 그녀가 내게 세세히 들려준 이야기는 800년보다 더 전에 일어났던 일이라네."

"네?"

내가 놀라서 소리치자 오기는 웃음을 터뜨렸다.

"잉거 이모의 이야기는 연대기적으로 보면 800년 전의 일이니 '영원한 과거'라고 하기엔 좀 뭣하지만 그 비슷한 것이 아닐까 싶네. 아주 비슷하지. 역사는 사람들의 기억 속에 영원히 살아 있지 않은가? 잉거 이모는 '영원'이 지금, 바로 이곳에 있다고 말하고 있는 거라네. 신화나 역사, 옛날 이야기들이 자신들이 탄생한 땅에서 어떤 목적을 갖고 영원히 이어지고 있다는 것 말일세. 노턴의 '영원한 과거'는 어떤 목적이 없어. 아무런 목적이 없는 영원이라면 난 그런 영원을 고민하지 않는다네."

"그 말은 잉거 이모가 영원의 목적을 발견했다는 건가요?"

"물론일세. 영원이 잉거 이모가 인생의 피라미드를 오르는 것을 돕고 있네."

"오기, 당신이 인생의 피라미드를 오른다고 할 때는 충만한 영원을 위해 죽음을 준비한다는 말일 것 같은데, 그럼 잉거 이모가 죽음을 준비하고 있다는 말인가요?"

오기가 고개를 끄덕였다.

"인생을 충만하게 사는 것이 죽음을 준비하는 거라면, 맞네."

"잉거 이모가 죽음을 준비한다는 거 혹시 오기 당신의 추측 아닌가요?"

"하여간 자네는 노턴 할아버지의 주머니칼처럼 예리하군. 그녀에게 가서 지금까지 우리가 말한 영원들을 소개해 주자고."

"그런데 오기."

나는 투덜거리며 말했다.

"영원이 이렇게 여러 가지면, 어떤 영원이 충만함의 진실을 말하고 있는지 어떻게 알아요?"

오기가 멀리 바라보았다. 들판에 뭉게구름이 낮게 떠 있었고, 가로수 길이 농가들을 향해 뻗어 있었다. 그는 생각에 잠긴 듯했다.

"영원은 여러 가지 의미를 담고 있네. 기독교인인 나에게 영원은 단 하나지. 신의 마음. 그러나 이 세상에서 신의 마음을 어찌 알겠나?"

그러고는 벤치에서 일어나 몸을 쭉 폈다.

"어쨌든 노턴이 내게 미래는 없다고 했지만 아름다운 여인과 데이트 하러 가세."

교회 주차장에는 오기의 빨간색 스포츠카가 홀로 남겨져 있었다. 나는 잉거 이모의 사적인 과거와 800년 전의 덴마크 역사가 어떻게 섞일 수 있었는지 곰곰이 생각하고 있었다. 융이 말한 것과 비슷한 원형무의식의 일종인가? 아니면 오기가 얘기했듯이 영원이라는 개념은 특수한 역사, 특수한 문화와 연결되어 있는 걸까? 가령, 지역 색을 띠고, 기억으로 채색되고, 커피와 케이크 향기로 물든 역사와 문화 말이다.

우리는 자동차에 올라 바람이 쓸고 간 보리와 호밀, 귀리 밭 사이를 달렸다. 나는 오기에게 잉거 이모의 놀라운 기억력에 대해 물었지만 그는 대답 대신 그룬트비의 찬송가 하나를 흥얼거렸다.

10 고향으로 귀환

Chapter 10

고향으로 귀환

세상에 속한 삶을 살기 위해 계속해 모험을 떠나야 한다

우리가 결론에 도달했다는 것을 어떻게 알게 될까?

개념어가 많고 해석하는 글은 인과관계를 분석하여 최종 결론에 이른다. 마치 수학이나 물리학의 방정식이 복잡한 계산을 거쳐 등호 오른편에 답을 제시하듯 말이다.

글이 논리적일 때는 항상 다음과 같이 끝난다.

"그러므로 X는 맞고, Y 혹은 Z은 틀리다."

성서의 권위에 의지하는 설교는 다음과 같은 문구로 끝을 맺는다.

"그러므로 내가 너희에게 말하노니……."

그렇다면 서술적 묘사가 많은 이야기체 글은 어떨까? 이런 글들은 독자를 이야기 속으로 끌어들여 '멀리' 있는 사람들 – 가령 오리트레일리아의 원주민, 비민가의 청년들, 보육원의 아이들 등 – 을 독자 자신의 통찰력으로 이해할 수 있도록 이끈다. 이런 성격의 글은 독자가 읽고 이해한 것보다, 글로 서술되어 있는 것보다 훨씬 더 많은 의미와 생각거리를 제공한다. 그런데도 결론이 이거다 하고 말하면서 끝내야 할까? 아니면 단지 마침표를 찍는 것으로 끝내야 할까?

20세기 철학자들의 글은 크게 두 가지로 양분된다. 다소 과장되게 구분한 것이지만 그 차이점이 무엇인지 명확히 알 수 있다. 한 부류는 엄격한 과학적 방법으로 분석을 하여 객관성을 확보하려고 한다. 또 다른 부류는 독자로 하여금 인생의 불명료함에 깊이 파고들게 하여 독자의 관점에 변화를 일으키려고 한다.

무엇에서 어떻게로

나는 공동묘지에서 오기와 대화를 나누면서 인생의 끝이 죽음을 맞이하는 종착점이 아니라 인생의 목적을 알게 되어 그 어느 때보다 인생을 강렬하게 느끼는 시기라는 점에 대해 생각해 보았다. 물론 노년에 이르면 누구나 죽게 된다. 그러나 인생의 최종 단계는 죽음이 결론이 아니다. 또 죽음으로 한 사람의 일생이 끝난다 해도 그 사람은 다른 사람의 기억 속에 계속 살아 있다.

개개인이 어떤 믿음을 가지고 있든지 죽음의 순간이 어떨지는 확실히 알 수 없다. 오기와 나는 어떤 최종 결론에 이르지 않았다. 그러나 우리의 대화는 나에게 결론에 이르는 실마리를 주었다.

나는 '영원'에 대해 질문하면서 오기와 대화를 시작했다. 다른 경우에는 유머, 사려에 대해 질문하면서 대화를 시작하기도 했다. 그런데 이런 대화들을 해 나가다 보니 '무엇'에서 '어떻게'로 내 관심이 바뀌고 있다는 것을 발견했다. 어떻게 해야 영원의 의미를 알게 되는지, 어떻게 해야 유머의 의미를, 사려의 의미를 알게 되는지 그 방법이 궁금해지기 시작했다. 백발의 친구들을 만나면서 떠오른 다양한 생각거리를 이해하려고 노력하면서, 그것이 '무엇'인가라는 질문에서 그것을 '어떻게' 경험할 수 있는가라는 질문으로 바뀌는 변화의 순간이 종종 있었다.

지금 나와 오기는 잉거 이모를 만나러 가는 중이다. 그녀는 수세기 전에 있었던 과거의 사건을 바로 눈앞에서 목격한 것처럼 생생하게 기억할 수 있다. 그녀의 기억 속에는 무진장한 자료가 보관되어 있기에 어떤 결론을, 어떤 이상적인 인생을 이끌어 낼 수 있는 능력을 갖고 있을지도 모른다.

마담 블루

우리는 자갈이 깔린 작은 마당으로 들어섰다. 한쪽에는 헛간이, 다른 한쪽에는 돌로 지은 나지막한 농가가 있었다. 내가 안전벨트를 푸느라 잠시 머뭇거리는 사이 오기는 시동을 끄고 차에서 미끄러지듯 빠져나갔다. 빨갛게 칠한 문이 열리더니 허리가 약간 굽은 백발의 여인이 짙푸른 원피스를 입고 현관으로 나왔다. 오기가 그녀에게 다가가 마치 덴마크 여왕을 만나기라도 한 듯 격식을 차리며 허리를 굽혀 인사를 했다.

"어서 오게."

"그간 안녕하셨습니까?"

오기는 더욱 더 정중하게 그녀가 내민 손을 잡았다. 두 사람은 서로를 바라보며 잠시 서 있었다. 잉거 이모는 나를 보며 큰 소리로 인사했다.

"어서 오세요!"

내가 다가가자 오기가 소개를 했다. 잉거 이모는 내 손을 잡으며 내 이야기를 들었다며 오기의 친구여서 특별히 환영한다고 했다. 우리는 마당이 내다보이는 거실로 들어갔다. 거실은 길쭉했고 천장이 낮았다. 그러나 밖에서 보는 것과 달리 내부는 말끔하게 수리가 되어 있었다. 오크 나무를 깐 마루는 아름다웠고 크롬 금속으로, 가죽으로 만든 가구들과 초현대식 가구들이 있었다. 구석에는 텔레비전과 하이테크 음향기기가 있고 벽에는 동시대 작가들이 그린 그림들이 걸려 있었다. 그녀는 커피 테이블 옆에 있는 소파에 앉으라고 몸짓을 했다. 앉아서 주위를 둘러보니 오래된 물건들이 눈에 띄었다. 맞은편 벽에 고가구가 있고, 거실 끝에 녹색 시계가 걸려 있었다. 시계의 진자 상자는 붉은색 꽃들과 넝쿨로 장식되어 있었다. 그녀는 커피 잔과 받침, 오래전에 본 적이 있는 푸른색 법랑 커피포트를 가져왔다.

"이런 걸로 대접을 해서 미안해요. 나는 거의 사용하지 않아요. 난 스테인리스 보온병을 좋아해요. 당신 같은 멋진 분에겐 중국에서 건너온 도자기로 대접해요. 이 주전자는 오기를 위해 가져왔어요. 가끔 이 주전자를 원하거든요."

오기가 웃었다.

"난 마담 블루를 참 좋아해. 이모님 댁에서 커피를 마실 때 말고는 어디서도 이 포트를 구경할 수가 없네."

시골 사람들은 잉거 이모가 가져온 커피포트를 마담 블루라고 부른다. 나는 그녀의 몸동작과 손동작이 나이에 비해 민첩하다고 생각했다. 가녀린 손목과 강해 보이는 손, 관절염 때문에 마디가 굵어진 손가락들을 살폈다. 길고 좁은 얼굴, 튀어나온 광대뼈, 움푹한 눈…… 잉거 이모는 한순간 마법사처럼 보였다가 금방 친절한 시골 할머니처럼 느껴졌다.

잉거 이모는 커피를 다 따르고 난 뒤 테이블 끝에 있는 등받이가 곧은 의자에 앉았다. 그리고 찻잔을 들면서 이렇게 말했다.

"물론 아시겠지만 난 오기의 진짜 이모가 아니에요."

"네. 알고 있습니다. 전문가들은 그런 걸 '유사친족'이라고 합니다."

"유사친족?"

"이모님, '가공의 친족'이라는 뜻이에요."

오기가 거들었다.

"아아, 꾸며 낸 이모라는 말이로군. 우리 관계에 딱 들어맞는 말이네. 때때로 오기는 나에 관한 터무니없는 이야기를 꾸며 내며 즐거워하지."

잉거 이모가 오기를 바라보자 그는 쑥스러워 하며 어색하게 웃었다.

"오기가 벌써 무슨 이야기를 한 것 같구먼. 그렇죠?"

"…… 이모님이…… 그게 그러니까……."

나는 말을 더듬으며 오기를 쳐다보니 그는 아무려면 어떠냐는 듯 어깨를 으쓱할 뿐이었다. 내 꼴만 우습게 되어 버렸다.

"그래. 뭐라던가요?"

잉거가 찻잔을 내려놓았다.

"이모님의 기억력이 아주 뛰어나다고…… 저, 역사에 대해…… 많이 알고 계시다고."

"맙소사! 우리 조상이 말을 타고 마을회의에 다녀왔다는 얘기!"

잉거는 양손을 올리며 소리쳤다. 그녀는 확인하려는 듯 나를 바라보았고, 나는 침묵으로 대신했다.

"그게 꿈이라는 얘기는 하던가요?"

나는 깜짝 놀랐다. 오기가 일부러 속인 게 틀림없다.

"오기, 꿈이라고 왜 말하지 않았어요?"

"그게…… 그게 말이네. 그 얘기는 정말 훌륭하지 않나? 그게 꿈인지 아닌지 자네가 거기까지 관심을 가질 거라고는 생각하지 못했네."

"오기! 로널드가 날 미친 노인네라고 생각했겠어!"

잉거 이모는 내 무르팍을 토닥거리며 말을 이었다.

"나는 그 이야기를 실제로 기억했다고 생각지 않아요. 그런데 기억할 수도 있는 일이죠. 내 부모님 세대의 노인들 사이에서는 '집단 공유 기억'이란 것이 평범한 거였어요."

"정말입니까?"

"네. 그래요. 그게 불가능할 것 같아요? 덴마크 사람들은 아주 어렸을 때부터 북유럽 신화나 민간 설화나 성경 이야기를 들으면서 자라지요. 그뿐이 아니지. 친척들이나 동네에서 일어난 일들에 대해서도 많이 들어요. 누가 열다섯 살에 바다로 도망을 갔다더라, 우리 지역 사람들이 주도한 농민 반란이 어땠더라, 어떤 동물들이 말을 하더라…… 수많은 이상한 일들에 대해 들으며 자라요."

그녀는 손가락으로 허공에 원을 그렸다.

"시간이 지나고 나면 그 이야기들이 더 이상 오래전에 들었던 이야기가 아니에요. 삶의 일부분이 되어 있지요."

"그런 이야기들이 집단의 정체성에 스며든 거죠."

"사실상 우리를 삼켜 버린 거죠."

그녀는 쿠키를 한 입 먹으면서 열정적으로 말했다. 그때 오기가 불쑥 끼어들었다.

"우리 친구 로널드는 기억의 요술에 관심이 많답니다."

잉거 이모가 고개를 약간 기울였다. 오기의 말을 곰곰이 생각하는 것 같았다. 그러다가 테이블에 달린 서랍을 열어서 작은 양철통을 꺼내고는 뚜껑을 열면서 내게 물었다.

"담배 피울래요?"

"네."

나는 시거 하나를 집으로 대답했다. 오기는 그녀에게 자기의 시거를 건넸다.

"아냐. 나한테 그 시가는 너무 독해."

"아 참. 잊어버리기 전에 말해야겠네요. 목사님이 안부를 물었어요."

그녀는 드레스의 보풀을 떼어 내며 대답했다.

"그래. 오늘 설교는 좋았는가?"

"그렇게 나쁘지 않았어요."

오기가 주저하면서 말했다.

"목사는 참 좋은 사람이야."

잉거는 테이블에 몸을 기울이며 속삭이듯 덧붙였다.

"그런데 때때로 굉장히 멍청해. 말이 앞뒤가 맞지 않아."

이렇게 말하면서 잉거는 오기를 흘긋 쳐다보았다.

"그럼 하던 이야기를 마저 할까요? 어린 시절부터 들어왔던 그 이야기들에 대한 내 생각을 말해 볼까요?"

"네. 알고 싶어요."

"난 말이죠. 모든 세대가 이전 세대로부터 유산을 물려받아요. 성경 이야기니, 무용담이니, 전설이니…… 굉장한 이야기들이 전해지지요. 아주 어렸을 적엔 그 이야기들이 대단히 신기하게 들려요. 나이가 들어 세상을 알기 시작하는 청년이 되면 그런 이야기들을 믿었다는 것이 우습게 여겨지죠. 그러나 좀 더 세월이 흐르면 그 이야기들이 자꾸만 머리에 떠올라요. 생각했던 것만큼 억지스러운 이야기는 아니구나 싶지요. 노인이 되면 그 이야기들 속에 인생이 담겨 있다는 것을 알게 되지요. 어떤 사람들은 자신이 발을 디디고 있는 현실을 버리고 과거의 시간 속으로 빨려 들어가기도 해요. 이야기에 삼켜지는 거죠."

"전통이 유지되고 있는 사회에서는 그런 이야기가 강력한 힘을 발휘해요."

"그래요. 그런데 오늘날 덴마크는 너무나 현대적인 나라가 되었어요. 요즘 사람들은 그런 이야기들이 어떤 효과가 있는지 알지 못할 거예요. 텔레비전이 안데르센을 밀어내 버렸잖아요. 그래도 내가 보기에 사람 사는 건 예나 지금이나 별 차이가 없어요. 환경이 바뀌었을 뿐이죠. 물론 그 환경이 아주 극적으로 바뀌었죠. 특히 우리 세대가 큰 변화를 겪었지. 나만 해도 그래요. 어머니처럼 농부의 아내로 살지 않았거든. 남편은 도시에서 인쇄업을 했고, 나는 간호사 겸 산파로 일을 했지요. 나는 남편이 죽은 후에 이 낡은 집을 개조해서 농촌으로 이사를 왔어요."

잉거 이모는 거실을 둘러보며 즐거워했다. 그녀는 창문 밖을 가리켰다. 들판에는 보리가 무릎까지 자라 있었다.

"이웃에게 빌려 준 땅이에요. 지금 내가 어린 소녀라면 의사가 될 거예요. 하지만 여전히 결혼이며 가족에 관한 여러 가지 일들을 결정해야 하고, 사랑이나 돈 문제로 고민하고 고통 받기도 하겠죠."

그녀는 이것저것 복잡한 일들을 나열할 때마다 손가락을 꼽았다.

"신이며 정치며 주변 환경이 바뀌었는데도 불구하고, 예전에 내 귀에 대고 속삭이던 목소리가 아직도 들려요. 어떤 사람이 되어야 할지 알려 주던 목소리죠. 많은 목소리들이 여기저기서 들려요."

"하지만 그런 생각은 일종의 운명론이에요. 비슷한 종류의 이야기들이 우리를 붙들고 있어요."

나는 내 의견을 말했다.

"아, 맞아요. 목소리들이 우리를 붙잡고 있지요!"

잉거가 큰 소리로 말하는 바람에 우리 모두 웃었다. 그녀는 진지한 걸까? 나는 계속해서 내 의견을 말했다.

"물론 전통을 알아야겠죠. 동의합니다. 역사와 관련된 이야기나 전설이 없다면, 정체성을 찾기가 힘들어지죠. 덴마크 사람들이 생일파티나 기념일에 옛 노랫가락에 가사를 지어 붙이는 전통을 계속 이어 가고 있는 것이 참 보기 좋아요. 하지만 전통적인 이야기가 사람들에게 좋지 않은 영향을 주기도 합니다. 가령 자신이 가난하다거나 무지하다거나 어떤 권리를 내세우지 못하는 것을 당연하게 여기도록 만들기도 하지요. 이런 이야기들을 액면 그대로 받아들여서는 안 되죠."

잉거 이모가 손뼉을 쳤다.

"브라보! 첫 번째 시험을 통과했어요."

"네?"

"잉거 이모는 사람을 새로 사귀면 그 사람이 어떤 생각을 하고 있는지 알려고 하네. 가치관이며 사고방식이 궁금한 거지."

"그러면 아까 하신 말씀은 제 생각을 떠보기 위해 말씀하신 건가요? 그러니까 사람들의 삶이 예나 지금이나 똑같이 되풀이되고 있다고 생각하지는 않는다는 겁니까?"

나는 갈피를 잡을 수 없어 좀 투덜거리며 말했다.

"당연히 아니지요."

잉거가 힘주어 말했다.

"물론 옛날이야기들은 상당한 진실을 담고 있어요. 생각해 보세요. 나는 전통을 완전히 무시하지 않아요. 어머니의 젖이 필요하듯 이런 이야기들도 필요해요. 우리를 성장시키고 강하게 하고 건강하게 만들죠. 그리고 좀 전에 당신이 정체성에 대해 말했듯이 이런 이야기들 때문에 우리는 어리석은 행동을 피할 수 있는 거죠. 하지만 평생을 어머니의 품에 매달려 있을 수는 없어요. 그 품이 편안하고 안전하다 해도 말이죠."

나는 고개를 끄덕이며 잉거가 어떤 종류의 사람일까 따져 보았다. 오기와 가까이 지내는 사람들은 생각이 복잡해서 하나 이상의 세계에 발을 디디고 있었다.

목소리들

"오기에게 들었어요. 미국에서 노인과 관련된 일을 한다면서요? 그들에게서 많은 영향을 받았을 텐데요."

잉거가 커피를 조금씩 마시며 말했다.

"노인 친구들은 제 사고방식에 많은 영향을 주었습니다."

"그래요? 어떤 식으로?"

"이모님, 로널드는 우리 같은 노인들은 더 이상 성장하는 데는 관심이 없고 영원에 대해서만 흥미를 느낀다고 했어요."

오기가 불쑥 끼어들며 말했다.

"이런, 자네는 좀 가만히 있게. 로널드에게 직접 듣고 싶으니."

"이모님께서 좀 전에 집단 공유 기억을 경험하는 사람들에 대해 얘기하셨습니다. 제 경험도 좀 비슷합니다."

잉거는 눈썹을 올리며 관심을 보였다.

"제가 과거로 들어갔다기보다 제가 경험하지 못한 과거와 다른 사람들의 삶이 제 일부가 되었다고 해야 할 것 같아요. 시간이 지나자 몇 사람의 목소리가 마음속에서 들리는 것을 알았어요. 그들은 내게 중요한 분들이죠. 저는 그들을 불러내 모임도 갖고 질문도 할 수 있어요. 그들은 항상 대답을 해 줍니다."

"가공의 친족인가요?"

잉거가 농담을 했다. 나는 미소를 머금고 계속 말을 이었다.

"네. 그렇다고 생각해요. 중요한 점은 목소리들이 제게 질문도 하고 제 스스로 생각하지 못했던 것을 말해 준다는 겁니다."

잉거는 의심하듯 곁눈질을 했다.

"예를 하나 들어 볼게요. 얼마 전에 책을 쓰고 있는데, 어떻게 구성해야 할지 갈피를 잡지 못해 무척 애를 태웠습니다. 어느 날 산책을 하면서 옛 친구 도로시를 떠올렸어요. 노인복지관에서 철학수업을 할 때 만났었죠. 저는 그녀에게 도움을 요청해야겠다고 결심했어요. '도로시.' 마음속으로 말을 건넸습니다. '책을 어떻게 써야 할지 말해 줄래요?' 그러곤 그녀가 내게 말하도록 했지요. '에뛰드étude*.' 그녀의 대답이에요. 에뛰드? 그녀가 뭘 말하는 거지? 제가 다시 물었죠. 에뛰드가 뭐냐고. 그랬더니 '에뛰드'를 다시 강조하더군요.

산책을 마치고 집으로 돌아오자마자 백과사전을 펼치고 에뛰드를 찾았어요. 그 단어가 '연구'를 뜻하는 프랑스어이고, '연습곡'을 일컫는 음악의 전문용어라는 것은 이미 알고 있었죠. 쇼팽도 에뛰드를 작곡했어요. 여기까지가 알고 있는 전부였지요.

★ 에뛰드étude. 프랑스어로 음악에서는 보통 '연습곡'으로 번역한다. 16세기 초에 등장했으며, 당시는 기교를 연습하기 위한 연습곡이었다. 18~19세기 들어 특히 많이 작곡되었는데, 당시 새로 개량된 피아노가 만들어져 작곡가와 교수들은 새로운 연주법을 창안하는 데 주력했고, 높은 예술성을 지닌 연주회용 에뛰드도 생겨났다.

사전의 설명을 보면서 에뛰드가 음과 화음이 복잡하게, 혁신적으로 결합된 패턴들이 여럿 어우러진 변주곡을 뜻한다는 것, 그와 동시에 변주곡에 대한 연구라는 것을 알았죠. 기교를 위해 작곡된 에뛰드도 있고, 예술로 승화된 에뛰드도 있더군요.

갑자기 도로시가 뭘 말했는지 알겠더군요. 제가 쓰려는 것은 이런 것이었지요. 한 권의 책 안에 다양한 주제가 있고, 각각의 주제들 또한 각각의 패턴이 있고, 하나의 주제 안에도 패턴이 여럿 발견되는 책이었습니다. 한 주제의 글이 하나의 변주곡이라면 책은 여러 변주곡을 모아 놓은 것이 됩니다. 변주곡들의 변주곡이 되는 셈이지요. 변주곡 형식을 빌려 글을 쓰고자 한 것은 각 주제의 다양한 모습을 이해하기 위해서였지요.

동시에 여러 변주곡을 모아 놓았으니 책은 변주곡에 대한 연구서이기도 합니다. 각각의 주제들이 어디를 향해 가고 있는지 탐구하는 것이지요. '에뛰드'라는 한마디 덕분에 저는 앞으로 나아갈 수 있었어요."

"노인 학생들이 당신의 선생님이 되었군요. 당신은 그들을 자신의 일부로 받아들여 내면의 스승으로 삼은 거네요."

"네. 그런 것 같습니다. 특히 완전히 날 사로잡은 것은 목소리들이 초월적인 성질을 가지고 있다는 점입니다."

"초월? 이제 대화가 종교 쪽으로 넘어가는 것 같네요. 어디 설명을 들어 보죠."

"그 목소리들에는 사람들마다 지닌 아주 특별한 개성들이 묻어 있어요. 제가 그들을 직접 만났을 때 느꼈던 것들이 그대로 살아 있어요."

나는 귓불을 만졌다.

“제가 그들을 받아들였지만 각자는 자신의 인생과 개성을 그대로 간직하고 있는 거예요. 도로시가 내게 ‘에머드’라고 말했을 때, 이 단어는 제 스스로 발견한 것이 아니에요. 그것은 선물이었어요.”

오기가 나를 보며 물었다.

“그 목소리들이 늘 도움을 주나? 아니면 자네를 괴롭힐 때도 있나?”

“목소리들 가운데 비판적인 목소리도 있어요. 어떤 목소리는 너무 난폭하고 불쾌해서 어떻게 해야 할지 당황스러울 때도 있어요.”

“그래. 그럴 거야.”

오기는 자신이 한 경험을 재확인하듯 말했다.

“정말 놀라운 이야기군요.”

잉거가 공정한 태도로 말했다.

“우리의 집단 공유 기억처럼, 당신이 들은 목소리들이 어디서 와서 어디로 가는지 알 수 없다는 말인가요? 그 목소리들이 당신에게 속하든, 다른 사람에게 속하든 간에 말이에요.”

내가 막 대답을 하려고 할 때 잉거가 오기를 보며 물었다.

“자네는 로널드가 목소리를 듣는다는 사실을 알고 있었나?”

오기가 얼굴을 살짝 찡그리며 대답했다.

“그거야 누구나 그렇지 않나요?”

잉거 이모가 고개를 가로저었다.

“나는 이 일에 대해 생각해 봐야 할 것 같군.”

다시 그녀는 나를 바라보며 말했다.

"목소리를 듣는 것 말고 노인 친구들에게서 배운 것이 또 있겠지요? 노화의 비밀 같은 것 말이우."

주의 깊게 듣기

"사람들이 살아온 이야기를 할 때는 주의 깊게 듣는 것이 중요하다는 것을 배웠어요. 왜냐하면 그들은 자신들이 디자인하고 색칠한 세상 그림 속으로 어서 들어오라고 초대하고 있는 것이죠. 그 그림이 내가 생각조차 할 수 없는 세계일 수도 있잖아요. 그걸 생각하면 남의 얘기를 듣는 것이 정말 소중하고 행운처럼 느껴지기도 해요. 특히 저는 인생의 전환점이 되었던 이야기에 흥미가 있어요."

"남의 이야기가 당신의 문제를 해결하기도 했나요?"

"때때로 새로운 방식으로 세상을 이해하게 되었죠. 인생의 의미를 파악하는 방식을 바꾸게 되었다는 거예요. 그런 순간들은 괄목할 만한 변화를 낳아요."

"음, 무슨 의미인지 알 것 같네요. 산파 일을 할 때 춤추고 노래하고 남자와 어울리는 것밖에 모르던 철없는 여자들이 한순간에 아기를 끔찍이 생각하는 어머니로 변하는 것을 종종 보았지요. 아기의 미래를 위해 돈을 모으겠다고 결심도 하더군요. 간호사로 일할 때는 중병 환자들이 수년 전에 자신이 상처를 주었던 사람들에게 용서를 구하는 것을 보았어요. 이런 이야기들도 전환점에 관한 거겠죠?"

나는 고개를 끄덕였다.

"그렇습니다. 미래와 과거를 이해하는 방식이 변한 것이지요. 하지만 극적인 상황이나 위기의 순간에만 변화가 일어나는 것은 아니에요. 일상 속에서도 변화가 일어나요. 무슨 이유 때문인지 몰라도 사물을 보는 각도가 미묘하게 바뀐 것을 느끼죠. 이런 일은 매우 자주 일어나지만, 그 순간들은 빨리 지나가 버려요. 나중에 가서야 세상을 이해하는 방식에 변화가 생겼다는 것을 깨닫게 돼요."

"로널드, 당신이 경험한 인생의 전환점을 들려줄래요?"

나는 잠시 생각해 보았다.

"음, 노인들을 가르치겠다고 처음 결심하던 순간이 떠오르네요. 내적으로 보면, 당시에 전 성인이 책임져야 할 일들에 짓눌려 있었어요. 결혼, 아이들, 직업, 경력…… 어느 것 하나 제대로 된 것이 없었어요. 또한 아버지의 죽음에서 큰 충격을 받았고, 저 또한 죽을 것이란 생각에 맘이 약해졌지요. 충격과 유약함을 제압하려고 무던히 노력했죠. 외적으로는, 그때가 미국 독립 200주년이 되는 해였어요. 내적, 외적 상황이 겹쳐지면서 제 안에서 어떤 욕구가 생겼어요. 축제에 참여할 방법을 찾아야 한다는 생각 말이지요. 그때까지만 해도 진진하게 생각해 보지 않았던 200주년 공개 행사가 제게 손짓을 하며 함께하자고 부르더군요. 그 결과로 노인들을 가르치기로 결심했죠."

"그때 당신이 무엇을 찾고 있었는지 알았나요? 무엇에 열중하게 될지도 말이에요."

"노년이 인생의 철학적 시기가 아닐까 싶었어요. 아니, 미지의 세계로 뛰어들었다는 것이 맞아요. 그 같은 결정으로 새로운 경력을 쌓게 되었고, 제 인생에 변화가 생겼어요. 지금도 믿을 수가 없지요. 그 작고 개인적인 선택이 나를 나이듦이라는 모든 사람에게 해당하는 큰 주제와 연결시켰던 거죠. 노후를 알면서 전 몹시 놀랐어요."

잉거가 고개를 끄덕였다.

"혹시 한 목소리를 듣지 않았나요? 그 일이 천직이구나 하는 목소리 말예요."

"글쎄요. 운명인지 아님 우연의 일치인지 확실히 모르겠어요."

"세상 도처에서 우리 맘에 충동을 일으켜요. 그런 충동들이 왜 일어나는지는 모르죠. 성인으로 성숙하는 시기와 사회적 분위기라…… 우연의 일치치고는 정말 흥미롭네요. 새로 시작한 일을 통해 인생의 의미가 달라졌나요?"

"나의 인생만이 아니라 다른 사람의 인생에도 관심을 갖게 되었습니다. 사람들이 과거의 사건과 경험들 속에서 살아가고 있다는 것을 통찰하게 되었죠. 그리고 제 가족사를 더 잘 이해할 수 있었고요. 인간은 다른 사람과 분리된 독립적인 존재라는 것이 가상이란 것을, 추상이란 것을 제대로 깨달았죠. 태어나는 순간부터 죽을 때까지 다른 사람과 다른 시대와 관계를 맺으며 살아간다는 것을, 그러면서도 나는 여전히 자유의 몸이란 것을 말이죠."

"로널드, 당신은 자신의 수평선을 넓혔네요."

잉거 이모는 나를 유심히 보다가 말했다.

"사람들과 인생을 공유하는 것, 그것은 동료 의식, 연대감을 갖는 거예요. 로널드, 당신이 노인들과 인생의 시간을 함께 보내면서 연대감을 발견하지 않았나요?"

백발의 친구들과 함께 지내며 내가 알게 되고 느꼈던 것을 표현하기에 연대감은 너무 단순하다는 생각이 들었다. 여전히 인생을 떠올리면 너무 많은 생각들과 감정들이 몰아쳐 마음이 복잡했다.

"연대감은 훌륭한 단어에요."

"노인 친구들 중에 어떤 사람을 존경하고 좋아했나요?"

"백발의 친구들을 알아 가고 이해하게 되는 것이 즐거웠어요. 그들 중에는 존경스런 분들도 있었죠. 예를 들면, 한 분은 유머가 대단했죠. 그분은 인생의 수많은 모순과 문제들을 포용하는 방법을 알려 주었죠. 또 한 분은 사려 깊은 선택을 통해 인생을 참으로 잘 이끌어 나가셨죠. 특히 어려운 시기 때마다 그분이 하신 선택들은 감탄스러워요. 또한 불행이 찾아왔을 때, 불운과 실패로 허덕일 때 자신을 격려하며 용기를 되찾았던 방법들을 들으며 친구들에게 매혹되었어요."

나는 잠시 말을 멈추고 창문 밖을 바라보았다. 헛간의 금속 지붕이 햇빛을 받아 반짝거렸다.

"처음엔 단지 사람들의 기억 속으로 빠져 들었죠. 저는 과거를 탐험해 보면, 우리가 어떻게 현재에 이르렀는지 알 수 있기 때문에 자신을 좀 더 분명히 파악할 수 있고 동시에 과거에 무엇을 원했는지 되새기게 되어 현재의 삶을 변화시킬 수 있다고 생각했어요.

그러다가 그것만이 아니라는 생각을 했어요. 과거를 방문하는 것이 현재 가지고 있는 생각을 더 강화시킬 수도 있고, 현재의 생각을 깨부

술 수도 있다는 것을 알아차렸지요. 제가 말하고 싶은 것은 기억을 되살리는 것이 창조적인 모험이어야 한다는 거예요. 그럴려면 상상력이 열쇠지요. 이 열쇠가 있어야만 과거를 방문하는 것이 의미가 있게 되지요. 과거가 인생에 생기를 되찾아 주고, 지금과 다른 인생의 항로를 보게 하고, 미래를 좀 더 품위 있게 살 수 있도록 하는 열쇠지요. 과거를 어떤 방식으로 기억하느냐에 따라 이런 것들이 가능하기도 하고 불가능하기도 한 거죠. 새로운 방법으로 기억들을 수집해야 하는 거죠."

"노인 친구들이 당신에게 중요한 교훈을 주었네요. 그런데 친구들에 대해 말하는 방식이 좀 의심스러워요. 혹시 노인 친구들이 당신의 연구실이나 연구 대상이 된 것은 아닌가요?"

연구실…… 대답하기가 망설여졌다.

"아마도 철학 연구실이라고 할 수 있겠네요. 철학자들이 줄곧 매달렸던 많은 주제들이 친구들의 이야기 속에서 발견되었어요. 물론 친구들은 철학자들이 좋아하는 용어를 사용하지 않아요. 하지만 그랬기 때문에 대화가 무척이나 흥미롭고 구체적이었죠. 책에서 읽고, 강의실이나 세미나 등에서 말하고 들었던 주제들을 실제로 일어난 생생한 인생 이야기 속에서 발견한 뒤로는 이전과 다른 새로운 방법으로 철학자들의 사상을 듣게 되었죠. 온갖 사상들이 철학자들의 자서전으로 보였어요. 자신의 경험을 풀어놓은 자서전. 그래서 예전에는 읽었다면 지금은 들어요."

"그게 무슨 말이에요?"

"무슨 말이냐 하면, 철학자들의 노년에 대한, 인생의 단계들에 대한 글들은 인생과 역사에 대한 자신의 생각을 적은 것이에요. 제가 백발의 친구들의 인생 이야기에 발을 이만큼 담그면, 철학자들도 꼭 그만큼만 말해요. 그런데 발을 더 많이 담그면 철학자들도 더 많이 말하지요. 이해하겠어요? 철학자들은 이제 경험을 제게 직접 들려주고 있는 거예요. 그런 이유로 노년은 거울이라고 생각합니다. 깨달은 만큼 인생과 역사의 의미를 비추는 거울말이에요."

세상에 속한 삶

"흥미롭군요. 오기, 그렇지?"

오기가 고개를 끄덕였다.

"로널드는 재미있는 생각을 많이 하는 친구예요. 그 생각들을 노래 가사로 지을 만한데."

"노랫말? 그래 맞아. 아주 좋은 생각이야."

잉거가 흥분한 목소리로 말했다.

"로널드, 노랫말을 지어 보세요. 자기 노래를 만드는 거예요."

사실 그동안 덴마크의 전통을 빌어 생일날이나 기념일, 학술회의 시작 때 여러 종류의 곡에 새 가사를 붙여 부르곤 했다.

"글쎄요. 제가 노랫말을 짓는다면 '세상에 속하기'에 관한 내용이 될 것 같아요. 백발의 친구들과 처음 만났을 때 이 문구가 떠올랐고, 계속해 제 맘속에 담겨져 있어요."

나는 당혹감을 느끼며 쿠키를 집었다.

"그럼 전에는 세상에 속하지 않았다는 말이우?"

잉거는 내가 채 대답도 하기 전에 먼저 말을 이었다.

"맞아요. 세상에 속한다는 건 아주 중요해요. 당신은 세상에 속하지 않았어요. 자신에게만 속하느라 바빴어요. 자기 인생의 주인공이 되는 데만 관심이 있었지요. '세상에 속하기'란 주제는 당신에게 뭘 뜻하나요?"

나는 주저하면서 대답했다.

"제 집을 짓는 것을 의미합니다. 물론 제겐 집과 가족이 있어요. 제가 말한 집은 그런 집이 아니에요. 오래전부는 저는 제가 인생을 그냥 지나치고 있다는 느낌, 그냥 흘려보내고 있다는 느낌, 제가 세상에 잠깐 들린 손님 같다는 느낌이 들었어요."

"유목민 코드네요. 혹시 여행은 많이 했나요?"

"미국의 여러 곳에서 살았고, 덴마크에서도 잠시 살았어요. 하지만 세계 여행자는 아닙니다."

"아, 그럼 당신의 머릿속에서, 생각의 땅에서 떠돌아다닌 거군요."

그 말에 '철학은 고향을 향한 향수이자 모든 곳을 집으로 삼고 싶은 충동'이라고 말했던 독일의 낭만시인 노발리스가 떠올랐다.

"제 말을 잘 이해해 주시네요."

"아마도 당신은 고향을 찾아 헤매는 방랑자 같군요. 고향이 없으면 방랑자가 될 수 없지. 헤매다 돌아갈 곳이 없거든. 고향, 자신이 떠나왔고 다시 돌아갈 곳 말이야. 그리스 신화에 나오는 율리시즈 같아요. 그도 방랑을 하다가 결국엔 고향으로 돌아갔지요."

율리시즈라는 말에 나는 깜짝 놀라고 말았다. 순간적으로 내가 뭔가를 놓치고 있었다는 생각이 들었다. 동네를 산책하면서 공상을 하기도 하고, 복잡한 수수께끼 같은 철학 문제들과 씨름도 했건만 정작 나는 나의 모험과 동료 선원들에게 마음을 빼앗긴 나머지 방랑자가 떠나온 고향을, 나의 고향을 잊고 있었던 것이다. 셰플러의 부인 소냐가 생각났다. 그녀가 말하려고 했던 것이 바로 이거였다. 테니슨이 율리시즈를 되살려 내면서 놓쳤던 것, 그것은 바로 율리시즈의 '고향집으로의 귀환'이었다. 소냐는 '귀환'에 담긴 의미를 알고 있었으리라.

백발의 친구들과 함께했던 모험은 내가 고향으로 돌아가는 길을 발견하도록 도왔던 것이다. 내가 시작한 모험은 나의 고향을 찾아가는 여정이었던 것이다. 비단 나뿐만이 아니라 친구들 또한 마찬가지였을 것이다. 각자 제 고향으로 돌아가기 위해서.

모험을 시작할 때 나는 경험의 문을 통과하는 방법을, 아직 가 보지 않은 미지의 세계를 향해 돛을 올리는 방법을 알고 싶었고, 세상 속에 뿌리를 박고 살아가는 방법을, 세대들 속에서 살아가는 방법을 갈망했다. 20여 년 동안 백발의 친구들과 함께하면서 그 방법을 다양한 곳에서 발견할 수 있었다. 이제 율리시즈처럼 방랑을 그치고 고향으로 귀환할 수 있을 것 같았다. 그리고 다시 율리시즈처럼 경험의 문을 통과해 미지의 세계를 향한 모험을 계속하게 될 것이다.

"우리는 대화를 나누며 서로 통하는 게 많다는 것을 알았어요. 로널드, 아주 훌륭한 노랫말을 쓸 거라고 생각해요. 오기, 우리 산책을 하면서 로널드를 돕자고. 들판을 지나 숲과 연못으로 내려가는 길을 만들어

놨거든. 아니 빌렸다고 할까?"

"좋습니다. 로널드, 노랫말을 붙일 곡은 내가 몇 개 골라 주겠네."

"네. 산책 준비가 끝났습니다!"

테니스화로 갈아 신은 잉거 이모가 우리에게 튼튼한 지팡이를 하나씩 주었다. 그리고 우리는 들판 사이로 난 길을 따라 걷기 시작했다. 오기는 찬송가와 덴마크 전통 민요를 흥얼거렸고, 잉거는 어떤 노래가 좋겠냐는 오기의 질문에 웃음을 터뜨리기도 하고 불평을 하기도 했다. 나는 노랫말을 한두 소절 읊조려 보았다. 서서히 나의 노래가 완성되어 가고 있었다.

부록

율리시즈Ulysses

ꕥ

알프레드 L. 테니슨

부질없는 짓이로다. 하릴없는 왕이 되어
불모의 험한 바위산에 둘러싸여, 이 적막한 화롯가에서
늙은 아내와 함께, 나를 이해하지 못하는
먹고, 자고, 욕심만 부리는
저 야만적인 족속에게 상과 벌을 내리고 있다니

나는 방랑을 멈출 수 없도다. 마시리라
인생이란 술잔을 그 찌꺼기까지
비할 바 없는 희열도 맛보았고
상상할 수조차 없는 고통으로 몸부림쳤도다.
사랑했던 이들과 함께, 그리고 혼자서
해안에서, 그리고 비를 몰고 다니는 히아데스 성좌星座가
질주하며 검푸른 바다를 노하게 했을 때.

지금 나는 명성을 떨치고 있노라.
언제까지나 허기진 가슴으로 방랑하며
많은 것을 보았고, 많은 것을 알았노라. 수많은 도시들,
풍속과 기후, 의회와 정부
나는 하찮은 존재가 아니었고, 그들 모두에게서 존경을 받았노라.
그리고 동료들과 전투의 환희에 흠뻑 취해 보았노라,
저 먼 곳, 바람 거센 트로이 벌판에 울려 퍼졌노라.

나는 내가 마주친 모든 경험의 일부이려니
하지만 모든 경험은 하나의 문門일진대, 이 문을 통해
아직 가 보지 않은 세계의 빛이 새어 나오고, 그 세계의 경계는
내가 다가가면 영원히, 영원히 사라지는구나!

얼마나 지루한 일인가, 멈춘다는 것, 끝낸다는 것, 광을 내지 않아
녹슬어 버리는 것, 사용하지 않아 빛을 잃어버리는 것은! 마치
숨 쉬는 것이 삶의 전부이기나 하듯이! 삶 위에 삶을 포개는 것은
너무나 가치 없는 일이도다, 더구나 내게는 삶이 얼마 남지 않았도다.
그러나 모든 시간은 영원한 침묵에서 구원되어, 보다 나은 것이,
보다 새로운 것이 되는도다. 그런데도 세 개의 해를 그냥 쌓아만 둔다면
얼마나 비참한 일인가!
열망에 찬 백발의 영혼은 저 너머로 사라지는 별처럼
인간 지식의 최극단을 뛰어넘는 지식을 추구하노라.

나의 아들, 텔레마코스.
그에게 왕위와 이 섬을 넘기니.
더없이 사랑스런 아들아, 천천히, 신중하게,
저 거친 백성을 온순하게 만들고, 자비롭게
그들을 쓸모 있고, 훌륭하게 바꾸는 것이
네 임무란 것을, 그리고 이루어야 한다는 것을 알고 있구나.
흠잡을 데가 없는 내 아들아, 중심에 서서
일상의 일들을 처리하고, 언제나 애정을 갖고, 너그럽게
그리고 집안의 신神들을 숭배하라, 내가 없더라도
너는 너의 일을 하는 것이고, 나는 나의 일을 하는 것이다

저기 항구가 있노라, 돛이 바람을 안고 부풀었도다.
드넓은 바다가 어둠에 싸여 있도다, 나의 선원들이여
나와 함께 이루고, 노력하고, 고민했던 영혼들이여
천둥과 햇살 모두 흔쾌히 받아들이고,
주저 없이 적들과 대항했던 이들이여, 그대들과 나는 이제 늙었노라.
백발이 되었어도 여전히 영광과 전투가 살아 있도다.
죽음은 모든 것을 멈추게 하도다, 그러나 종말이 오기 전에
신들과 싸운 사람들에게 잘 어울리는
값진 비망록을 만들어야 한다.

바위들이 반짝이기 시작하는구나.
기나긴 날이 저물고 달이 서서히 떠오르도다,
깊은 탄식 소리들이 일제히 울리는도다 오라, 나의 친구들아.
새로운 세계를 탐구할 시간이 아직 남았도다,
배를 띄워라, 철썩거리는 파도를 가르며 나아가자.
나의 목표는 죽을 때까지 해지는 곳 너머로,
서쪽의 모든 별들이 사라지는 수평선 저 너머로
항해해 가는 것이다.
심해深海들이 우리를 삼킬지도 모른다,
어쩌면 '행복의 섬'에 이르러 우리의 옛 친구
위대한 아킬레스를 만날지도.

잃은 것이 많지만 아직 남은 것도 많도다,
하늘과 땅을 움직였던 지난날처럼
강하지는 않지만, 우리는, 우리는, 강하다.
영웅적 기백氣魄은 변함이 없고

세월과 운명으로 쇠약해졌지만, 의지는 강하도다,
노력하고, 시도하고, 찾아내고, 그리고 포기하지 않으리니.

번트 노턴Burnt Norton

T.S. 엘리엇

1

현재의 시간과 과거의 시간은
아마도 미래의 시간 속에 존재하고
미래의 시간은 과거의 시간 속에 담겨 있다.
만일 모든 시간이 영원히 존재한다면
모든 시간은 회복될 수 없다.
있을 수 있었던 일은 추상이다.
단지 사색의 세계에서만
영원한 가능성으로 남아 있다.
있을 수 있었던 일과 있었던 일은
한 끝을 향하고, 그 끝은 언제나 존재한다.
발자국 소리가 기억 속에서 울려 퍼진다
우리가 가지 않은 통로로 내려가
우리가 열어 본 적이 없는 문을 향해
장미원 속으로 들어간다. 나의 말들이

그렇게, 내 마음속에서 울려 퍼진다.
그런데 무슨 목적으로
장미 잎사귀 위에 쌓인 먼지를 뒤흔드는지
나는 모르겠다.
다른 메아리들이
그 정원에 살고 있었다. 우리 따라가 볼까?
빨리, 새가 말했다. 그들을 찾아라, 찾아라,
모퉁이를 돌아서. 첫 문을 지나,
처음 세계로, 우리 따라가 볼까?
지빠귀 새의 속임수에 따라서? 우리의 처음 세계로.
거기에 그들이 있었다. 고귀한 그들, 모습을 감춘 채
따사로운 가을볕을 받으며, 활기찬 대기 속에
마른 잎사귀 위에서 새털처럼 움직이고 있었다.
그리고 새가 관목 숲에 숨은, 들어본 적이 없는 음악에
화답하며 노래했다.
그리고 본 적이 없는 시선이 스치고 지나갔다.
장미들은 매력적으로 피어 있고,
그들은 우리의 손님이고, 우리는 그들의 손님이었다.
그래서 우리는 다가간다. 장미들은
텅 빈 오솔길을 따라 질서정연하게 늘어서 있다.
그 안으로 들어가니 마른 연못이 보였다.
연못은 말라 있었다. 굳어 버린 흙빛 가장자리,
연못은 햇빛의 물로 가득 채워졌다.
연꽃이 조용히 떠오르고, 수면은 햇빛의 마음으로
반짝인다. 우리 뒤에 있던 그들의 모습이
연못에 비쳤다. 그리고 구름이 지나가자 연못은 텅 비었다.

가라, 새가 말했다. 잎사귀들마다
흥분한 채 웃음을 쏟아 내는 아이들이 가득 숨어 있었다.
가라, 가라, 가라, 새가 말했다. : 인간이란
너무 큰 진실을 감당할 수 없다.
과거의 시간과 미래의 시간은
있을 수 있었던 일과 있었던 일은
한 끝을 향하고, 그 끝은 언제나 현존한다.

국립중앙도서관 출판시도서목록(CIP)

인생 벌레 이야기 / 지은이 : 로널드 J. 맨하이머 ; 옮긴이 : 허지은. —
서울 : 상상의숲, 2009
p. ; cm
원표제 : A Map to the End of Time
원저자명 : Ronald J. Manheimer
영어 원작을 한국어로 번역
ISBN 978-89-961604-2-7 03840 : ₩15,000

848-KDC4
818.54-DDC21 CIP2009000835